Fragua y gesta del teatro experimental en México

SERIE MANATÍ
Poesía / Ensayo

TÍTULOS PUBLICADOS

Margarita Peña, *Literatura entre dos mundos* (Ensayos)

Noé Jitrik, *Historia de una mirada* (Ensayo)

Francisco Segovia / Silvia González de León, *Nao* (Poesía / Fotografía)

Luis Suñén, *El ojo de Dios* (Poesía)

Varios, *La Cervantiada* (Edición de Julio Ortega)

Ikram Antaki, *Epiphanios* (Poesía)

Ludovik Osterc, *Breve antología crítica del cervantismo* (Ensayo)

Margo Glantz, *Borrones y borradores* (Ensayos)

Juan García Ponce, *Ante los demonios* (Ensayo)

Vicente Quirarte, *Peces del aire altísimo* (Ensayos)

Julio Ortega, *Arte de innovar* (Ensayos)

Federico Campbell, *Post scriptum triste* (Ensayos)

Luis Mario Schneider, *Fragua y gesta del teatro experimental en México* (Ensayo)

Edgar List, *Aventuras metafísicas de Edgar Aeropoeta* (Poesía)

PRÓXIMOS TÍTULOS

Hernán Lavín Cerda, *Ensayos casi ficticios* (Ensayos)

Samuel Gordon, *De calli y tlan* (Ensayos)

Enrico Mario Santí, *Por una politeratura* (Ensayos)

LUIS MARIO SCHNEIDER

Fragua y gesta del teatro experimental en México

TEATRO DE ULISES. ESCOLARES DEL TEATRO.
TEATRO DE ORIENTACIÓN

COORDINACIÓN DE DIFUSIÓN CULTURAL
DIRECCIÓN DE LITERATURA / UNAM
EDICIONES DEL EQUILIBRISTA

MÉXICO, 1995

Primera edición, 1995

© Luis Mario Schneider, 1995

© Ediciones del Equilibrista, S.A. de C.V., 1995

DR © 1995, Universidad Nacional Autónoma de México

Ciudad Universitaria 04510, México, D.F.

Coordinación de Difusión Cultural

ISBN: 968-36-3009-X

PREÁMBULO

Resulta paradójico que el teatro en México, siendo un género escasamente divulgado en ediciones, al contrario de la poesía y de la narrativa, sea en definitiva el más estudiado en el aspecto panorámico, totalizador. Dos investigadores-críticos han hecho y en cierta forma se han complementado al elaborar con paciencia, con acuciosidad, basados en la información periodística o en su experiencia como espectadores, una visión exhaustiva de la trayectoria del arte dramático, desde los primeros atisbos de la época virreinal hasta los últimos años de este siglo. Concretamente, el español nacionalizado mexicano, Enrique de Olavarría y Ferrari (1844-1918)[1] en su monumental libro seriado, *Reseña histórica del teatro en México,* repasa el género a través de obras, compañías, salas, actores, sin descuidar conceptualizaciones propias de la evolución desde los vislumbres coloniales, hasta las manifestaciones del esplendor porfiriano. No desdeña asimismo otras hermandades como la ópera, la zarzuela, el sainete, el ballet, etcétera.

El otro, Antonio Magaña Esquivel (1909),[2] quien a través de: *Imagen del teatro (experimentos en México)*; *Sueño y realidad del teatro mexicano* en colaboración con Ruth S. Lamb; *Medio siglo de teatro mexicano (1900-1961)* y *Los teatros en la ciudad de México,* integra y extiende la visión de Olavarría y Ferrari.

Es de justicia citar estudios de otros analistas que han dirigido sus pasos a redondear y precisar aspectos históricos de la dramaturgia nacional: Francisco Monterde; Julio Jiménez Rueda; José Rojas Garcidueñas; Armando de Maria y Campos; Luis Reyes de la Maza; Margarita Mendoza López;[3] Dolores Carbonell; Luis Xavier Mier Vega, y los norteamericanos Frank Duster, John B. Nomland y Alyce de Kuehne.

Injusto no reconocer la función de cronistas periodísticos, desde Ignacio Manuel Altamirano a Luis G. Basurto, de Enrique Echávarri ("Juvenal") hasta Rafael Solana y de Carlos González Peña a Esther Seligson. Tacañería igualmente restar valor a ese fenómeno que desde hace ya muchos años viene sucediendo en el país, donde autores como Rodolfo Usigli, Salvador Novo, Xavier Villaurrutia, Celestino Gorostiza, Agustín Lazo, Héctor Azar, Carlos Solórzano, Emilio Carballido, Luisa Josefina Hernández, Vicente Leñero, Sergio Magaña, Héctor Mendoza, Hugo Argüelles, Víctor Hugo Rascón Banda, José Ramón Enríquez y Sabina Berman, quienes ya en la cátedra, ya en conferencias, en ensayos o en reportajes aportan agudos datos, es decir, se tornan a la vez que creadores en conocedores críticos del devenir de la historia de nuestro teatro.

Meritoria también la función de revistas especializadas tales como *El Espectador* –dirigida por el olvidado Humberto Rivas–, *La Cabra, Escénica* –estas dos últimas patrocinadas por la Universidad Nacional Autónoma de México– y *Tramoya,* editada por la Universidad Veracruzana, todas ellas preocupadas por el aspecto cronológico e indagador del teatro mexicano al igual que tantos otros nombres de reseñistas inscritos al periodismo cultural.

Asimismo el quehacer de organizaciones privadas y oficiales dedicadas a la investigación especializada como el Centro de Arte Dramático, A.C., creado y dirigido por Héctor Azar en el antiguo Coyoacán; el Centro de Investigación Teatral Rodolfo Usigli, de valioso acervo, donde también se edita la revista *Acotación* y se promueven coloquios sobre terrenos específicos; la Unión Nacional de Autores; la Sociedad General de Escritores o el Departamento de Teatro del Instituto Nacional de Bellas Artes que brindan para la consulta ordenados archivos.

Si existe este horizonte, no es menos importante la necesidad de empezar a estudiar ahora con hondura esos hitos, esos momentos en que realmente en México se producen cambios substanciales, diría de ruptura, asimismo de nacimiento de concepciones teatrales rotundamente transformadoras que persiguieron y buscaron modificar cualitativamente la presencia del teatro como cultura, no solamente como comercio. Una búsqueda apasionada y por qué no, incomprendida hacia la experimentación, que en cierta forma integraba lo nacional con la producción de textos universales donde el individuo al margen de lo consuetudinario que en parte lo inclina al pintoresquismo, vive a veces atado a una universalidad cosmológica, sujeto a las eternas preguntas entre los grandes temas de la libertad, el amor, la muerte, los mitos.

Al repasar sino toda, ésa, la más fundamental de las bibliografías, se observa la sobresaliente importancia que se le otorga al Teatro de Ulises, a Escolares del Teatro y al Teatro de Orientación como los fundadores, innovadores de lo que se dio en llamar la vanguardia o lo nuevo. Acercamientos meritorios pero quizás demasiado apresurados, veloces, que pese al manejo de algunos datos obligados no reviven, no dan una idea cabal, intensa, de esas prácticas, de esas tentativas.

Tratar de aprehender un fenómeno cultural de la magnitud de esos

9

teatros experimentales, es prioritariamente regresar a las fuentes, a la documentación que registra la época, la que indudablemente y en este caso, se halla dispersa en la prensa, o a aquellos documentos que la devoción ha conservado[4] y no seguir automáticamente amparándose en generalidades expuestas por un primer crítico.

Este trabajo quiere despojarse, pero sin arrogancia, de los lineamientos, de las rutas anteriores y reconstruir al Teatro de Ulises, a Escolares del Teatro y al Teatro de Orientación exclusivamente a través de las opiniones, de los dictámenes, de la cordura o la insensatez y de los trasfondos y pormenores que reporta aquella hemerografía coetánea. Ir más allá de las tres o cuatro páginas que los estudiosos les dedicaron a esas realizaciones. Insisto es en ella donde aún palpita la crónica más aproximativa, tal vez el único recurso que vuelve a la historia prudentemente veraz, humana, reconstituible.

TEATRO DE ULISES

En términos generales, dos son las rutas por las que venía atravesando el teatro nacional en el primer cuarto de este siglo. Por un lado una extrema comercialización a través de géneros menores, principalmente el vodevil, pero eso sí con gran respuesta de público, sobre todo para la revista, a veces de corte político o de intención seudo pornográfica; el sainete o la comedia frívola sobrecargada de vedetismos, de cupletistas, bataclanesca y plumeras, o simplemente musical, zarzuelas, etcétera. No está de más agregar que cuando no eran compañías directas de Francia, Italia, España, se hacían burdas imitaciones adaptadas al medio por autores mexicanos.

Por el otro lado Antonio Magaña Esquivel observa que por:

1922 vino a México invitada por José Vasconcelos la actriz argentina Camila Quiroga con un repertorio exclusivamente de autores de su país. Su temporada en el Teatro Arbeu incitó a los jóvenes autores mexicanos a organizar la suya propia, con autores y obras nacionales... Tras el ejemplo de Camila Quiroga, los jóvenes escritores deciden organizarse. Julio Jiménez Rueda ocupaba la Secretaría del Ayuntamiento. Unido a Monterde, Saavedra, Mario Montes, Ricardo Parada León, Eugenia Torres y otros funda la Unión de Autores Dramáticos, en 1923 que vino a substituir a la primera Sociedad de Autores Mexicanos que en 1902 había creado Juan de Dios Peza con Hilarión Frías y Soto, Juan A. Mateos, Alberto Michel y Enrique Olavarría y Ferrari.

Por de pronto, la nueva Unión organiza lecturas de los dramaturgos mexicanos y, traducciones de algunos extranjeros y conferencias sobre teatro.[1]

Por su parte John B. Nomland reafirma el concepto anterior:

No fue sino en 1921 al venir Camila Quiroga a México con su compañía argentina, cuando el público escuchó un tipo de teatro coloquial que creó nuevas dimensiones, abrió nuevos horizontes al teatro mexicano y estimuló la formación de un grupo de dramaturgos dedicados al teatro nacional. Para la representación de sus obras tenía una compañía que encabezaban María Teresa Montoya y Fernando Soler, por lo que se amplió la forma de actuación propia del país y el autor mexicano podía al fin estar seguro de que sus obras serían fielmente interpretadas...[2]

De ese impacto, de esas sugerencias de Camila Quiroga, sin olvidar el ambiente propiciador y propiciante del misionerismo nacionalista de la administración de José Vasconcelos –al frente de la Secretaría de Educación Pública– surge en 1923 el Teatro Municipal con el objeto de apoyar la representación de piezas exclusivamente mexicanas, reclamo al que respondería magníficamente, dos años más tarde, el

"Grupo de los Siete Autores", integrado en su génesis por José Joaquín Gamboa, Víctor Manuel Díez Barroso, Carlos Noriega Hope, Francisco Monterde, Ricardo Parada León y los hermanos Lázaro y Carlos Lozano García. En su primera temporada en el Teatro Virginia Fábregas, de julio de 1925 a enero de 1926, se representaron obras de todos los componentes a más de otros autores contemporáneos y de dramaturgos del XIX. El grupo, también llamado "Los Pirandellos", perseguía ambientes de la clase media, con un lenguaje que no desvirtuaba modismos y giros, tonalidades nacionalistas afirmadas en diálogos certeros, alejados de todo azucarismo, de lirismos románticos.

"Los Pirandellos", no fue el único movimiento hacia lo mexicano, iniciador de la defensa y protección de lo propio, pero sí el más trascendente. Es oportuno traer a cuenta que el año anterior, 1924, Luis Quintanilla junto con Carlos González y Francisco Domínguez fundan el Teatro del Murciélago –homónimo del creado por el ruso Nikita Balieff– concordante con una nueva visión cultural de México, en la que se inscribían a más de la literatura, las artes plásticas, la danza, la música y las representaciones. El debut del Teatro del Murciélago –en función extraordinaria– se llevó a cabo en el Olimpia, con el apoyo del Ayuntamiento y de la Cámara Nacional de Comercio, como parte de los agasajos a la Misión Industrial Americana. El estreno, singular por varios motivos, contó con la presencia del Presidente de la República, General Álvaro Obregón, sus Secretarios de Estado, el Presidente Municipal y el Cuerpo Diplomático.

Ese espectáculo, corolario de profundas indagaciones en torno a la etnografía y folklore nacionales, imbricó danza, tradiciones y fiestas populares con nuevos sones interpretados por toda una señora orquesta de cuarenta músicos, dirigida por el célebre violinista Francisco Domínguez, más un selecto elenco conformado por artistas e intelectuales: la fotógrafa Tina Modotti, el escritor Manuel Horta y el también escritor suizo avecindado en México Gastón Dinner, todos cercanos al grupo Estridentista.[3]

Este resumen que bien podría definirse en un determinismo por la búsqueda de lo oriundo, de lo autóctono, de lo innato, quizás de un temperamento más de identificaciones, seguirá su curso natural que se asocia directamente a otras prácticas enaltecedoras: la creación, con el patrocinio de Amalia Castillo Ledón, de La Comedia Mexicana en 1929 y de Teatro de Ahora, fundados por Mauricio Magdaleno y Juan Bustillos en 1932, de orientación político social.

En el mes de mayo de 1927, Salvador Novo y Xavier Villaurrutia dan a conocer en el ambiente literario el primer número de la revista *Ulises*. Dos jóvenes de menos de veinticinco años, conocidos en el mundo de las letras, especialmente por su poesía y ya sólida erudición extraída no sólo de lecturas de autores mexicanos, sino particularmente de lo más actual de las culturas francesa e inglesa. Absolutamente reflexivos, perseguían la idea de que lo mexicano formaba parte también del universo, y que desconocer este criterio era asentarse en la mediocridad, en la falta de perspectiva, en el no profesionalismo. Pensaban que era indispensable una "educación sentimental", que incluía, por supuesto, aprendizaje y conocimiento basado en lecturas integradoras, más que del pasado, de la contemporaneidad. A través de *Ulises,* de la aventura intelectual equivalente a la del héroe clásico, se dieron a conocer, narradores, dramaturgos, poetas que hoy nos son familiares —André Gide, Max Jacob, Carl Sandberg, Máximo Bontempelli, Benjamín Jarnés, Marcel Jouhandeau, Paul Morand, John Dos Passos, Max Scheler, James Joyce pero que en esos años significaban novedad, atrevimiento, ruptura de lo establecido. Nuevas normas, nuevas estructuras, perspectivas cambiantes, prometedoras, para que el escritor sea a la vez un ente engrandecido, ente de severidad y libertad.

Aparte de Novo y Villaurrutia colaboraron en *Ulises:* Jorge Cuesta, Gilberto Owen, Enrique González Rojo, Bernardo Ortiz de Montellano, José Gorostiza, Agustín Lazo, Roberto Montenegro, Jaime Torres Bodet, es decir los mismos fundadores de la generación y participantes de la revista *Contemporáneos.*

Antonieta Rivas Mercado regresa a México a mediados de 1926 después de una de sus estancias en Europa, estadía de tres años en la que estuvo acompañada siempre por su padre y su hijo, con visitas prolongadas a Francia, Italia, Suiza. Regreso difícil por el enfrentamiento a que le obligaba la justicia, dado que había sido denunciada por su ex marido Albert Blair por abandono del hogar y secuestro del vástago.

La experiencia recibida por Antonieta Rivas Mercado en esos países, una mujer que aún no cumplía 23 años, fue decisiva en su formación. Además de los estudios que realizó, en forma particular o en instituciones, amplió sus conocimientos de idiomas, cursos de filosofía, música y danza, se enriqueció con lecturas de escritores del momento, frecuentó esa atmósfera de renacimiento que vivía la Europa de la posguerra en la década de los veinte. Es indudable que asistió a muchas representaciones teatrales, principalmente a las de la *Vieux Colombier* de Jacques Copeau cuyas formulaciones tanto técnicas como estéticas tuvieron que haberla maravillado, impactado y no sería ocioso conjeturar que de allí le naciera el afán de realizar algo parecido en México.

El arquitecto Antonio Rivas Mercado fallece meses después del regreso, el 3 de enero de 1927 y nombra a Antonieta la principal heredera de sus bienes. Rica, se vuelve propietaria de casonas, algunas todavía esplendorosas como la situada en la calle de Monterrey 107, en la que instala su domicilio, dejando la casa paterna en la calle de Héroes y, otras casi en ruinas como la de Mesones número 42.

Pasados los primeros meses del duelo proyecta a mediados de 1927 la fundación de un teatro experimental con su amiga María Luisa Cabrera –la que en algunas ocasiones colaboró en las finanzas– y el pintor Manuel Rodríguez Lozano a quien acababa de conocer. Este hecho se certifica cuando en la segunda temporada del Teatro de Ulises en el Virginia Fábregas al pronunciar un breve discurso confiesa, "hasta llegué a hacer un intento que se frustró".[4]

Por su parte en 1926 en el mes de mayo para ser más exacto, Salvador Novo y Xavier Villaurrutia tenían el plan de editar una revista y a la vez formar una compañía de teatro experimental, incitados ambos por las conversaciones y el bagage de información que les trajo Agustín Lazo de su permanencia en París en el primer viaje que realizó el pintor-poeta. A falta de dinero recurrieron a la protección del entonces Secretario de Educación Pública José Manuel Puig Casauranc –gran favorecedor de escritores– para su financiamiento, tanto, que llevaron a cabo una función privada en su domicilio particular, una mezcla de lectura y actuación de la obra, *La puerta reluciente* de Lord Dunsany en traducción además de Novo y Villaurrutia de Gilberto Owen. Fracasó la empresa de los bisoños de la incipiente compañía, no así el proyecto editorial.

Antonieta Rivas Mercado en el mismo discurso del Fábregas, después de comunicar ese primer designio abortado agrega:

Por su lado Novo, Villaurrutia, Owen hablaban de hacer teatro, y ¿no era uno de los discos de Pepe Gorostiza? Hace unos meses Ma-

18

nuel Rodríguez Lozano me puso en contacto con Xavier Villaurrutia. De una charla entre nosotros provino la materialización del teatro que hasta ese momento "había estado en el aire".

Si el destino del tiempo los unió casi a finales de 1927, también la
acción pudo concretarse gracias al mecenazgo, por qué no, asimismo
al ardor, a la pasión de esa mujer excepcional, de alma renovadora.
Así nace el Teatro de Ulises cuyos propósitos, cuyas aspiraciones
son formuladas igualmente por su máxima animadora:

Nuestro objeto es evidente. Para cosechar se siembra, pero antes hay
que abrir los surcos. Si pretendemos llegar a tener teatro propio, es
necesario que los escritores gocen, por lo menos, de práctica visual.
A veces, el remedio para la ceguera es una operación. La operación
en este caso consiste en presentar obras correspondientes al momento
actual. Estamos fijando la sensibilidad contemporánea con creaciones maduras del teatro extranjero. Más tarde presentaremos también
clásicos. Nuestra forma de trabajo es sencillísima. Todo lo hemos hecho nosotros mismos, lo que no quiere decir que hayamos improvisado actores, escenógrafos y directores de escena, pero de la siguiente
manera: escogiendo cuidadosamente las obras, aprendiendo rigurosa-
mente los papeles, estudiando la escenificación con esmero. En breve, no dejando nada al azar. Como en todo teatro contemporáneo, hemos buscado unidad de conjunto, equilibrio, armonía. Entre nosotros
no hay estrellas. Hemos tachado al primer actor y a la primera actriz.
Todos son esenciales. Desde el telonero hasta los protagonistas. Este
principio elemental en toda labor de conjunto ha sido admirablemente bien comprendido por todos y cada uno de nosotros.[5]

Julio Jiménez Rueda, en un artículo, (mejor aún, reseña) sobre las primeras actuaciones del Teatro de Ulises, reafirma y constata las palabras de Antonieta Rivas Mercado.[6] La misma noche de la representación para un público más amplio y anónimo y después de las sintéticas palabras de la Rivas Mercado, Salvador Novo en una plática introductoria que fue publicada en *El Universal Ilustrado*, el 17 de mayo de 1928, resume orígenes y pretensiones de la labor a que aspiraba el Teatro de Ulises, parte de las cuales ya se habían hecho realidad en Mesones 42. Por su precisión y valor histórico es apropiado leerlo completo:

SEÑORAS Y SEÑORES:

Hace algunos meses que en este mismo lugar dirigí unas cuantas palabras a un grupo de personas que, al venir aquí, abrigaban la intención de presenciar obras modernas de teatro extranjero. Alucinado como ellas, yo había preparado una erudita conferencia que iba de Victor Hugo a Franz Werfel. Pero no pude pronunciarla. Lleno de impaciencia, Alfredo Gómez de la Vega me estaba picando las costillas. Apenas, si no recuerdo mal, pude señalar algunas lacras del teatro que estamos habituados a ver en México, citar la primera representación de *La Dama de las Camelias*, abominar de las candilejas y, antes de retirarme, predecir los que llamé teatros menores, que deberían tenderse como un puente para que el gusto del público pasase, del año en que se encuentra detenido, al siglo que nos ha visto nacer. Jacobo Dalevuelta se ocupó de aquella palisada [*sic*] mía. Se comentó vagamente la idea y no se llegó a hacer nada práctico. Pero ya se había sembrado la prolífica semilla de la duda. Flotaba una pregunta en el aire. ¿Se pretende hacer teatro mexicano? La respuesta se presentaba en seguida. ¿Hay obras mexicanas inéditas? Desentendiéndonos de tal vaporosa pregunta, o mejor, de tan razonable respuesta, afirmaremos que no es el problema hacer teatro mexicano, sino teatro en términos generales. El hombre brillante y augusto a quien se le ocurrió confeccionar cigarrillos, no pensó primero en los cigarrillos egipcios allí donde le pedían satisfacer los equivalentes de los Monarcas. Quizo fumar. De la misma manera, la gente quiere divertirse. Y antes que importarle el cigarro de hojas, ¿por qué no advertirle de que puede comprar Melachrinos por el mismo precio? Resultará beneficiado el fumador y escarmentado, para bien de su producción, el fabricante de los cigarrillos desagradables.

Este grupo de Ulises –pasando a otro asunto– fue en su principio un grupo de personas ociosas. Nadie duda, hoy día, de la súbita utilidad del ocio. Había un pintor, Agustín Lazo, cuyas obras no le gustaban a nadie. Un estudiante de filosofía, Samuel Ramos, a quien no le gustaba el maestro Caso. Un prosista y poeta, Gilberto Owen, cuyas producciones eran una cosa rarísima, y un joven crítico que todo lo encontraba mal y que se llama Xavier Villaurrutia. En largas tardes, sin nada mexicano que leer, hablaban de libros extranjeros. Fue así como les vino la idea de publicar una pequeña revista de crítica y curiosidad. Luego, ya de noche, emprendían ese camino que todos hemos recorrido tantas veces y que va, por la calle de Bolívar, desde el teatro Lírico por el Iris, mira melancólico hacia el Fábregas, sigue hasta el Principal, no tiene alientos para llegar al Arbeu y, ya en su tranvía, pasa por el Ideal. Nada que ver. La diaria decepción de no encontrar una parte en qué divertirse. Así, les vino la idea de formar un pequeño teatro privado, de la misma manera que, a falta de un salón de conciertos o de un buen cabaret, todos nos llevamos un disco de vez en cuando para nuestra vitrola.

El destino, que en todo está, hizo que se encontraran en su camino a la señora Antonieta Rivas. Ella que una vez quizo estudiar para linotipista, que ha viajado por todo el mundo, que nada y monta a caballo, que ha emprendido cursos de filosofía y de idiomas, ofreció en seguida su práctico y bien demostrado entusiasmo. Se empezó el trabajo. Unas cuantas semanas después, cincuenta personas podían asistir a la primera representación de lo que van ustedes a ver esta noche. Vinieron después de *Ligados* y *Orfeo*, como en el programa de estas tres funciones, representados también en privado.

Como dije antes, y deseo insistir sobre ello, el primitivo grupo de ociosos que constituyeron la revista de *Ulises* primero y la intención del teatro después, no pensó jamás en llevar a la escena pública la intimidad de los juegos dramáticos que ocuparían sus frecuentes ocios. Yo he creído siempre que unas personas deben decir las cosas convenientes, pero que no deben hacerlas, por respeto propio, ya que alabar una cosa y hacerla después ruboriza la dignidad, aparte de que hace correr el riesgo del comentario desfavorable a la bondad de lo que se predicó tan bien y se hizo tan mal. Esta consideración demuestra lo envidiable que es ser legislador. Lo natural hubiera sido la formación de numerosos núcleos de aficionados inteligentes y flexibles, de buen carácter, pacientes y estudiosos, que se sometieran sin reparo a la dura disciplina de un dictador tan sabio y entusiasta que supervisara desde la contracción de una mano hasta el ruido del telón al levantarse; desde el maquillaje de una frente hasta la menor pausa en el diálogo. Que dispusiera de tantas personas para las partes que no tuviera que realizar el milagro chino de torturar dentro de un papel a una persona que no había nacido para desempeñarlo tan sólo porque no había otra que lo hiciera. Muchos grupos de esta especie ideal, aunque no tuvieran relación mutua, y mejor si no la tenían, obrarían pronto el deseado milagro.

En lugar de lo cual hemos tenido que conformarnos con las diez, cuando mucho, personas del teatro de Ulises, que sin ambiciones ni miras profesionales han aceptado colaborar en comedias que forzosamente hubieron de tener una limitación de personajes y de posibilidades que es la del muy reducido grupo. Dentro de lo mejor, lo posible. No es, ni con mucho, lo que quisiera ofrecerse. De este O'Neill de quien damos *Welded* con cuánto gusto haríamos *Lazarus Laughed* o *Strange Interlude*, *Anna Christie* o *The Hairy Ape!*

Porque lo que tratamos de hacer es enterar al público mexicano de obras extranjeras que los empresarios locales no se atreven a llevar a sus teatros, porque comprenden que no sería un negocio para ellos. Este viaje de Ulises, que deja en su pequeña casa el afecto de sus amigos, pocos y leales, y se aventura en público por la primera vez, tiene toda esa significación. Quiere ver si es cierto que la gente no iría a ver a O'Neill porque se halla contenta con Linares Rivas. Todos nosotros hemos renunciado a la pequeña vanidad de nuestros nombres literarios para vestir, por una noche, la máscara un tanto grotesca del actor, del que finge por dinero, y a costa de ello, interviniendo en terrenos que no son ni serán nunca los nuestros, queremos, advirtiéndolo desde un principio, hacer comprender que nuestro objeto es sólo que se conozcan las obras que hemos consentido en representar. Que ustedes olviden que somos Villaurrutia, la señora Rivas o yo esos que van a ver llamarse Orfeo, Miguel Cape,

Eleonora. Como quien dice, hemos pasado al pizarrón a demostrar el binomio de Newton. Que el profesor, el empresario, nos deje luego volver a nuestros pupitres y seguir observando; si lo hemos convencido, que llame luego a los que viven de eso y que estos adelanten en el camino. Será si sucede nuestro mejor galardón.[7]

El local de Mesones 42 ubicado en el sector histórico de la ciudad era una de esas tantas vecindades que por el desplazamiento urbano hacia otros rumbos, había dejado que el tiempo, la falta de interés propiciara decadencias y ruinas, no gratuitamente todos los miembros de la compañía del Teatro de Ulises lo bautizaron como "el cacharro". Felizmente periodistas de la época describen el lugar:

La cuna del Teatro de Ulises se halla entre las cuatro paredes de una sala del primer piso de una modesta vecindad. Antes de ser esta casona el abrigo del grupo de entusiastas y cultos elementos, acaso haya servido para alojar a modestísimas familias de aquellas que sienten pánico cada día primero en que asoma por los patios llenos de trebejos y tendederos la cara iracunda del casero.

Para mi modo de ver las cosas, lo primero que me agradó fue ese local sombrío y que exhibe su vejez... Media sala ocupa un foro improvisado, la otra media sala está repleta de sillas y cajones cubiertos con cretonas para que cincuenta personas a lo sumo, y en medio de confianza asistan como espectadores y como críticos a las representaciones.

Han sido Roberto Montenegro y Best Maugard quienes resolvieron el problema de las decoraciones con un éxito rotundo. La nota más moderna y más aplicable a nuestro tiempo, la mayor sencillez, la mejor síntesis se encuentra allí representada en la serie de biombos que sustituyen a las bambalinas, telones y tantos otros cachivaches siempre cursis– siempre de mal gusto, de los teatros. Con su sencillez ha triunfado y dan al espectador la sensación que se requiere: el mar, el campo, la sala de alcoba, la terraza, el jardín, etc, etc.[8]

Jacobo Dalevuelta se detiene días más tarde en volver a detallar, en cierta forma a retratar el recinto.

El teatro de Ulises reune todos los requisitos para ser interesante. Está en la sala de una casona, construida hace siglos, por el rumbo de Mesones. Dentro de una vieja vecindad, cruzando por un patio que suele estar lleno de cachivaches y hasta de tendederos, se toma una escalera alumbrada por un viejo farol, más digno de contener la tristona lamparilla de aceite que un foquillo de 16 bujías que lo alumbra. Y sobre un corredor estrecho, hasta el fondo, en la vivienda principal del piso que antes habrá servido para acoger a una familia de las que pueden pagar ochenta pesos de renta, allí está el Teatro. La sala se ha dividido en dos partes; una para el foro y otra para el público.[9]

Razonadamente, la elección del sitio no obedeció a un factor de pobreza, sino a una concepción que la hermanaba con aquella de los teatros de vanguardia europeos que adaptaban para sus representaciones edificios arquitectónicamente decadentes. Una ética teatral que armonizaba el espacio de la representación con las características de las piezas, que por lo general reflejaban personajes y ambientes de lo antitradicional, de lo antiburgués. Obras de interrogaciones intimistas, de fragmentaciones y de originales cuestionamientos del individuo, que debían ser también fusión recíproca, simbiótica del ámbito de la ejecución.

¿Cuál era la experiencia de ese singular equipo de poetas actores, de mujeres actrices, algunas de la élite social, de jóvenes pintores, de directores, de toda una cuadrilla que se lanzó un tanto indeterminadamente a hacer el primer nuevo teatro de México? El desbordante entusiasmo de los constituyentes iniciales no aparejaba ni conocimiento ni pericia del ejercicio teatral. Es de conjeturar que la elección de Julio Jiménez Rueda para que se uniera al equipo como director no fue ni por azar ni por capricho. A pesar de sus treinta y dos años, este flamante abogado de la Universidad Nacional, llevaba una intensa actividad dentro del ambiente. En el periodo de 1917 a 1920 ofició como director de la Escuela de Arte Teatral; como cronista de teatro publicaba en los periódicos capitalinos, pero además contaba hasta enero de 1928 con algo más de diez obras, la mayoría de ellas representadas en los teatros Colón, Ideal, Virginia Fábregas, etcétera, repartidas entre el drama y la farsa. Tales: *Ananke* (1916); *Camino de Perfección* (1917); *Balada de Navidad* (1918); *Como en la vida,* Premio Universidad (1918); *Lo que ella no pudo preveer* (1923); *Tempestad sobre las cumbres* (1923); *La caída de las flores* (1923); *Cándido Cordero empleado público* (1925); *Silueta de humo* (1927) y *El rival de su mujer* (1927).

Al formar parte del Ayuntamiento siendo secretario, impulsó y propició la creación del Teatro Municipal, e intervino en la reorganización de la Unión de Autores Dramáticos y desarrolló una actividad destacadísima en la temporada dentro del grupo de "Los Pirandellos". De toda esta abreviación curricular se desprende fácilmente que Julio

Jiménez Rueda no poseía experiencia de director, pero por la misma índole de esas actividades tuvo que estar en contacto estrecho con la problemática de la puesta en escena.

Otro director de Ulises fue Celestino Gorostiza que aún no contaba veinticuatro años de edad, cuyo primer fogueo teatral fue en definitiva en ese Teatro de Ulises. Es el caso igualmente del tercero, Xavier Villaurrutia.

Tres fueron los escenógrafos –que no los decoradores ya que al decir de Jacobo Dalevuelta, Montenegro y Rodolfo Best Maugard se ocuparon de esa tarea–, Manuel Rodríguez Lozano, Julio Castellanos y el propio Roberto Montenegro. Igualmente este trío no tenía ninguna experiencia en ese oficio. Los dos primeros pintores de caballete; Montenegro era tal vez el único que por haber incursionado en el muralismo acarreaba un mayor sentido espacial.

Escenografías poco elaboradas, más sugerentes, insinuadoras, que solían consistir en biombos móviles o en una única entronizada al fondo, a más de una utilería que nunca sobrepasaba lo necesario, que no iba más allá de lo realmente requerido por la actuación, despojada de toda propensión barroca, pero siempre de buen gusto, elegante.[10]

Si esto acontecía en las prácticas de dirección y puesta en escena, por lo que hace a los actores, podría hablarse de total neofitismo, o de total diletantismo, aunque eso sí estaban cargados de envidiable frenesí, de una devota exaltación. Las actrices, Antonieta Rivas Mercado a la cabeza, además de su pasión, de su conocimiento sólo intelectual de la escena y de su vocación por la danza no había actuado jamás; asimismo Clementina Otero, Emma Anchondo y Judith Martínez Ortega. Isabela Corona –bautizada así por el Dr. Atl y cuyo nombre verdadero era Refugio Pérez Frías– contaba con una cierta celebridad como declamadora. Lupe Medina de Ortega, aunque cantante de conservatorio, tampoco se había acercado a la representación dramática.

Por lo que toca a los actores, ocurría algo parecido. Ni Xavier Villaurrutia, ni Salvador Novo, dos estudiantes frustrados de leyes, ni Gilberto Owen. Los tres con una edición de un primer libro de poesía, sólo leídos en el medio literario por amigos y críticos, en donde eso sí, eran ya advertidos y visualizados como positivas promesas, adolecían de familiaridad teatral. Rafael Nieto –muchacho de la alta sociedad–, Ignacio Aguirre, Carlos Luquín y Andrés Henestrosa, Delfino Ramírez Tovar, igualmente jóvenes, algunos con fama de revolucionarios, hacen también en Ulises su primera incursión en las tablas. Con la mención de todos ellos no se completa el elenco de Ulises ya que hubo obras que requirieron de una mayor participación, intervenciones ocasionales que la prensa no indica, no deja constancia.

Al parecer, en el Teatro de Ulises la única música que se escuchaba era en los intervalos y es dable deducir que ésta sería de compositores europeos en boga.

El grupo de Ulises que perseguía la memorización de los actores, desterrando así la tradicional concha del apuntador, comenzó sus ensayos a finales de septiembre de 1927. La mayoría de ellos, salvo los últimos encuentros que sucedieron ya en la calle de Mesones, se llevaban a cabo en el domicilio de la Rivas Mercado; ahí se imponían cuatro horas de labores a partir de las cinco de la tarde.

El Teatro de Ulises tuvo cinco temporadas, las tres primeras en Mesones a partir del 3 de enero de 1928 como afirma el anuncio publicado por *El Universal Gráfico* en su columna "Teatrales", a cargo de "Palmeta" (Juan N. Huerta):

TEATRO DE ULISES

Con esta denominación inicia hoy sus trabajos escénicos en un salón "ad-hoc" de la casa número cuarenta y dos de la calle de Mesones y ante un selecto público de invitación, el grupo de intelectuales que bajo la dirección del señor licenciado don Julio Jiménez Rueda, no descansa un solo momento en su afán de fomentar por todos los medios posibles el delicioso arte teatral.

Al surgir en forma ostensible el Teatro de Ulises, ha escogido para sus primeros pasos la obra en tres actos titulada *Simili*, de Claude Roger Marx, que interpretarán Antonieta Rivas, Matilde Urdaneta, Judith M. Ortega, Xavier Villaurrutia, Carlos Luquín y Rafael Nieto; y la en un acto de Lord Dunsany, titulada *La Puerta Reluciente*, cuya interpretación ha quedado a cargo de Salvador Novo y Gilberto Owen.

Ya hemos dicho que el señor licenciado Jiménez Rueda corre con la dirección de este teatro íntimo, y al mismo profesional debemos la cortesía de la invitación.[11]

Por su parte *Excélsior* con el título de "Por primera vez en México se vió anoche teatro nuevo", ratifica lo anterior, da cuenta de que *La Puerta Brillante* –[sic]– de Lord Dunsany (John Moreton Drax Plunkett), aquella misma con la que quisieron entusiasmar a Puig Casauranc, inició el programa, refiere la representación de *Simili* de Claude Roger Marx e ilustra la noticia con una foto de la escenografía de *La puerta reluciente*.[12]

Por la prensa citadina puede fácilmente reconstruirse el debut. *La puerta reluciente* fue dirigida por Julio Jiménez Rueda y actuaron Antonieta Rivas Mercado, Salvador Novo y Gilberto Owen. La escenografía de Roberto Montenegro y la traducción corrió a cuenta de Enrique Jiménez Domínguez.

Simili dirigida por Julio Jiménez Rueda tuvo en el reparto a Antonieta Rivas Mercado, Isabela Corona, Xavier Villaurrutia, Carlos Luquín, Ignacio Aguirre y Rafael Nieto. La pieza es seleccionada por Xavier Villaurrutia; traducida por Gilberto Owen y la escenografía la llevó a cabo Manuel Rodríguez Lozano.

Excélsior, dos días después da cuenta del acontecimiento e incluye una lista de cuarenta de los asistentes invitados, la que se reproduce con el ánimo de demostrar la relevancia que involucró esta novedosa experiencia en lo más granado del ambiente cultural, social y político de la capital, y además extraer un cómputo de las seis puestas que tuvo Ulises en Mesones. Acorde con la capacidad del recinto de cincuenta plazas, tuvieron que haber presenciado esas obras –aunque resulte impreciso determinarlo– un promedio de no más de 400 personas.

Entre la concurrencia se encontraban don Ernesto García Cabral, licenciado don Raúl Carrancá Trujillo, licenciado Jiménez D., don Xavier Teresa, don Ricardo de Alcázar, don Felipe Teixidor, don Francisco Monterde, don Rafael Heliodoro Valle, don Bernardo Ortiz de Montellano, don Antonio Espinosa de los Monteros, familia Villaurrutia, señoritas Franco, don Julio Castellanos, don Mario Rivas, don Celestino Gorostiza, don Antonio Adalid, doña Lupe de Rivera, señorita Elena Torres, señor Jean Charlot, don Fernando Ramírez de Aguilar, don Ricardo Parada León, don Agustín Ramírez, señorita Lupe Lazo, don Antonio Dodero, don Ricardo Ortega, don Andrés Morales Hinostrosa, don José Méndez Muro, don Manuel Moreno Sánchez, don Vicente Magdaleno, señorita Amelia

Rivas, don Manuel Rodríguez Lozano, Mona Sala, señorita Lupe Medina y otras personas más.

También fueron invitados para la velada de hoy, los siguientes señores: doctor José Manuel Puig Casauranc, profesor Moisés Sáenz, licenciado Alfonso Teja Zabre, doctor Bernardo Gastélum, doctor Alfonso Pruneda, don José F. Elizondo, señorita licenciada Esperanza Velásquez Bringas, don Carlos Obregón Santacilia, licenciado Antonio de Bernabeu, don Carlos González Peña, don Jaime Torres Bodet, don Enrique González Rojo, licenciado Julio Torri, licenciado Eduardo Villaseñor, licenciado Luis Castillo Ledón, don Carlos Noriega Hope, don Samuel Ruiz Cabañas, señorita María Luisa Ross y licenciado Alejandro Quijano.[13]

El programa inaugural se actuó dos días consecutivos, el miércoles y el jueves 4 y 5 de enero, que no fortuitamente fueron elegidos, pues se pensó en competir con el horario del teatro comercial de los fines de semana. Las funciones eran a las ocho cuarenta y cinco de la noche y se anunciaba el comienzo, quizás lo único conservador de Ulises, con tres bastonazos, contrariamente al timbre o a las campanadas de los teatros públicos. Al terminar la representación los actores no salían a agradecer los aplausos.

La entrada no era gratuita, eso sí se cobraba –siempre a la salida– un reducido y simbólico estipendio de cinco centavos por localidad, destinados a propinas de la recepcionista y el velador. Vale recordar que el Teatro de Ulises pretendió en sus labores en Mesones, no realizar propaganda de cartelera a la manera habitual, la divulgación se manejó por invitaciones de carácter privado.

...de las invitaciones sólo podría decir que el papel tapiz ennoblecido por una tipografía sobria, produce buen efecto, y, también, que no es necesario presentarlas a la entrada porque en el Teatro de Ulises se paga al salir...[14]

Los programas de mano, en contra de las usuales tiras de papel corriente, eran hojas de 37 x 53 centímetros doblados en cuatro y con un excelente diseño. Por lo que se ha podido comprobar, Margarita Mendoza López magnifica cuando dice que "eran de excelente diseño".[15]

Quizás por no ser una obra fácil, quizás también porque Ulises era un teatro fuera de lo común, silencioso, contrario a la atmósfera de la farándula, *Ligados* de O'Neill no tuvo repercusión entre los cronistas teatrales.

Parca fue la crítica y de ellas sobresale la firmada con el seudónimo de Fradique (Manuel Horta) en *Revista de Revistas*, el 9 de febrero de ese 1928:

EL TEATRO DE ULISES

Quien censure con ironía o maledicencias la nobilísima labor del grupo de intelectuales que lleva el nombre de esta nota, tiene cerrados los oídos a la nueva voz estética o se empeña en arrullarse con las comedias románticas del buen don Gregorio y con los dramones que presenta Mutio en el Hidalgo.

Porque mayor desinterés no puede exigirse –muy a lo siglo XX– de la túnica doctoral y seria de las letras, se colocan la máscara de la farsa y entregan el buen pan y el vino nuevo del teatro de vanguardia.

Y no se crea que todo es simple ensayo o pirueta infantil. Ahí está la comedia de O'Neill, *Ligados*, que es un verdadero derroche de sutileza y que ha servido para que se revele una futura y gran actriz mexicana: la señorita Rivas Mercado.

Precisamente porque los jóvenes y las señoritas de la "élite" social, que estudian y encarnan tipos, desconocen en lo absoluto los trucos de la escena, las "morcillas" inaguantables, los gestos y actitudes preconcebidos, dan a las obras mayor temblor humano.

Parece increíble que en esa casa vieja y mohosa de la calle de Mesones, frente a un escenario de tres metros cuadrados, se consiga dar una representación tan importante. El público –en su mayoría gente de relieve intelectual– juzgó y avaloró el gesto gallardo del grupo "Ulises", y agradeció vivamente la bondad del manjar.

La comedia de O'Neill muy bien traducida por cierto, no podría llevarse a los teatros mercantilistas.

Le falta "acción", como dijera un maestro del lugar común. Todo está entre líneas, envuelto en sugerencias y paradojas. Pero el drama interior ilumina el rostro atormentado del personaje central y se refleja en la cara apasionada y dolorida de la mujer sacrificada.

Y luego la estampa a punta seca del tercer acto, llena de dolor y de miseria moral y el final tan elegante, sencillo y balsámico. Al fin y al cabo –dice Camilo Mauclair– yo sólo deseo para todos el triunfo verdadero del amor humano...

De la señorita Rivas Mercado hemos de ocuparnos pronto con el detenimiento merecido. Cada día su temperamento privilegiado nos va mostrando nuevas facetas, y hemos de verla una noche triunfar rotundamente en cualquiera de los principales coliseos. Novo y Owen, entendiendo su papel a maravilla y diciéndolo con desenvoltura y seguridad, sobre todo el primero, que va dejando ya ese tono de lector que se escucha a sí mismo.

Rodríguez Lozano –ese espíritu lleno de brisas marinas y de auroras mexicanas– ha dado hospitalidad a ese esfuerzo honrado y noble. Merece también un abrazo cordial.

Conectar el nombre de la revista *Ulises* con el Teatro de Ulises, fue un gesto deliberado que se confirma en el sostén crítico que la publicación otorgó incondicionalmente a la compañía. Inmediatamente a esta primera temporada y sin firma, en *Ulises* se habla:

Aquella vieja idea de los escritores más jóvenes de México –idea que nos daba la oportunidad de oir uno de los discos mejor grabados de José Gorostiza– empieza a cristalizar en el pequeño teatro experimental a donde se representan obras nuevas por nuevos actores no profesionales. Sólo de este modo se empieza a crear un gusto, un repertorio y un público actuales. En la calle de Mesones número 42 se improvisa el escenario y la sala. Rodríguez Lozano y Julio Castellanos se encargan de las decoraciones. Y, por primera vez en México, los escritores se prestan a hacer el trabajo del actor, con las ventajas de su cultura y sin las desventajas del hábito. Xavier Villaurrutia, Salvador Novo, Gilberto Owen, cubren los primeros papeles. Con ellos, y en primer término, Antonieta Rivas Mercado, y Matilde Urdaneta, Judith Ortega, Carlos Luquín y Rafael Nieto. Las primeras obras representadas los días 4 y 5 de enero: *Simili*, de Claude Roger Marx, traducida por Owen y *La puerta reluciente*, de Lord Dunsany, traducida por Enrique Jiménez Domínguez, Julio Jiménez Rueda dirigió las obras.[16]

La segunda temporada se realizó el 8 y 9 de febrero con la obra

Ligados del norteamericano Eugenio O'Neill traducida por Antonieta Rivas Mercado, pieza elegida por Salvador Novo, bajo la dirección de Xavier Villaurrutia. [17] Los protagonistas eran el propio Novo, Antonieta Rivas Mercado, Lupe Medina Ortega, Gilberto Owen, María Luisa Cabrera y Julio Jiménez Rueda; la escenografía se debió a Manuel Rodríguez Lozano. De la asistencia da cuenta *Excélsior*.[18]

Una tercera temporada, casi un mes y medio más tarde, los días 22 y 23 de marzo abrió *El Peregrino* de Charles Vildrac, estrenándose como director Celestino Gorostiza: el traductor Gilberto Owen y el escenógrafo Julio Castellanos. Los actores y actrices: el mismo Owen –haciendo el papel del tío–, Lupe Medina de Ortega, Emma Anchondo y la gran revelación Clementina Otero personificando a Dennise.

Igualmente, obra de un sólo acto se presentó *Orfeo* de Jean Cocteau. Julio Jiménez Rueda retoma la dirección, Manuel Rodríguez Lozano la escenografía y la traducción de la pieza fue del escritor español afincado en México, Corpus Vargas. Actuaron Xavier Villaurrutia, quien seleccionó el texto, Gilberto Owen, Carlos Luquín, Rafael Nieto, Andrés Henestrosa, Ignacio Aguirre, Antonieta Rivas Mercado e Isabela Corona.

Al finiquitarse estas tres jornadas, a las que llamaríamos de intimidad, el equipo del Teatro de Ulises resuelve probar suerte dentro de un público más vasto y anónimo, es decir, salir a la calle. La prueba de fuego estaba hecha, la respuesta crítica si no profunda, coincidía en que la experiencia realizada aportaba pensamientos frescos y originales, que jamás se habían ventilado dentro del medio, aunque bien visto este medio lo constituía precisamente la élite intelectual. Eligieron para ello el célebre teatro Virginia Fábregas que se erigió por la demolición del Gran Teatro Nacional y que en un tiempo llevó el nombre de Teatro Renacimiento, ubicado en la calle de Donceles.

Del antiguo repertorio suprimieron *La Puerta Reluciente* y variaron el orden de las presentaciones. También en cierta manera entraron al juego comercializador, pues eligieron anunciarse en la prensa, actuar el fin de semana y cobrar la entrada; la luneta costaba dos pesos.[19] El viernes 11 de marzo se presentó *Simili*; el sábado 12 *Ligados* y el domingo 13 *El Peregrino y Orfeo*.

Simultáneamente a las representaciones públicas, el grupo no descuidaba programaciones futuras; reuniones, discusiones, selección de papeles, montaje en general que precedían a cada temporada.

La mayoría de los redactores y reporteros de la época acostumbrados todavía al tipo de crónica de estrellas, se dedicaron por lo general en el tiempo de Mesones 42, a resaltar la virtud, el desempeño de los noveles comediantes y no precisamente a analizar las obras o la *misse en scène*, es decir toda esa labor de conjunto indivisible de trabajo colectivo –recordemos que las mujeres eran sus propias modistas y peinadoras y que los hombres eran los cargadores, los tramoyistas –que fue en definitiva el aporte realmente peculiar de Ulises. Así reconocieron la actuación máxima de Antonieta Rivas Mercado a quien le auguraban un promisorio futuro en las tablas, lo mismo que señalaban la personalidad tierna y cándida de Clementina Otero quien podría llegar a tener un gran éxito en el teatro nacional. Consideraban poco aprovechadas las dotes histriónicas de Isabela Corona y aprobaban las participaciones de Lupe Medina de Ortega y de Judith Martínez Ortega.

Xavier Villaurrutia y Gilberto Owen fueron las revelaciones masculinas, los más ponderados, aunque Salvador Novo logró ser aceptado discretamente. Tanto escenógrafos como directores merecieron aplausos y respeto y elogiaron de los primeros la calidad en la simplificación y de los segundos la sencillez, la ausencia de cursilería, el ritmo teatral despojado de exageraciones.

Las reseñas alrededor de la temporada en el teatro Virginia Fábregas, casi todas firmadas y no anónimas, son más rigurosas, más analíticas y a pesar del reconocimiento por la labor del Teatro de Ulises, por su novedoso aporte, por su carácter revolucionario, no dejan de hacer observaciones sobre el repertorio, el manejo de los actores, la puesta en escena y las traducciones. Especialistas afamados otorgaron sus espacios a comentar, a dejar la presencia del Teatro de Ulises: tales, José Joaquín Gamboa, Fígaro (Antonio Villalobos), Rafael Cuevas, Carlos González Peña, Hernán Rosales y Manuel Díez Barroso.

En *El Universal* José Joaquín Gamboa[20] se congratula de la audiencia que acudió al Fábregas y realza dos de las obras estrenadas:

Este público acudió en bastante número, lo que prueba que contra lo que nos temíamos, hay cierta curiosidad intelectual.

Dieron a conocer estos muchachos del Ulises, una comedia que pasó sin pena ni gloria cuando se estrenó en París, representada en un teatro por el estilo de éste, llamado de "los jóvenes autores", entre cuyos miembros los había de más de cuarenta años: *El Peregrino*, de Vildrac, que sigue los antiguos cánones, un acto de una sobriedad encantadora, y *Orfeo*, de Cocteau, escrito con franca intención de pasmar "snobs".

Lo positivamente interesante ha sido la representación de *Welded*, título bien traducido por el de *Ligados*, pues aunque exactamente sea "soldados", la palabra tendría en español un cómico doble sentido.

Así pues, de esta obra, hermosísima, me ocuparé de preferencia.

Hay que dar las gracias al Grupo Ulises por habernos presentado a O'Neill, cuya fama en llegar a nosotros, a México, se tardó mucho más naturalmente que la de cualquier "hit" del horripilante Hollywood, "caro" a la linda "cara" de Lolita del Río. Eugene O'Neill es uno de esos seres de elección universal, en que tan parco y tan justiciero ha sido el Creador para concedérselos a los Estados Unidos. Eso sí, cuando se lo concede lo hace como todo con aquel desconcertante país, cumplidamente; se lo da completo: Poe, Whitmann, London, O'Neill.

Ligados tiene el soplo terrible del "fatum", en la más espantosa quizá, de sus formas, en la de dos almas que precisamente por ser contrarias se buscan, como dos electricidades de distinto nombre con el ímpetu que produce el rayo.

Gamboa ante la incomprensión de otros juicios acerca de esas imágenes inscritas entre la "tortura y la voluptuosidad" aclara:

No, O'Neill no es un "alienista", sereno y frío, que entra hasta los más obscuros abismos de los espíritus, que escudriña iluminando con la luz de su radiante razón los más recónditos misterios de aquellas conciencias, que quieren explicarse a sí mismos las tremendas fuerzas que los ligan contra su voluntad y contra su felicidad.

La obra es profundamente intelectual, cruelmente real, sutilmente poética, serenamente artística.

Lástima que la traducción, a pesar de sus buenas intenciones, peque de literal, y se halle afeada por mexicanismos no digamos de México, sino de los Estados, por "payismos", podríamos decir.[21]

El crítico encuentra fallas en la actuación, las que son perdonadas porque la intención de dar a conocer obras de la talla de *Ligados* es tarea encomiable, como elogiosa es la manera en que el director ordena y destaca la *misse en scène* y si todo es de recalcar, asimismo lo es la llamada de atención a quienes piensan en el Teatro de Ulises como un parte aguas en la dramaturgia mexicana.

La interpretación muy lejos de la obra, escrita para actores de primerísimo orden, toda matices y claro obscuros. Hay que aplaudir a estos muchachos lo que al principio les aplaudimos, haberla dado a conocer y la única manera de lograrlo no podía ser otra que representarla ellos mismos. Por eso merecen un galante aplauso de estímulo que el público no les escatimó.

En cambio muchos aplausos por la adecuada "misse en scène", por los discretos juegos de luz sobre los rostros de los personajes, lo que éstos dicen más que conversaciones es la expresión desolada de sus tormentos interiores.

Y ahora, una censura: no es necesaria tanta arrogancia para anunciar este espectáculo, ni mucho menos el infantil desprecio por otros esfuerzos realizados antes, esos sí en pro del verdadero teatro nacional. Si la de estos muchachos es una labor cultural, indiscutiblemente lo fue la que durante seis largos meses llevaron a cabo los dramaturgos y comediógrafos mexicanos en ese mismo Teatro Fábregas, labor que nada tuvo de "repugnante", señora Rivas Mercado.[22]

"Fígaro",[23] atado al teatro tradicional en su columna "A punta de Lápiz", de *El Universal,* concede tres artículos, el 15, 17 y 25 de mayo, a ironizar sobre el Teatro de Ulises y más que nada a burlarse de Cocteau a quien halla ininteligible. El interés de sus escritos estaba en algunas reclamaciones enderezadas a los actores por no saber impactar la voz:

Una de las ventajas que ofrece la nueva modalidad teatral, representada en Francia por Cocteau y exhibida entre nosotros por los jóvenes vanguardistas del grupo "Ulises", está en que el público goza de una libertad sin límite, al punto de poder entrar a medio acto y salirse cuando le de la gana, incluso al final. No sólo eso, sino que el público queda en libertad de no asistir a la representación. Cualquiera me dirá que el público siempre ha tenido ese privilegio, pero yo le responderé que eso no es cierto. Las obras de corte antiguo –me refiero a las buenas por supuesto, que también las había– estaban coordinadas de tal modo que SUJETABAN, como las crónicas de Gómez Carrillo. Haciendo uso de una frase vulgarísima diremos que tenían gancho...

El *Orfeo* de Cocteau es algo distinto. ¡Abajo la tiranía!, como en un poema estridentista. Puede usted hacer lo siguiente, con esta obra, sin incurrir en herejía literaria:

1º.- Verla toda, o parcialmente, sin hablar de ella.

2º.- Hablar de ella, sin haberla visto, parcialmente, o toda, es decir, imaginársela.

3º.- Darle la interpretación que guste.

Estos muchachos del Teatro Ulises no tienen voz todavía. La voz del comediante es una voz comercial, que se fabrica especialmente para el público y se la vende a diferentes precios, como el pan...

Pues bien cuando estos muchachos hablan en el escenario lo hacen como si estuvieran en sus casas, o en algún restaurant, con sus amigos...

Yo no me atreveré a decir que sea una desventaja hablar como hablan los actores del Teatro Ulises. Únicamente apunto hechos...[24]

Fígaro termina arremetiendo contra los innovadores, entre los que por supuesto está Cocteau:

Los vanguardistas le tienen horror al sentimentalismo. Es un miedo enfermizo, algo así como el que produce tan extraños efectos en los individuos atacados de delírium tremens.[25]

En *El Universal*,[26] en un artículo titulado "Belleza y Fealdad", Carlos González Peña, asimismo paladín de lo proverbial, no comulga con Jean Cocteau y reitera la falta de conocimiento histriónico, "del grupo de jóvenes escritores", de la misma manera que Gamboa, los disculpa, en beneficio de los fines que movieron a ese conjunto para reformar al teatro, aunque eso sí, queda prendado de Clementina Otero, para él la única revelación como actriz: "una chiquilla de primorosa figura, de bellísima voz que si quisiera y se dedicara al teatro podría llegar a ser deliciosa ingenua". En general no toma muy en serio al grupo de Ulises y minimiza su idea rectora considerando todo ese quehacer como el fruto de una diversión:

No entró sin duda, por lo demás, en el propósito de los jóvenes que formaron el "Teatro de Ulises", sobresalir en el arte de la ficción dramática. En primer lugar, de lo que ellos trataban era de divertirse. En segundo –y aquí entra lo nobilísimo de su empresa– de llevar a la escena obras nuevas, hacer "nuevos teatros" de ese que por lo común no entra en los repertorios habituales.

Desde este punto de vista el fin propuesto no puede ser mejor. ¡Cuánto se ganaría!, ciertamente si las representaciones, bajo dirección estrictamente literaria, se realizaran por actores consumados.

La selección del repertorio –aunque no le agrada *El Peregrino* de Vildrac– responde a su juicio, más a un afán de novelería que a una meditada preferencia:

En el repertorio elegido, más presidió el espíritu de novedad que el de selección. Hay mucho bueno, genial y desconocido –auténticamente nuevo por tanto– en lo que se podría espigar:

Los jóvenes del "Teatro de Ulises" presentaron a cuatro escritores modernos: el francés Claudio Roger Marx con su comedia *Simili*, que pasa sin pena ni gloria; el fuerte dramaturgo norteamericano Eugenio O'Neill, de quien se representó una obra que no sé si será la más característica suya: *Ligados*; y los también franceses Carlos Vildrac y Jean Cocteau, de los cuales se dieron a conocer *El Peregrino* y *Orfeo*, respectivamente.

Quiero en particular referirme a la postrer función, cuyo programa lo integraron estas dos últimas obras. Yo ignoro si el hecho de que figurasen unidas fue intencionado o casual. De todos modos, resulta de tal pasajero contubernio una ejemplar lección de estética.

La comedia de Vildrac es una auténtica, una perfecta obra de arte, de lo más puro, de lo más diáfano que pudiera soñarse, ¡un diminuto acto en el que parece que no sucede nada, y, sin embargo, ocurren tantas cosas! Desavesnes –el "peregrino"– escapó hace años de su monótona, de su obscuramente vulgar y silenciosa ciudad provinciana. Ha ido por el mundo, ha luchado, ha amado, ha vivido. Mas hete que, antes de emprender un viaje lejano, del cual no sabe si volverá jamás, quiere mirar por última vez el que fue recinto del hogar ya deshecho: sentir, por un instante, la caricia del recuerdo.

¡Qué impresión, por tanto, de rudo contraste, la que se siente al ver en seguida *Orfeo*!

El *Orfeo* de Jean Cocteau es, a la inversa, un auténtico, un perfecto, un indescriptible mamarracho. ¿Qué quiso decir el señor Cocteau?¿Qué hizo el señor Cocteau? En realidad, y por lo que a asunto y personajes se refiere, no acertamos a decirlo...

Y el lector me preguntará –"¿Qué es esto?"– Pues lo mismo digo yo: "¿Qué es?"

¿Vanguardismos? ¿Futurismo? ¿"Delírium tremens"? Difícil sería clasificar la obra del señor Cocteau, aun dentro del aquelarre literario.

El autor nos parece un tonto. Más bien sea, tal vez, un vivo. Los vivos se complacen frecuentemente en hacer el papel de "Admira-tontos"...

Rafael Cuevas más acorde con el cambio, con la "modernidad", en un tono de apología sincera, en su columna, "Horario Artístico" del *Excélsior*[27] dedicada en su totalidad al Teatro de Ulises, loa el quehacer de los jóvenes y detalla los logros de cada uno en las obras presentadas. Por ejemplo de *Simili* estipula:

Esta obra no tiene nada de vanguardia ni por su técnica, ni por su escenografía, ni, sobre todo, por sus temas exentos de originalidad lírica, ímpetus cenitales y sondeos en los terrenos peligrosos y tentadores del yo profundo. Con inesperada discreción y suelto fraseo,

Antonieta Rivas y Xavier Villaurrutia interpretaron sus respectivos papeles, los centrales de la obra. En resumen, una comedia fácil, agradable, huidiza en los trineos de las buenas formas, del buen decir –pulcra traducción de Gilberto Owen– y que se perderá, finalmente, por las estepas inmensurables del olvido...

De *Ligados* que significa "el aletazo del género" resalta y reconoce la participación de la mecenas del conjunto:

Gracias fervientes a la señora Antonieta Rivas. Toda la noche, pero sobre todo el primer acto, se mantuvo en una tesitura increíble de comprensión y ardor. Un retoque en los matices, una brizna más de impostación bastarían para que la señora Rivas se irguiese, como una Samotracia, sobre las rabias marinas de la tragedia humana.

Además, la obra ha sido magistralmente traducida por la misma señora.

El léxico empleado asciende y desciende, alternativamente, a los fiemos del bajo fondo social donde prosperan y se abren los narcisos negros, infame flor de la conducta y a las zonas, químicamente puras, de la estrofa, la televisión y el éxtasis. ¡Soberbia cátedra que deberían oir con atención las criaturas chicas y grandes que se sienten traductores!

Lupe Medina, Salvador Novo y Gilberto Owen, se portaron como discretos artífices que cooperasen a la realización marmórea de la diosa.

Aparte de la vigencia en el gusto del público de obras como *El Peregrino*, puntualizó:

La interpretación acertadísima por parte de Clementina Otero, Lupe Medina y Gilberto Owen.

Orfeo no escapa a esta detenida revisión de los dramas. Otra vez Cocteau y su obra son repudiados por Cuevas. No obstante ello, su balance general resulta favorable al Teatro de Ulises:

> Colofón –El Teatro de Ulises inició su odisea gallardamente. La mejor obra que hemos presenciado en el transcurso del año. *Ligados*, del dramaturgo americano, se la debemos a Ulises.
>
> Muchas personas, por mi conducto, suplican a la señora Rivas y a sus inteligentes compañeros vuelvan a dar el susodicho drama, el drama que provoca calosfríos de sismo y que tiene deslumbramientos boreales y sobresaltos metafísicos que nos acercan a otros mundos.
>
> El Teatro de Ulises, finalmente, quiere decir sacrificios, desvelos, preparación y desinterés. Es lamentable que el público, autores y críticos no hayan respondido, como lo merece, a este esfuerzo nacional.
>
> Un fuerte apretón de manos a todos y a cada uno de los improvisados actores. Un "muy bien" a Villaurrutia, Medina, Novo y Owen. Y una corona –augurio de triunfos soberbios– a la señora Antonieta Rivas.

Negativa, quizás insuficiente para un individuo de alta cultura como Manuel Horta, la ráfaga irónica que hace sobre la obra del francés, no sin antes presentar "a los poetas y escritores del Teatro de Ulises [que] está hecho con el suficiente talento para tomar el pelo a todos los que no quieren quedarse atrás".

Así *Orfeo* es para Horta sólo un asombro de "la minoría selecta", "un juego estéril", de poco humorismo y cuyo simbolismo es terna de comedia colegial. Al final se transforma Horta en un simulacro de perdona vidas:

Para los que no tienen la noble y heroica curiosidad que se llama cultura, esas representaciones le ponen al corriente de la desorientación absoluta que domina el mundo en estas horas amargas.[28]

Sin asistir a ninguna de las representaciones de Ulises, Hernán Rosales sostiene su nota "El Teatro de Ulises y lo que necesita México" publicada en *El Universal*,[29] en las distintas opiniones que se dieron a luz sobre el tema; apoyos que no menciona pero que le sirven de pretexto para redactar una particular concepción de lo que para él debe ser el teatro nacional. No rechazando la experiencia de Ulises da fe sin embargo de que antes de buscar mecanismos y obras internacionales, debería insistirse en realizaciones basadas sobre temas y problemáticas del país, en aquellos asuntos que hagan hincapié sobre cuestiones sociales. En resumen las apreciaciones de Hernán Rosales caen en la discusión trillada de siempre: nacionalismo *vs.* cultura universal. Una crítica donde el enjuiciamiento obedece al preconceptismo.

En síntesis el pensamiento de Rosales está marcado en los siguientes párrafos:

actualmente en los centros educativos de México, forjados por la revolución, que el arte es nervio civilizador y fecundo en el presente momento histórico y que inicia en sus variadas formas creadoras las aristas y los planos de la nueva ética social. Los intelectuales de hoy, fuertes y de buena voluntad, en los países que luchan por su renovación, no tienden a otra cosa que a modelar primero la obra de arte que mejor expresa las características del alma nacional, para después, como tiene que ser, difundir el jugo de esta médula propia por el conjunto evolutivo de la producción universal.

Contraria a lo anterior "El Teatro de Ulises y El Grupo de los Siete" de Víctor Manuel Díez Barroso[30] adquiere un indefectible mérito porque además de haber sido promotor y autor de ese segundo equipo conocía desde adentro la vida teatral y se refiere a datos históricos. Entera que, a las reuniones que hacía el "Grupo de los Siete" en el restaurante Atzimba, solían concurrir Salvador Novo y Julio Jiménez Rueda y que muchas veces conversaban sobre la posibilidad de formar una compañía con las características de lo que sería el Teatro de Ulises, pero que el factor económico impidió ese proyecto. Realidad cumplida por la generosidad de Antonieta Rivas Mercado. Alejado de todo sentimiento de pequeñez, Díez Barroso razona que derrotar las tareas y la intención de Ulises sería en parte hacer naufragar también su propia meta y más aún sería ir en contra de un amplio sector del público que está exigiendo cambios, estructuras nuevas, obras originales. Son sus palabras:

Ahora bien, criticar este movimiento porque la interpretación dada a esas producciones no haya sido perfecta, es muestra de torpeza o de mala fe. Creo que el grupo Ulises nunca ha tenido la mira de dar al público una muestra en cuanto a interpretación de obras; los componentes de él, quizás los primeros convencidos de que no son actores, valientemente se han presentado sobre el tablado a sabiendas de que iban a ser criticados: pero, daban ello de buen grado con tal de que en México se fueran conociendo determinadas obras.

Son aficionados, en ellos se hace sentir la falta de una dirección de escena, si algún defecto tiene ese grupo, es que sus componentes probablemente no se van a dedicar a la carrera teatral y tan sólo lo hacen de una manera accidental; esto podrá traer que dure poco este esfuerzo, lo que sería sumamente lamentable.

El Teatro de Ulises frente al ambiente general tuvo otra cara, otro espejo, quizás más conectado con la burla, la sátira, o la anécdota frívola. Algunas partieron del propio ambiente teatral que por resentimiento e incomprensión, no exentos de envidia, que se iniciaban de una formulación "peligrosa", pues en el fondo implicaba cercenar una "comercialización", trataron de ridiculizar, de mofarse de ese innovador teatro. La Compañía de Zarzuela y Revista de Carmen Tomás y Natalia Gentil Arcos colocó dentro de sus tandas en el Principal durante varios días un remedo burlesco del Teatro de Ulises, el domingo 22, el lunes 23 y el martes 24 de enero de 1928. Posiblemente salido de la pluma del especialista en revista de la época, Carlos M. Ortega, esta pieza fue acompañada de: *El país de las drogas*; *Petrilla ...la de la Venta* y *Mujeres de México*.

La parodia cargada de malas intenciones recibió el desprecio del cronista "Palmeta" quien en *El Universal Gráfico*[31] repudia el hecho:

"EL TEATRO DE ULISES", ESTRENO EN EL PRINCIPAL
Anoche fue estrenada en el teatro Principal, una "cosa" a la que sus autores llamaron revista y titularon "El Teatro de Ulises". Sin ser lo primero, ni tener nada que ver lo acontecido en el escenario con el

marido de la paciente Penélope, para que se hubiese tomado su nombre como tema de explotación, el público premió el esfuerzo de los autores con una rechifla, primero, y luego con frenéticos aplausos a título de choteo. Pero como el director de orquesta, o quien haya sido, tomara de buena fe esos aplausos a todas luces de "chunga", creyeron oportuno bisar algunos numeritos, y el resultado no se dejó esperar: cada repetición fue recibida con ruidosas manifestaciones de protesta.

Estos repetidos fracasos del teatro Principal, debidos en su mayor parte al desacierto de los autores mexicanos, dan a entender que estos señores más que preocuparse por cimentar un nombre, a lo que van directamente es a cobrar los derechos de la obra; tarea de resultado adverso, pues si no se preocupan de que sus producciones tengan alguna solidez, pronto desaparecen del cartel y eso menos pueden cobrar. ¡Es una lástima! Con un poco que meditaran y pusieran buena intención, otra cosa sucedería. Pero, ¡allá ellos!

Inventada o cierta, un redactor que sostenía que asistir al local de Ulises era comparable a una expedición, se regocija con su propio chascarrillo:

Mientras tanto, la exploración persiste. Para llegar al "Teatro de Ulises" hemos transpuesto el umbral de una de esas casonas coloniales que, en trazo irregular, se siguen, codo a codo, a través de la prolongada ruta de Mesones. En la portería preguntamos por Salvador Novo. La portera nos responde:

—Aquí no vive ningún señor Novo.

Hubimos de explicarle que se trataba de un teatro, y fue entonces cuando aquel cancerbero femenino nos franqueó la entrada. Un patio largo y cruel, de lajas, y estrechado por los arcos románicos que huelen a salitre; una escalera fría y un corredor largo y áspero. Después, una puerta llena de luz. Un pequeño vestíbulo y un salón en cuyo fondo triunfa el escenario.[32]

Si el Teatro de Ulises intelectualmente estremeció el ambiente, la geología en la primera y segunda temporadas colaboró con el propósito. Durante dos representaciones, las obras se vieron interrumpidas por temblores de tierra y de ellos dan cuenta los diarios. La nota más descriptiva es la de *El Universal*.[33]

Se efectuaba la segunda representación privada de *Orfeo* en el teatro íntimo de "Ulises". El susto fue enorme y hubo violentos desmayos. Esta es la segunda ocasión en que las representaciones de este teatro particular, se suspenden por temblores. La casona en que se encuentra el salón íntimo es de aquellas viejas construcciones coloniales capaces de resistir hasta una erupción del Popo...

Concluida la temporada del Teatro Fábregas *El Universal*[34] realiza una encuesta con el título "Qué opinan los fomentadores del Teatro de Ulises de la crítica que se les ha hecho".

Por sus aspectos esenciales es obligada la incorporación de la mayoría de las respuestas que se pusieron en claro, tanto porque el balance es un final examen de conciencia, un repaso de la obra realizada y porque también en él se vuelve transparente, se entienden con nitidez intenciones, propuestas, y se desliga con agudeza las pretensiones de hacer teatro experimental y no vanguardista, término este último que se prestó, que aún se utiliza como sinónimo, cuando a ambos los separa un universo.

DIJO ANTONIETA RIVAS...

–Natural era que la crítica se equivocara al querer juzgar nuestra labor. Si se equivocó al apreciar la exposición directa que Salvador Novo hizo en su conferencia del origen del Teatro de Ulises, ¡cómo podríamos esperar que fuera capaz de discernir atinadamente por qué presentamos precisamente las obras que dimos, y justamente en esa secuencia! La revista de Ulises y el teatro tienen en común el nombre y el hecho de que algunos de sus fundadores han tomado parte muy activa en el desenvolvimiento de éste, pero, a decir verdad, el teatro era inminente...

Este principio elemental en toda labor de conjunto, ha sido admirablemente bien comprendido por todos y cada uno de nosotros. Lupe Medina de Ortega, Isabela Corona, Emma Anchondo, Clementina Otero, Carlos Luquín, Rafael Nieto, Ignacio Aguirre, con su inteligencia y generosidad han hecho posible el teatro. Para citar un caso particular. Sin Lupe Medina, sin su inteligencia y admirable voluntad, nunca hubiéramos dado *Ligados*. En cuanto a los pintores, Rodríguez Lozano, Julio Castellanos, Roberto Montenegro, convertidos en escenógrafos, dóciles al texto, nos han dado marco y fondo para mover las figuras. Los directores, Julio Jiménez Rueda, Celestino Gorostiza, han sostenido, han rectificado y ayudado a crear los personajes de ficción. En resumen, es el total de todas estas voluntades, lo que ha hecho posible en cuatro meses escasos, lograr lo que pretendíamos. Presentar teatro moderno y sacudir telarañas, que no por viejas eran respetables. Nuestra intención es seguir trabajando en idéntica forma.

A los críticos no les gustó el *Orfeo*, pero a mi hijo sí. El argumento no es mío. Está en el Evangelio. Sólo los niños podrán entrar en el reino de los cielos, y no hay que olvidar que Cocteau dice que "ese es el reino de la poesía".

Y SALVADOR NOVO...

Es verdaderamente extraordinario que casi no haya personas en México que, conociendo la leyenda de Orfeo no la hayan reconocido en la tercera función pública del Teatro de Ulises. Si no puede pedirse ni esperó nadie que todos los asistentes hubieran oído antes hablar del fiel esposo que rescató de los infiernos a Eurídice, había por lo menos el derecho de creer que los intelectuales que escriben los crónicas sí la conocieran, sobre todo dado que una de las cualidades de Orfeo es la de encantar a los animales y de ser comprendido hasta por los caballos.

—En cuanto a O'Neill, ignoro las relaciones que puede tener con Paul Géraldy con quien ha sido equiparado, y si se piensa que yo no conozco a Géraldy, yo sé perfectamente, en cambio, de otras personas que no conocen a O'Neill.

—A otros críticos no les gustó *Simili*. A mí tampoco, pero no por las mismas razones.

—Aquellos que dicen que nuestras traducciones son defectuosas me hacen pensar en un cocinero jubilado que no aprobara los guisos que para su sustento propio y urgente condimentara una persona famélica. Todos nosotros sabemos muy bien que no hemos de llegar a la Academia de la Lengua. Por lo menos no a la mexicana. Pero el hecho no nos conmueve.

LA EXPRESIÓN DE VILLAURRUTIA

Salvador Novo y yo, con Gilberto Owen, somos los culpables del repertorio de nuestro pequeño teatro que ha tenido la suerte de provocar opiniones tan opuestas. Podríamos estar orgullosos de estos juicios. No importa el tono de ellos. Sólo una manifestación viviente los despierta. Quiero opinar sobre nuestro repertorio. Algo, también sobre la crítica que ha suscitado.

Se ha unido gratuitamente a nuestro repertorio una fea palabra: vanguardia. Esta palabra corre el riesgo de quedarse súbitamente anticuada. Nosostros pretendemos dar a conocer piezas de teatro que las empresas comerciales no se atreven a presentar en México. Obras nuevas y vivas; en una palabra, actuales. Los son *Ligados* de Eugene O'Neill y *El Peregrino* de Charles Vildrac del mismo modo que *Orfeo* de Jean Cocteau y *Simili* de Roger Marx. Obras de tendencias diversas, a menudo encontradas, que se unen por el hilo de la actualidad. Y es preciso no desdeñar esta palabra: actualidad. Pensemos que un autor clásico es el que tiene la dicha de ser actual siempre. Nuestro repertorio no pretende ser de vanguardia, sino, simplemente, orgullosamente, un repertorio actual.

Escogí *Simili* y *Orfeo* para nuestro experimento teatral, apoyándome no sólo en su innegable valor de arte sino, también, en las posibilidades de nuestro pequeño cuadro de actores.

La obra de O'Neill –que tuvo la dudosa fortuna de gustar a don José Joaquín Gamboa– fue escogida con fino acierto por Salvador Novo. A mí me parece una obra sobria y fuerte, y lo que es mejor aún, lograda con admirable economía de elementos.

Simili es una pieza de análisis psicológico. La fantasía de la protagonista reconstruye el carácter del hombre que ama a otro hombre a quien encuentra casualmente y se presta de buen grado a su capricho. Cuando el verdadero amante aparece, la mujer prefiere, a la vieja realidad de su amante de ayer, la verdad de su fantasía de hoy. El juego de dos personalidades (la del amante real y la del amante inventado) constituye el encanto de la obra. Al hablar de *Simili*, la crítica francesa asombró a Marivaux y a Pirandello, dos autores que nada tienen que ver con el naturalismo, dos juglares, de la fantasía, el primero, de la inteligencia el segundo.

Fantasía e inteligencia presiden la obra de Roger Marx. Algunos críticos mexicanos no han podido ver en ella sino una pieza naturalista.

Orfeo –que tuvo la dichosa fortuna de no agradar a González Peña– no representa una escuela de teatro, sino el espíritu de un poeta. Jean Cocteau, que intenta –y consigue– la reaparición de un teatro puro: teatro teatral, fin en sí mismo (¡qué lejos estamos del teatro naturalista, del teatro considerado como un medio solamente, como una tribuna para exponer teoría!)

El *Orfeo* de Cocteau está escrito en función de la escena: las personas y los objetos aparecen y desaparecen como un juego de manos o entran y salen como en un sueño.

Pero hay críticos –los de México sobre todo– que no han soñado nunca, que duermen un sueño sin sueños. Sólo la realidad cotidiana los satisface. No son capaces de poner un pie, siquiera por un momento, en el misterio. No son capaces de dejarse engañar por nada que no sea real. Y el teatro es, siempre, engaño, engaño superior. Uno por uno han encontrado en *Orfeo* aquello que no buscan: poesía, ficción pura. Para ello, en vez de declararse sorprendidos, se ofenden y truenan al conocer sus limitaciones. A nadie debe extrañar. Educados en la estrecha escuela del naturalismo, la vida es para ellos como un pastel y el arte una rebanada de la vida. Tocar para creer es su norma. Y el *Orfeo* de Cocteau, siendo una realidad misteriosa, se les escapa de las manos torpes. El choque de las metáforas no llega a su oído habituado a recibir solamente ruidos físicos. Y las imágenes plásticas no impresionan sus ojos fijos en el pastel de la vida y en la rebanada del arte. Al preparar *Orfeo* no se nos ocultaba el desconcierto que provocaría en muchos cerebros. Sonreíamos, anticipándonos. Decíamos con el poeta de la tragedia: "Hay que echar una bomba, hay que obtener un escándalo, hace falta una de esas tormentas que refrescan el aire. Se ahoga uno, ya no se respira". Así fue. Nosotros respiramos. Los críticos se ahogaron. Nosotros, representando, respirábamos un aire nuevo. ¿Qué aire más nuevo que el de esta poesía? Los críticos sintieron que la poesía les oprimía el cuello, les cerraba la garganta. Acabaron por no ver nada. Allá ellos.

El 7 de junio, en *El Universal Ilustrado* "Júbilo" entrevista a Enrique Jiménez, a Juan N. Huerta (Palmeta), a Bernardo Ortiz de Montellano y a Ermilo Abreu Gómez. Bajo el rubro "¿Qué opina usted del Teatro de Ulises?" En una presentación enmarcada el reportero después del sabio dicho "cuando el río suena algo lleva", transfiere, mejor, equipara al Teatro de Ulises con una tormenta provocada por una bomba cuya responsabilidad fue el *Orfeo* de Cocteau, testimonia:

En mi concepto no se trata de valorar el "Teatro de Ulises". Se juega, en este escándalo que efervesce, el perfil temperamental y el atavío cultural que reviste este perfil.

No se ha atacado el valor literario o artístico de los integrantes del grupo "Ulises". La reprobación o la aceptación se ha fijado en las obras interpretadas por ellos. Su propósito es lo de menos. Lo secundario. Da lo mismo. Da lo mismo que de él se diga que es loable o que es inútil o bastardamente interesado. Se juzgan las simpatías, las aficiones, las preferencias. Escuchemos.

El licenciado Enrique Jiménez considera loable el impulso del Teatro de Ulises donde:

Se trata de presentar al público mexicano un ejemplo de lo más avanzado, de este modo los dramaturgos –que no pueden improvisarse como se pueden improvisar escritores en otros géneros literarios– cuya obra tiene que ser resultado de una amplia cultura, de una observación profunda y de un extraordinario poder de concentración, puedan orientar el futuro teatro mexicano, hacia una forma que no resulte pasada de moda.

Después de resumir que el teatro español, el francés y el italiano "han agotado los motivos de la pasión", que el sajón y el eslavo, tienden a la dramatización de la idea y a la "intelectualización de la pasión", el Teatro de Ulises –en definitiva, "teatro extranjero"– puede dar, contribuir a encauzar la imaginación del mexicano, particularidad de su carácter. Sin embargo para Enrique Jiménez el grupo de Ulises a pesar de divertirlo posee una falta esencial:

ninguna de las personas que en él figuran tiene interés en dedicarse definitivamente al teatro. El esfuerzo en estas circunstancias está condenado a una vida precaria, si no surgen grupos aislados de artistas que quieran hacer del teatro su actividad fundamental en la vida.

Juan N. Huerta, destacado cronista teatral, se resiente de la exagerada publicidad que sobre Ulises se ha suscitado en el periodismo porque "más que una entusiasta apetencia de novedades, responde a un mero propósito de curiosidad". Incomprensible concepto de Palmeta después de haber sido un admirador ferviente del experimento. Haciendo referencia al anterior reportaje del propio Júbilo en *El Universal,* se lanza sin nombrarlos contra la Rivas Mercado, Villaurrutia y Novo, calificando sus contestaciones de "destemplada y petulante autodefensa" y no los baja de jactanciosos, de "sensitivos seres imbuidos de superioridad", de "incontenido deseo de exhibicionismo". Llega a tal grado el apasionamiento de Palmeta, de confundir la obra realizada por Ulises con los propios actores y promotores, desnivelando la problemática hasta desvirtuar la intención del cuestionario para pisar terrenos personales, ofensivos, que no vale aquí cuestionar.

Finalmente cierra su contestación resumiendo "Mucho tendrá que trabajar y esmerarse" y agrega:

La dirección escénica de ese teatro embrionario, con la mayor parte de los elementos que dirige, para restituirlos a su exacto aspecto.

Así las cosas, resulta hasta ocioso pretender analizar las obras de la representación, pues la crítica tendrá que equivocarse o no entender lo que se le muestra, por haber una diferencia tan grande entre eso que hacen los llamados "sensitivos" y lo que en rigor de exactitud debieran hacer, no ya como profesionales sino como simples iniciados.

Por su parte Ortiz de Montellano en rigurosa síntesis, "lo bueno y breve dos veces bueno", asevera:

El teatro nuevo, en México necesita formar su público, reformando el gusto para que sus autores se vean obligados a mejorar su producción. A eso tiende el Teatro de Ulises sin actores profesionales y con autores extranjeros aficionados a la cultura de la inteligencia y el buen gusto, mientras aparecen los nuestros. Pero como nuestros malogrados críticos no saben viajar –ni alrededor de las bibliotecas– se han indignado con estas excelentes vacaciones en nuestra vida teatral.

El yucateco Abreu Gómez valora que en un medio empobrecido, un acontecimiento puramente intelectual como el Teatro de Ulises haya despertado interés. Considera que es una buena señal pues visualiza "una conciencia nueva, alerta y dispuesta a valorar el esfuerzo de la joven intelectualidad de México". Más que la calidad de las representaciones Abreu Gómez reconoce el esfuerzo:

…liso y llano, del Teatro de Ulises: contribuir al conocimiento del teatro moderno para que, con su vista o con su intención, (aunque no siempre con su calidad), pueda informarse el naciente esfuerzo del teatro mexicano. Sólo de este modo es posible crear la orientación sincera y consciente que necesita su evolución.

Incisivo cuestiona la problemática entre el discutir el espíritu de nuestra cultura o el saber aprovechar ese espíritu:

Para decirlo de un modo concreto: el problema de nuestro teatro, (de nuestra literatura en general), no estriba en saber descubrir el espíritu de nuestra cultura, sino en saber utilizar este espíritu. El procedimiento de ayer, romántico o naturalista, (para el caso da lo mismo), se contentaba con la explotación de los fenómenos pasionales. Una lágrima debía producir otra lágrima. Una sonrisa otra sonrisa, El procedimiento de hoy, deshumanizado, o intelectualizado, (también para el caso da lo mismo), exige que aquella lágrima o aquella sonrisa se produzcan mediante la asociación de ciertas ideas puramente estéticas.

La inconformidad de Salvador Novo, "Punto Final" en *El Universal Ilustrado* el 14 de junio. Precedida por un recuadro posiblemente redactado por el director del semanario, se aclara que a pesar del tajante título, *El Universal Ilustrado* deja espacio para quienes consideren prudente intervenir en el debate:

Aunque Salvador Novo pone aquí un "Punto Final", creemos que la polémica al margen del "Teatro de Ulises" seguirá, bien en estas columnas, bien en las de otros periódicos, teniendo nosotros la satisfacción de haber estrujado un poco la indiferencia del público hacia todas las manifestaciones artísticas hechas en México –¿hasta cuándo seremos siquiera un poco nacionalistas, fuera de comentar a nuestros toreros y nuestros aviadores?– con la publicación de opiniones y comentarios, de tirios y troyanos, relativos a ese teatro.

Como es menester, si algunos de los aquí mencionados por Salvador Novo quiere responder en forma concreta, le ofrecemos nuestras columnas de la misma manera que hoy hacemos con nuestro amigo y colaborador.

Era de esperarse que la réplica de una personalidad joven pero acreditada en el medio intelectual y que además participó en el Teatro de Ulises desde su génesis hasta su extinción, debía tener un tono, si no académico, de conocedor serio y profundo. Todo lo contrario. Salvador Novo cayó desgraciadamente en banalidades y personalismos que por lo general testifican las polémicas de nuestro medio cultural. En frase rotunda comunica al público su decisión de jamás volver a actuar en una obra teatral. Rememora sus palabras expresadas en la apertura de la temporada del Fábregas, mismas que dan pie para comenzar a ofender solapadamente a "Palmeta" como un crítico que sólo va a los Teatros sin pagar entrada y donde "al día siguiente escriben en los periódicos, como si encarnaran el destino…"

Después de señalar que el grupo de Ulises contó desde el principio con amigos y enemigos, incluyendo dentro de estos últimos, siempre sin nombrarlo, al mismo Palmeta a quien acusa de escudarse en seudónimos. En breve paréntesis aclara su buena relación personal con Jacobo Dalevuelta, con González Peña, con Federico y José Joaquín Gamboa y con José Elizondo. Ya adentrado en la contienda dirige una sarta de improperios que van desde adjetivaciones, –ignorante, farsante, bajo, inculto, irracional, venenoso, envidioso– hasta acusarlo de "empleadillo de ferrocarril", etcétera. De esta manera Novo perdió una oportunidad, un espacio periodístico donde podría fundamentar con altura las bases mismas que sustentaban una innegable y ya perenne experiencia.

Contrariamente a lo expresado por el director de *El Universal Ilustrado* el 21 de junio de 1928 antecede a la contestación de Juan N. Huerta (Palmeta), titulada intencionalmente "Puntos suspensivos", la aclaración radical.

Como quiera que esta polémica acerca del teatro de Ulises – muy a pesar nuestro– está tomando caracteres demasiado agresivos, y no deseando que este periódico, serio y digno dentro de la prensa nacional, se vuelva un vertidero de desahogos y reproches, ponemos hoy, con este artículo, punto final en estas columnas, a una polémica que hubiera sido de un alto valor literario, en cualquier otro país.

Abierta la lid en terrenos privados Palmeta no vacila en aumentar el tono injurioso, provocativo, que nada tiene que ver con el devenir del Teatro de Ulises, a no ser que para algunos críticos los dimes y diretes suelan confundirse como valor histórico. ¿Qué interesa en este momento? ¿Interesó en aquel momento que Juan N. Huerta trabajara en el ferrocarril o que Novo era "presupuestillo" de una Secretaría de Estado, o donde el primero no era comprador de cultura en la misma librería donde se surtía el segundo?

Contienda y desahogos que no cercenan la continuidad de propósitos del Teatro de Ulises, aunque el final casi efímero ya no haya tenido repercusión. Una agonía pobre, inmerecida para un ejemplo, por qué no, también para un ejercicio que osciló entre deporte y cultura enaltecedora, revolucionaria.

Una quinta época se lleva a cabo otra vez en Mesones 42. El regreso un tanto desconcertante, de desilusión por la falta de respuesta del público y de la crítica, justifica que el Teatro de Ulises como teatro experimental, tuviera cabida frente a una asistencia que manejaba con distintos valores.

Margarita Mendoza López[35] reproduce el programa de mano, el que Antonieta Rivas Mercado envía de cortesía de su puño y letra a Alfonso Reyes. Subió a escena *El tiempo es sueño* de Henry René Lenormand, los días 6 y 7 de julio, ahora un sábado y un domingo. La obra contó con el siguiente reparto:

Remeé Cremers	Clementina Otero
Riemke Van Eyden	Isabela Corona
La señora Beunke	Lupe M. de Ortega
Nico Van Eyden	Gilberto Owen
Saidyah	Delfín Ramírez Tovar

La dirección conjunta de Xavier Villaurrutia y José Gorostiza; el decorado de Roberto Montenegro, no se especifica el traductor,[36] pero la revelación notable en *El Tiempo es Sueño*, Clementina Otero, primera figura, después de haber representado antes un papel secundario en *El Peregrino*.

A seguidas del vendaval periodístico de defensores y detractores de Ulises, la prensa casi lo ignora en esta última temporada. Manuel Horta con su seudónimo de "Fradique" es prácticamente el único que en breves líneas comenta la puesta de *El Tiempo es Sueño* donde además la contrapuntea al *Orfeo* de Cocteau:

En su "cacharro" de la calle de Mesones, el grupo de Ulises ofreció una interesantísima obra de Lenormand, *El Tiempo es Sueño*, que agrega una nota feliz a los éxitos literarios de esa falange nueva. Si el *Orfeo*, de Cocteau, nos pareció una perfecta tomadura de pelo, *El Tiempo es Sueño* nos produjo, en cambio, intensa vibración de belleza y estética. La dirección de esta comedia, en seis escenas, estuvo encomendada a los señores Villaurrutia y Gorostiza, y el decorado, al pintor tapatío Roberto Montenegro. Todos los intérpretes matizaron perfectamente su papel, dieron devota interpretación a la obra y obtuvieron aplausos merecidos. Fueron los actores en esa noche, Celestino Gorostiza y Delfín Martínez Tovar, y llenaron de gracia el pequeño escenario las señoritas Clemetina Otero, Isabelita Corona y Lupe M. de Ortega; esta última tan estimable en su labor como en otras ocasiones. Para seguir la costumbre de estas veladas, tembló un poquito. (Y van tres veces.)[37]

Como noticias marginales vale observar que la Rivas Mercado envuelta en los primeros síntomas de una crisis emocional que se recrudecerá tiempo después, viaja por el interior del país –Michoacán, Nuevo León– en plan de descanso durante los intervalos de las representaciones en el Fábregas y de la quinta temporada.[38]

De igual manera Owen anunciado en el reparto fue sustituido, desconociéndose el nombre del suplente, pues iba camino a Nueva York con un cargo diplomático. Esta información se deduce del epistolario entre el escritor y Clementina Otero publicado por el Departamento de Literatura de Bellas Artes en 1982 donde existe una carta del poeta desde Laredo, Texas, con fecha 1o. de julio de ese 1928.

Una última observación: si no abundante, el periodismo capitalino demostró interés por la labor del Teatro de Ulises. Sin embargo en esta última temporada casi lo ignoró totalmente.

Hasta aquí una historia singular.

No eternamente la ley naturalista de que todo lo que nace, crece y muere tiene que ver con la cultura profunda, la que sella y deja huella. El espíritu la rebasa, la obra la traiciona y se venga. El Teatro de Ulises cumplió con el fatalismo de la biología, pero su acción visionaria, englobadora, fue la primera apertura a la contemporaneidad teatral de México.[39]

ESCOLARES DEL TEATRO

El día 2 de septiembre de 1931 se inauguró la sala del teatro Orientación, un espacio en la zona de bodegas de la Secretaría de Educación Pública, ubicada a la izquierda del segundo patio. Local que servía para usos múltiples: conciertos, bailables, conferencias, teatro o reuniones pedagógicas. Su director era el pintor y escenógrafo Carlos González, quien además de ejecutar su propia obra en la decoración, congregó al pintor Danis Morse, el que al decir de un reportero, "realizó una magnífica labor simbólica ornamentando los muros con motivos de todas las ciencias y todas las artes"; y al escultor Canessi del Campilli "quien en magníficos tallados decoró el frontispicio del escenario".[1]

Por suerte *El Universal Gráfico*[2] reproduce el escenario y parte de la sala donde se pueden apreciar los decorados y la capacidad del recinto que da la idea de funcionalidad, de adaptación, de integración íntima, a manera de los clásicos teatros experimentales tan en boga en Europa.

No con ánimo de crítica, sino de esclarecimiento, se trae a colación, la imagen que sobre la sala da Margarita Mendoza López con base en recuerdos escritos más de medio siglo después:

A finales de 1932 fui una de las espectadoras del Teatro de Orientación gracias a que mi gran amigo el médico y poeta Elías Nandino me convidó a una de las funciones. Las representaciones se llevaban a cabo en una bodega, en la planta baja de la Secretaría de Educación Pública, que había sido más o menos acondicionada para que sirviera de sala de espectáculos. Mi asombro no tuvo límites al llegar al lugar y mirar que no había marquesina ni pórtico. Unas sillas de oficina suplían a las butacas; el escenario era un minúsculo tablado, desnudo de candilejas y diablas, de telares, de bambalinas, piernas y alcahuetas. Unos simples trastos hacían las veces del decorado y ¡oh sorpresa! la "concha" del apuntador brillaba por su ausencia, lo mismo que el "quinteto" o "terceto" de música que por razones sindicales supuestamente deberían amenizar los entreactos y el principio de la representación (sin que la música que tocaban tuviera alguna vez la menor relación con el ambiente de la obra).[3]

Quizá todo se deba en esta "invención" a un aprecio exagerado o a un supuesto creer que todas las salas de arte experimental estaban asociadas a una ambientación de pobreza o limitaciones. Quizás también por querer retomar la realidad del Teatro de Ulises en su rudimentario local de Mesones 42.

Tres partes tuvo la programación inaugural, donde se mancomunaron la música, el canto y el teatro; actividades las tres que formaban parte del Conservatorio Nacional. Para la enumeración de lo sucedido en el debut se refiere la voz anónima del momento reflejada en el periodismo.

I.- Tercer Cuarteto de Cuerda Revueltas, por el cuarteto Clásico Nacional, formado por los profesores Sierra, Saloma, Elizarrarás y

Ariza. Son de sobra conocidos los nombres de estos maestros para hacer ningún comentario sobre su labor; con su interpretación del Cuarteto de Revueltas esta noche, obtendrán seguramente un nuevo triunfo para el compositor y para ellos.

II.- La señora Lupe Medina de Ortega, acompañada al piano por el maestro Carlos Chávez, cantó en seguida las siguientes selecciones: *Trois Poémes* de Milhaud; *Les Bestiaire*, de Poulenc y *Statue de Bronze*, de Satie. Los aplausos estruendosos prodigados evidenciaron el triunfo de la distinguida cantante.

III.- *La más fuerte*, obra en un acto, de Augusto Strindberg; se representa por primera vez en México, bajo la dirección de Julio Bracho, por el novísimo grupo "Escolares del Teatro". La señora X. Isabela Corona; la señora Z. Carmen Doria. Isabela Corona y Carmen Doria son también ya conocidas de nuestro público, no sólo por haber figurado en la prestigiosa compañía de Gómez de la Vega, sino por haber tomado parte en varias representaciones de élite.

IV.- Por último se ofreció el originalísimo bailable mecánico: *Ocho Horas*, original de Carlos González, musicado por el maestro José Pomar. De este bailable se dice: "Aprovechando ritmos que dio el movimiento de las máquinas, se pudieron usar ritmos y temas (esbozados) de la música propia de nuestro pueblo".

Fue un éxito este bailable presentado en ocho cuadros, que se titulan: La Llegada del Nombre, La Electricidad, La Espiral, La Rueda Dentada, El Linotipo, La Rotativa, etc.[4]

Desafortunadamente, del novedoso y original bailable, según *El Universal Gráfico* del 3 de septiembre, "sólo se ejecutó la parte musical, pues –salvo aviso oportuno– la coreografía no se llevó a cabo por causas de fuerza mayor".

Además de un nutrido público, de estricta invitación que colmó la sala, se destacó la presencia del doctor Alejandro Cerisola, Subsecretario de Educación; del profesor Higinio Vázquez Santana, Oficial Mayor de esa Secretaría y el doctor Alfonso Pruneda, Jefe del Departamento de Bellas Artes. Entre otros concurrentes: Francisco Monterde, Isidro Fabela, Lozano García, María Luisa Ross, Víctor Díez Barroso, Xavier Villaurrutia, etcétera.[5]

Asistentes y prensa esperaban conmocionados un espectáculo de excepción, cifraban su entusiasmo especialmente en la labor del "joven intelectual Julio Bracho director del grupo Escolares del Teatro" y de los profesores y maestros de quienes se vaticinaba, "lograrán sin duda un éxito rotundo y absoluto en esta primera y auténtica noche de arte".

Parece que la decepción fue mayúscula. En realidad la crítica teatral del momento dio poca importancia a la representación y las dos o tres que aparecieron comentaban severamente la selección de la obra, la actuación de los actores y la dirección de Julio Bracho; no así la escenografía de Carlos González.

Es el mismo cronista anónimo de *El Universal Gráfico*,[6] quien mejor repasa esa puesta en escena y sin duda alguna se trata de un conocedor y no precisamente de un experimentalista:

Los directores de este teatro de orientación se equivocaron lamentablemente al escoger para el festival de inauguración la obra de Strindberg (y conste que hubiese señalado su error, si hubiesen tenido la personal cortesía de haberme invitado). *La más fuerte*, aunque firmada por Strindberg, considerado como uno de los tres más grandes dramaturgos escandinavos, no tiene más que un factor de último orden que explique haber sido escogida para la inauguración de este teatro, destinado, "dentro de una escrupulosa selección", a dar a conocer algunas obras artísticas extranjeras. Ese factor es su brevedad y la modesta exigencia de dos personajes.

No sé qué otros motivos pueden invocarse para justificar su selección, pues, aunque hija de Strindberg, es de las menos indicadas de su progenie para que figure en un centro de orientación como debe ser y como lo será sin duda ese teatro oficial. *La más fuerte* tiene de todo, menos de teatro, y no porque solamente sea uno el personaje que hable. Sin ir más lejos, bastará citar una obrita firmada por el ingeniero Ramírez (quien durante mucho tiempo figuró en las actividades periodísticas locales), *La elocuencia del silencio*, en la cual habla únicamente el personaje femenino. Pero ésta sí es teatro, tiene esencia teatral, aunque entre nuestro estimado amigo, el ingeniero Ramírez, y Strindberg exista una luenga distancia como dramaturgos o comediógrafos. Pero es que en *La más fuerte*, el giro de la palabra no tiene la vivacidad suficiente para substituir el dinamismo escénico, tan difícil en una acción a cargo de dos personajes (uno mudo y casi impasible), ni tampoco la fuerza necesaria para objetivar la situación sentimental entre las dos mujeres y de la cual habría de desprenderse la emoción que justificará la vitalidad teatral de esas dos figuras sobre el tablado.

Muy probablemente el original sea menos "ateatral". Esto favorecerá a Strindberg, pero de ninguna manera a quienes seleccionaron la traducción española para ofrecerla en escenario orientador. La "ateatralidad" de *La más fuerte* se hizo más evidente en boca de la señorita Isabela Corona, quien no matizó sino que, arrastrada por sus hábitos de declamadora recitó más bien que dijo su papel. La obra es un diálogo y resultó un monólogo. Diálogo es un cambio, entre dos personajes o más, de ideas o de sentimientos, valiéndose de expresiones al alcance de la naturaleza humana.

Resultó monólogo el diálogo de *La más fuerte*, por falta de recursos expresivos en el personaje que no habla, a cargo –en esta ocasión– de la señorita Carmen Doria– y también por la pobreza de matiz en la señorita Corona.

Lo único que hubo teatral en la escena fue el decorado, con sentido moderno que pintó para esta obra Carlos González. Y dejar toda la plasticidad a la escenografía es un fraude, porque la escenografía es un auxiliar y nada más.

El viernes 11 de septiembre de ese 1931, a las 20:30 horas, el Departamento de Bellas Artes, incluye en el Tercer Festival de la Secretaría de Educación Pública, un programa en la Sala de Orientación, donde vuelve a combinarse música y teatro. El programa de mano realizado en mimeógrafo, detalla el desarrollo de los cinco números:

I.– Assez vif et bien rithmé— — — —Debussy.
Cuarteto Clásico de la Secretaría de Educación.
II.–Augusto Strindberg, escribió "LA MÁS FUERTE"
Obra de un acto, llevada a escena por los
ESCOLARES DEL TEATRO
Dirección de Julio Bracho.
Decorado de Carlos González.
En un Café "Sólo para Señoras"

| La Señora X. | Isabela Corona. |
| La Señora Z. | Carmen Doria. |

III.– Andantino doucement – – – –Debussy.

Cuarteto Clásico de la Secretaría de Educación.

IV.– Palabras del Sr. Francisco Monterde.

V.– "PROTEO".

Fábula en un Acto de Francisco Monterde, llevada a escena por los

ESCOLARES DEL TEATRO

Intervienen:

Proteo	Víctor Urruchúa.
Esposa	Isabela Corona.
Amiga	Carmen Doria.
Doncella	Soledad Flores.
Amigo	Agustín Saavedra Moncada.
Pariente	Manuel Correa.
Buscador de Nubes	Samuel Méndez del Castillo.
Mensajero	Gustavo Fernández Cantero.
Pueblo	(Máscaras de expresión uniforme)

Puede imaginarse que el sitio donde se mueven los actores se halla cercano de las nubes que lo entoldan de gris. En la lejanía, espejo de las nubes, el mar.

Dirección

Julio Bracho

Decorado

Carlos González

Máscaras hechas en la Escuela de Escultura y Talla Directa.[7]

La parte exclusivamente de la dramaturgia tuvo dos momentos: la reposición de la obra de Strindberg sin ninguna variante y la puesta en escena de *Proteo*[8] de Francisco Monterde, que históricamente es la primera obra de un autor mexicano en un teatro experimental. "Escolares del Teatro" se hacía eco así de la intención del doctor Pruneda, quien, como comenta un reportero era:

entusiasta organizador de estas campañas de verdadero arte, desea que al mismo tiempo que algunas obras extranjeras de autores poco conocidos en México, y raramente representados, sean llevadas a escena las de los autores mexicanos más destacados, así como las de los desconocidos, sin distinciones de grupos ni de ideas.[9]

Sobre la obra de Strindberg se reiteran los mismos defectos de dirección y actuación:

La obra del vigoroso escritor nórdico se resintió un poco por la interpretación un tanto monótona, con resabios de recitación no habiendo logrado la joven actriz encarnar a la heroína que en su feminidad misma encuentra su superioridad y su fuerza. Un poco más de frivolidad al entrar en escena y al principio del monólogo; algo da pasión en los celos, bruscamente despertados; un poquitín de ironía y de rencor en la entonación y algo en la actitud y en los ademanes que acusara la volubilidad de las emociones por que atraviesa la heroína, no perjudicarían a la interpretación justa de su papel, y harían pasar inadvertidos algunos pecadillos de dicción.[10]

Desafortunadamente se desconoce el discurso que pronunciara

Francisco Monterde, pues no lo recogió la prensa ya que se supone fue improvisado. Solamente una referencia resume el sentido que Monterde otorgó a su obra:

> haciendo hincapié en la relación mitográfica y aludiendo a las transformaciones por que pasa el teatro mexicano, comparables a las del personaje homérico cuyo nombre, Proteo dió a su fábula en un acto.[11]

En definitiva el triunfo fue de Francisco Monterde como autor teatral:

> El bello juguete literario, con su filosofía y su moraleja, de don Francisco Monterde, dejó una impresión agradable en el público. Los hombres se reconocían un poco en el mudable "Proteo", que acaba por alcanzar con los años alguna experiencia del amor y de la amistad y, vuelto a quedar cogido en las redes del hogar hace con su conversación, la glorificación de la mujer que sobre todo es amante y halla en su amor la fuente inagotable del perdón y el espíritu de sacrificio que le exige el amado. También, entre las damas que formaban parte del nutrido público, más de una habíase reconocido en la esposa de "Proteo", o se habrá sentido alentada para seguir su ejemplo, llegado el caso.[12]

El mismo diario *El Universal* se explaya en referir la atinada representación, destacando la hábil técnica del autor, el talento del escenógrafo y se detiene abundantemente sobre los actores:

Un éxito desde el punto de vista de la técnica del escritor y de la decoración –a cargo del conocido pintor Carlos González– produjo impresión muy favorable en el público que aplaudió con calurosa simpatía al autor y a los intérpretes. A Isabela Corona en su papel de esposa capaz de cualquier sacrificio por el hombre amado, le favoreció la melancolía de entonación. Carmen Doria supo estar a la altura de su papel. Inmejorable fue la interpretación de Soledad Flores en el de ingenua. Su dicción clara y la voz cálida le dan una ventaja que estuvo en consonancia con su aptitud para las tablas. Otro tanto se puede decir de Samuel Méndez del Castillo que desempeñó el papel del "Buscador de Nubes" y también de Agustín Saavedra Moncada, aunque sólo tuvo un papel secundario; Víctor Urruchúa, en el papel de "Proteo" y Manuel Correa, supieron desempeñar con acierto sus papeles respectivos, aunque al primero quizás habría que pedirle un poco más de emoción y al segundo menos impetuosidad intempestiva.[13]

Firmado por un tal A. de F. quien reseña en *Revista de Revistas* [14] el número de junio de la revista *Contemporáneos*, cuestiona a "Escolares del Teatro" lo que ya se había visto en el Teatro de Ulises y se verá en el Teatro de Orientación, ese sentido de cenáculo negativista, de camarilla, que apoyado por lo oficial como en este caso, se olvidan de su función divulgadora orientadora, limitando su radio de acción a una élite:

No asistí, en el Teatro de Orientación de la Secretaría de Educación Pública –nombre que se presta a una ligera confusión; ¿el teatro orienta a la Secretaría o al público?–, a la primera representación de *Proteo*, a pesar de un vivo deseo, por no hacer figura de intruso. Las personas a las que ese teatro está confiado, quieren orientar; pero no al público, sino a sus amigos muy personales, que son los que en mayor número asisten. Creo, por las referencias que me han dado de los artistas que actúan en ese teatrocenáculo, que es preferible conocer *Proteo* por una lectura hecha con ánimo de crearse uno a sí mismo la representación, y de penetrar en las intenciones del autor.

Pese a que Mario Mariscal[15] tampoco asistió, confía en los logros y frutos que a corto y largo plazo el teatro experimental pueda desarrollar en México. Valiosa su aportación por el hecho mismo de reconocer que Escolares del Teatro, era en parte seguidor de la experiencia del Teatro de Ulises.

Una desgraciada circunstancia nos impidió asistir a la representación de *Proteo*, cuya lectura habíamos tenido ocasión de hacer casi al mismo tiempo que se presentaba, pues casi coincidió la publicación de la pieza impresa con su representación. Sin embargo, ha llegado a nosotros noticia del éxito que merecidamente alcanzó al ser puesta en escena la pieza del señor Monterde y que seguramente le auguráramos al leerla en el más reciente número de "Contemporáneos".

El nuevo teatro de experimentación –con un amplio campo que explotar, como lo pusiera de manifiesto el de "Ulises– ofrece una extraordinaria oportunidad a nuestros autores teatrales, para lo que indudablemente el éxito logrado por el primero de ellos que se lanza a la aventura. Confiamos en que éste ha de tener muchos émulos.

Todos los críticos sin excepción que se han referido a Escolares del Teatro, mencionan que su temporada abarcó el lapso de septiembre a noviembre. Inexacto, la temporada no se alargó tanto, su duración real fue de escasamente un mes. Escolares del Teatro, después de los dos programas en el mes de septiembre presenta su función final el día 2 de octubre con la puesta en escena de *Jinetes hacia el mar* de John Synge.

Antes de analizar la representación de la pieza del irlandés, vale detenerse en un conflicto público, en una contienda entre el director Julio Bracho y los estudiantes del Conservatorio Nacional que formaban el elenco de Escolares del Teatro. Con el título "Imposición de obras teatrales impropias", el cronista de *El Nacional*,[16] recoge impresiones de algunos alumnos:

Hablando con algunos de ellos ayer, se quejaron de que se quiere imponerles la representación de obras teatrales que ellos, los actores, no juzgan apropiadas para orientar la nueva producción teatral, y se referían concretamente a *Proteo*, la obrita representada hace tres semanas en el mismo teatro y de la cual es autor el señor Francisco Monterde. En concepto de los quejosos, si poco o nada se ha hablado del estreno del Teatro, se debe a que *Proteo* es una obra no de experimentación, sino totalmente caprichosa, es decir, que no se tomaron en cuenta para nada las probabilidades de aceptación por parte del público, sino que abiertamente se quiso desconocerlo, con lo cual se consiguió no solamente desconcertar a los espectadores, sino también a los artistas porque, dicen, bien está que se quieran hacer intentos; bien está que se procure encontrar nuevas formas de expresión teatral, y de eso se trata; puede ser que el teatro resultante de estos intentos sea el teatro simbólico; pero no está bien, no puede estarlo, que se pretenda romper por completo con los fundamentos de la representación teatral, ni menos puede estar bien que se quiera imponer esas obras a los artistas, que también tienen sus derechos en estos ensayos.

Esto nos dijeron los artistas del Teatro Orientación porque se les ha anunciado una nueva obra que no es de su agrado.

La de *Jinetes Hacia el Mar* sí la aceptaron con todo gusto.

Por su parte Carmen Doria, quien formaba parte del destacado elenco de Escolares del Teatro, envía a *El Nacional*,[17] una rectificación acerca de la denuncia anterior:

Dice la señorita Doria, que no es exacta una información publicada en este periódico en la que se dice que dicha obra fue impuesta en contra de la voluntad de los elementos laborantes de aquel grupo. Ella –dice– no se opuso a la representación de *Proteo* que por otra parte fue un triunfo para el autor.

Cabe la rectificación de la señorita Doria y una mía, en el sentido de que esa información a que ella se refiere no tenía carácter de crónica, pues que yo no escribí nada sobre el particular. Se trató, seguramente de una información dada a este periódico por alguna persona allegada al grupo "Escolares del Teatro".

Así las cosas. *Jinetes hacia el mar* de Synge, traducida por Juan Ramón Jiménez y Zenobia C. de Jiménez, con dirección de Julio Bracho y escenografía de Carlos González llevó en su actuación a Isabela Corona, Carmen Doria, Soledad Flores y Agustín Corona.

En su sección "Crónicas Teatrales", A.F.B. (Alfonso Fernández Bermúdez)[18] es el único en comentar desde todo punto de vista, la puesta en escena:

La obra, en un acto, es un episodio sobre las tragedias de los isleños irlandeses. Una obra hecha a base de pinceladas dramáticas, aprovechada la desventura de una familia de varones, en los que uno tras otro se ha cebado la muerte, bajo el disfraz de tormenta marina. Acción escueta, pensamientos nacidos a la sombra de la tragedia, personajes pávidos por el contacto continuo con la tragedia, y todo eso, teniéndose que desarrollar en un escenario que debe dar la impresión de la tormenta constante y del vapulear continuo de las olas contra las rocas. Veamos a ver si la representación logró su objeto.

La decoración, a pesar del corto espacio del escenario, acertada de Carlos González ya nos ha demostrado en otras ocasiones su gran talento escenográfico, al grado de que lo consideramos como el único decorador teatral moderno que tenemos en México. Logró conseguir una buena impresión del mar enfurecido, a pesar de lo difícil de tal tarea en el reducido espacio de que dispone en el foro del Teatro "Orientación".

La dirección de escena nos parece algo desacertada. Hubo poca armonía en la representación. La escena perdía su coordinación por la falta de dirección, lo cual hizo desfallecer la dramaticidad de la comedia. Además de que el reparto, defecto de dirección, adoleció de un grave lunar, al emplear a Isabela Corona, con su voz fuerte y potente, en el tipo de la Maurya. En general nos pareció cansado el desarrollo de la obra, por incertidumbre de la dirección. Los ruidos interiores imitando la tormenta, desacertados.

La interpretación discreta. Bien Isabela Corona, a pesar de su voz joven. Atinadas Carmen Doria y Soledad Flores en sus respectivos papeles, no obstante que esta última imita en el decir a Isabela Corona.

Agustín Corona definió poco su tipo. Lo hizo demasiado borroso. Fue una lástima que la dirección de escena no cuidara al final de la colaboración de sus figuras.

La traducción de la obra buena, aunque nos parece que si usó modismos españoles, pudo muy bien tomar nombres españoles, también para sus personajes y así hubiera diferenciado mejor los caracteres.

En general la obra del Teatro Orientación es laudable, pero podía escoger obras o más avanzadas o mexicanas.

En síntesis Escolares del Teatro representa un esfuerzo, aunque de menor envergadura, por imponer en México un teatro experimental, una educación y un gusto teatral, con el propósito reformador de propiciar una ruptura a los cánones de actuación, dirección y escenografía. Meritoria acción, crítica acción en contra del teatro anquilosado y tradicional.

La casi efímera actividad de Escolares del Teatro respondía también a una necesidad planteada dentro del ambiente intelectual y artístico de México. Prueba terminante de ello, es la aspiración que al parecer no llegó a cuajar, planteada por el grupo "Amigos del Teatro Mexicano", quienes propiciaban la creación de una Escuela de Arte Teatral a través de un programa teórico práctico que involucraba a algunos de los más conspicuos escritores nacionales del momento. La información la recoge *El Universal Gráfico*.[19]

Los Amigos del Teatro Mexicano inaugurarán muy en breve en su casa en el número 123 de la calle de Regina. En ella establecerán sus oficinas, sala de juntas y el teatro de experimentación. Además, funcionará en dicho local la Escuela de Arte Teatral que la Sociedad funda para llenar una necesidad urgente, pues no hay en México ninguna institución parecida.

La Escuela de Arte Teatral principiará a funcionar en el mes de enero del año próximo. Se están terminando todos los arreglos preparatorios y en diciembre se abrirán las inscripciones para todas aquellas personas que deseen dedicarse al teatro.

El estudio abarcará cuatro semestres y las materias que se cursarán son de tal manera interesantes y necesarias, que causarán una verdadera revolución en los sistemas de enseñanza teatral seguidos hasta hoy.

Las siguientes personas han aceptado dar clases en dicha escuela: señor Francisco José Villaseñor: curso especial sobre teatro norteamericano.

Señor José Gorostiza: curso especial sobre don Juan Ruiz de Alarcón; Sr. Manuel Mañón: curso sobre historia de la literatura; curso sobre historia general.

Señor Rodolfo Usigli: francés.

Sr. Ermilo Abreu Gómez: curso especial sobre lo cómico en Juan Ruiz de Alarcón, y el teatro de Sor Juana Inés de la Cruz.

Señora Marta Becker de Meus: italiano.

Señorita María Luisa Ocampo: curso sobre historia del traje, mobiliario y costumbres.

Sr. Bernardo Ortiz de Montellano: curso especial sobre teatro de títeres. Sr. Julián Leonardo Cordero: curso sobre perspectiva escenográfica y escenografía moderna.

Señor Francisco Monterde: curso sobre historia del teatro en México e Hispano América.

Sra. Amalia de Castillo Ledón: curso sobre mímica y expresión.

Sr. Carlos Lozano García: práctica escénica.

Próximamente se darán a conocer los nombres de las personas que tendrán a su cargo las demás materias. Aparte de las señaladas habrá cursos de "Perfeccionamiento de la lengua española", inglés, caracterización, práctica oral, psicología, canto, baile, historia del arte, historia del teatro: a) Antiguo; b) Medioeval; c) Moderno; d) Contemporáneo: historia del teatro español; literatura general, literatura española, literatura mexicana e hispanoamericana.

Habrá además cursos especiales sobre Shakespeare, Lope de Vega, Calderón de la Barca, análisis y crítica teatral y propaganda teatral.

Intento que en cierta manera se haría realidad al año siguiente con el Teatro de Orientación, creado y dirigido por Celestino Gorostiza.

TEATRO DE ORIENTACIÓN

1932

En 1932 José Gorostiza asume la Jefatura del Departamento de Bellas Artes de la Secretaría de Educación Pública. Casi inmediatamente nombra a su hermano Celestino, Jefe del Departamento de Teatro en reemplazo de Julio Bracho.

Celestino Gorostiza, si no el mejor, uno de los más destacados intelectuales jóvenes –contaba veintiocho años– preparado para el cargo. Había incursionado como director en el Teatro de Ulises y tenía una obra dramática escrita, *El nuevo paraíso,* editada por *Contemporáneos* en 1930, pero quizás su valor radicara en el conocimiento de la dramaturgia, de las teorías del nuevo quehacer dramático tanto mexicano como extranjero –francés, ruso, norteamericano–.

En reflexivos ensayos y comentarios dados a luz, en revistas y periódicos; crítico certero, sin componendas, propiciaba con valentía la importancia de llevar a cabo desde todo punto de vista una regeneración del teatro nacional. Ejemplo preciso son: sus artículos aparecidos, primero en la revista *Contemporáneos.*[1]

Asimismo en el *El Espectador*[2] fundado por el poeta español Humberto Rivas en 1930, donde cuestionaba producciones, compañías, *misse en scène,* actuaciones y la urgencia de una educación del público, que debería aprender y aprehender a través de un teatro digno, selectivo que anulara el vicio de la comercialización rutinaria. Igualmente abogaba por promover una escuela de teatro cuya pedagogía fuera encaminada a los: directores, actores, críticos, etcétera, porque en definitiva, el teatro implica un mundo total, absoluto. Lector asiduo por su conocimiento del francés y del inglés frecuentó lecturas de teóricos, de personajes que cuestionaron fundamentalmente nociones contemporáneas de la escena como Gordon Craig, Max Reinhardt, Constantin Stanislavsky, Usevolod Meyerhold, Antonin Artaud, Erwin Piscator y Jaques Copeau.

Al hacerse cargo del Departamento de Teatro, Celestino Gorostiza ve ahora la posibilidad de llevar a la práctica el proyecto de fundar una escuela teatral, donde culminarían sus ideas, algunas de las cuales se habían manifestado triunfalmente en el Teatro de Ulises. La concreción de tales anhelos se llamó en 1932 "Teatro de Orientación".

Existe un mal entendido con respecto a la fundación del Teatro de Orientación y que en cierta forma se manifiesta más en el campo del chisme, que en el espacio histórico. En algunas publicaciones suele atribuirse la paternidad de esa organización a Julio Bracho.[3] Atribución errónea, como ya se vio Bracho designó a su experimento, Escolares del Teatro, cuyas representaciones se daban en la sala Orientación.

Aclarada así la confusión, hay que añadir, eso sí en honor a la verdad, que entre ambos directores existía un acusado encono, atemperado por la buena educación, rencor que se transparenta en la correspondencia del manejo burocrático, sobre todo cuando cada uno defendía su territorio, su prestigio e influencias.[4] No hay que olvidar que Julio Bracho fue relegado de su empleo de Jefe de Departamento y pasó a ser asistente del Director del Teatro de Orientación y posteriormente en 1933 fue comisionado como profesor de práctica escénica de las escuelas nocturnas de arte para trabajadores de la misma Secretaría de Educación Pública, y con sus estudiantes creó el grupo "Trabajadores del Teatro".

Los años disminuyeron rencillas, no sin que antes como se verá a su tiempo, las tensiones entre los dos llegaran a un nivel violento, y la devoción de ambos por el oficio teatral, los reuniría en un momento en el mismo Teatro de Orientación, hacia 1938.

Para la formación de ese teatro Gorostiza integró su equipo con gente que, traía camino andado en el quehacer y otros que se iniciaban, estos más bien, en el campo de los directores, los traductores, los escenógrafos y los músicos; de los actores salvo Isabela Corona y Clementina Otero, los restantes carecían de antecedentes.

Sería tacaño e injusto restar crédito a la figura de Agustín Lazo quien junto con Celestino Gorostiza fue otro de los "iluminadores" para la verdadera historia del teatro experimental en el país. Joven aún, pintor inquieto provisto de un buen bagaje cultural viajó a fines de 1924 a París, una permanencia de nueve meses –regresó en septiembre de 1925– que le permitió adquirir profundas vivencias de ese ambiente de posguerra, efervescente y cargado de cambios. Intenso amigo de Celestino Gorostiza, es indudable que le transmitió sus experiencias europeas y no estaría por demás creer que lo introdujo a la lectura y a las teorizaciones de la nueva literatura.

Agustín Lazo regresó a Europa en 1927 y allá residió hasta 1931, periodo cortado por un breve lapso en 1929. Por lo tanto permaneció al margen del experimento de Ulises, aunque ciertos críticos lo hacen tener presencia viva en ese teatro.

Este segundo viaje de Lazo fue decisivo para su formación como escenógrafo pues se había enterado de lo más relevante en el campo.

Eran los primeros grandes frutos de ese cúmulo de celebridades iniciado por Constantin Stanislawsky en Rusia, seguido por Erwin Piscator y Max Reinhard en Alemania, Gastón Batz, Jacques Copeau en Francia y el fundamentalísimo inglés Edward Gordon Craig, quien afincado en Florencia desde 1908, otorgaba a la escenografía una función vital e integradora de la representación en cuanto a la luz y los efectos plásticos.

Agustín Lazo entra en relación con Charles Dullin, quien formó parte como actor del *Vieux- Colombier,* el teatro taller fundado por Copeau, donde toda la compañía se volvía multifuncional y cuyo concepto teatral perseguía una austeridad y un esquematismo que negaba el naturalismo de André Antonine, creador en 1887 del Théatre Libre.

Dullin mantenía un *atellier* ejerciendo la dirección y la crítica teatral donde Agustín Lazo asistió a sus enseñanzas. Dullin, autor de *Souvenirs et notes de travail d'auteur,* introdujo en Francia a Luigi Pirandello; tuvo gran respeto por los modernos, entre ellos el unanimista Jules Romain.[5]

Hay que agregar que todo ese conocimiento, todo "el contagio de un ambiente altamente excitante", dieron como resultado el que:

Más de una veintena de obras del repertorio del Teatro de Orientación llevan el sello de Agustín Lazo. Como escenógrafo y traductor, Lazo coincide con el proyecto de teatro experimental de Celestino Gorostiza. Ambos persiguen la esencialidad teatral, reducen

todo elemento literario o plástico que no conforme la escena...
concuerdan que el teatro es un inmenso laboratorio en pro del equilibrio, o mejor de la armonía entre literatura, plástica y actuación, entre texto decorado y actor...

Bajo esos fundamentos desarrolla Lazo su labor escenográfica, que lo sitúa como uno de los grandes del Teatro en México.

No fue un pintor que incursionó en la ambientación o en el vestuario teatrales por cumplir encargos, sino por una voluntad de trabajo y la conciencia de que la escenografía es una realización pictórica en sí misma.[6]

El Teatro de Orientación surge como una entidad reglamentada, plastificada, como "un laboratorio" –designación gustada por Gorostiza– que abarcaba cuestiones administrativas: contratación de personal y minuciosos proyectos anuales. Hay que recordar que el Teatro de Orientación , el tercer movimiento de esa dramaturgia experimental, distinto al Teatro de Ulises, pero igual a Escolares del Teatro, dependía de la jerarquía estatal, por lo tanto de un presupuesto, de una seguridad económica que le obligaba a un sistema de informes, de balances, de control. Así entre la documentación que nunca terminaré de agradecer, facilitada por Paloma Gorostiza, se encuentra el proyecto de organización del Teatro de Orientación para el año de 1932. Una previa planificación para el año siguiente, lo que demuestra un quehacer no improvisado, no hecho con apresuramiento:

1°.– El Teatro de Orientación ensayará durante los meses de julio a diciembre del presente año los programas teatrales que serán llevados a escena en las fechas que a continuación se expresan:

Primer Programa:

(Serie A. 3 de enero.– Serie B. 6 de enero de 1933.)

Antígona, de Sófocles, según Cocteau.

(Traducción Julio Bracho).

Dónde está la Cruz, de O'Neill.

(Traducción de Celestino Gorostiza).

Segundo Programa:

(Serie A. 10 de enero.– Serie B. 13 de enero de 1933.)

Cuento de Amor, de Shakespeare.

(Traducción de Jacinto Benavente)

Intimidad, de Pellerin.

(Traducción de Xavier Villaurrutia)

Tercer Programa:

(Serie A. 17 de enero.– Serie B. 20 de enero de 1933)

Jorge Dandin, de Molière.

(Traducción de Adolfo Bernáldez.)

El Nuevo Paraíso, de Celestino Gorostiza.

Cuarto Programa:

(Serie A. 24 de enero.– Serie B. 27 de enero de 1933.)

La Verdad Sospechosa, de Ruiz de Alarcón o

Con el amor no se juega, de Musset.

(Traducción de Julio Bracho)

Quinto Programa:

(Serie A. 31 de enero.– Serie B. 3 de febrero de 1933.)

El Tiempo es Sueño, de H. Lenormand.

(Traducción de Celestino Gorostiza.)

El Oso, de Anton Chéjov.

(Traducción de Celestino Gorostiza.)

…Sexto Programa:

(Serie A. 7 de febrero.– Serie B. 10 de febrero de 1933.)

Cándida, de Bernard Shaw.

Tic-Tac, de Claudio de la Torre o

La Noche Veneciana, de Musset, en caso de

que no se ponga *Con el amor no se juega*.

2°.– Las dos series de representaciones a que se refiere el punto anterior serán de abono y su producto íntegro se distribuirá entre las personas que compongan el grupo de Teatro de Orientación, proporcionalmente al trabajo que cada una desempeñe.

3°.– Los ensayos generales, con decorado y vestuario, se harán en el orden indicado, los últimos viernes de cada uno de los meses a que se refiere este proyecto, ante los funcionarios de la Secretaría de Educación y las personas por ellos invitadas.

4°.– El grupo que trabajará en el Teatro de Orientación estará formado de la siguiente manera:

Director: Celestino Gorostiza

Ayudante: Julio Bracho

Actores: David Arce.

Rafael Castillo A.

Guillermo Rojas.

Agustín Saavedra.

Jorge Sanromán.

Víctor Urruchúa.

Ramón Vallarino

Rafael Vieyra.

José Ma. Ornelas.

Actrices: Liglia Baz.

Isabela Corona.

Carmen Doria.

Josefina Escobedo.

Soledad Flores.

Encarnación Ramos.

Rosa Rice.

Aurora Villaseñor.

Elena Zamarripa.

Otilia Zambrano.

Benilde Zurita.

Braulia Zurita.

Emma Piñeiro.

Las personas nombradas se comprometerán, por medio de contrato, a aceptar los papeles que les asigne el Director, a asistir a los ensayos y a tomar parte en las representaciones finales.

5°.– No se establecen categorías entre los actores y las actrices, pues a cada quien se le repartirá el papel que más convenga a trato, a aceptar los papeles que les asigne el Director, a asistir a los ensayos y a tomar parte de las representaciones finales .

6°.– No se establecen categorías entre los actores y las actrices, pues a cada quien se le repartirá el papel que más convenga a sus disposiciones y facultades.

7°.– Los doscientos cincuenta pesos de subvención mensual de que dispone el Teatro de Orientación se repartirán entre las personas que tomen parte en las obras que se ensayen durante cada mes, con excepción del Ayudante del Director y de la señorita Isabela Corona, quienes cobrarán en la nómina de la Escuela Popular Nocturna, como sigue:

Director; $50.00.

Primeras partes, $150.00 divididos en partes iguales.

Figurantes, $50.00 divididos en partes iguales.

Cuando en los programas no haya figurantes, se repartirán $200.00 entre los actores que tomen parte en ellos.

8°.– Para montar las obras del programa se requiere una erogación mensual mínima de $200.00 que pueden tomarse de la partida 11120317, destinada a Conciertos y Espectáculos del Departamento de Bellas Artes.

9°.– Esa cantidad será administrada por el señor Carlos González, en su calidad de Administrador de los Teatros de la Secretaría de Educación, quien se encargará de la realización del decorado y vestuario y de proporcionar el personal de tramoyista y electricistas, y los útiles necesarios, y, en general, todo lo que se requiera para el montaje de las obras.

10°.– Los proyectos de decoración serán encargados a los pintores Carlos González, Agustín Lazo y Rufino Tamayo, y a los demás que disponga el Departamento de Bellas Artes.

Con respecto a los actores existía igualmente un contrato que se realizaba en forma particular, fiel reflejo de sus deberes, derechos y sanciones. Lo que en definitiva se pedía al actor, era una disciplina, una entrega a sus labores, una confirmación de vocaciones.

El Departamento de Bellas Artes de la Secretaría de Educación Pública, por una parte, y el (la) señor... por la otra, convienen en firmar el presente contrato, por medio del cual el (la) segunda, se compromete a:

I.– Formar parte del grupo de aficionados del Teatro de Orientación durante la vigencia del contrato.

II.– Aceptar los papeles que le asigne el director en las obras que se habrán de representar.

III.– Asistir puntualmente, cuando menos tres veces por semana, a los ensayos que determine el director y atender a las indicaciones de éste o de su ayudante.

IV.– Aprender de memoria su papel antes del quinto ensayo que se haga de cada obra en que tome parte.

V.– Asistir al Teatro de Orientación cuando se tenga papel en las obras que se están ensayando, una vez por semana para enterarse de las instrucciones que tengan que dársele.

VI.– Tomar parte en las representaciones que se harán durante los meses de enero y febrero de 1933, de las obras en que tenga papel.

El (la) señor... tendrá derecho:

I.– A recibir, por cada mes de ensayos de un programa en que tenga papel, la cantidad en efectivo que resulte de dividir en partes iguales la suma de $200.00 entre los actores que tengan papel en el mismo programa, si en las obras de que se componga no aparecen. En caso contrario, la cantidad que recibirá será la que resulte de dividir en la misma forma la suma de $150.00.

II.– A recibir por cada mes de ensayos de un programa en la que aparezca como figurante, la cantidad en efectivo que resulte de dividir en partes iguales la suma de $50.00 entre los actores que aparezcan como figurantes en el mismo programa.

III.– A recibir la parte proporcional que corresponda al trabajo que desempeñe en la serie de seis programas que se llevarán e escena durante los meses de enero y febrero de 1933, del producto íntegro de esas representaciones.

La falta de cualesquiera de las obligaciones a que se refiere el primer párrafo de este contrato dará lugar, según el caso, a las siguientes sanciones:

I.– Multa de parte o de toda la cantidad que corresponde durante un mes al actor o a la actriz.

II.– Suspensión temporal.

III.– Suspensión definitiva, sin derecho de formar parte de los grupos que trabajen en el Teatro de Orientación en años subsecuentes.

El Departamento de Bellas Artes se compromete, por su parte, a:

I.– Repartir puntualmente cada mes, el día siguiente a aquél en que se efectúe el ensayo general del programa estudiado durante ese mes, la cantidad de $200.00 entre los actores y figurantes que tomen parte en el programa.

II.– A proporcionar todo el material y útiles que se requieran para la presentación de las obras.

III.– Organizar el abono a la serie de representaciones que se darán durante los meses de enero y febrero de 1933.

IV.– A repartir el producto íntegro del abono entre los componentes del grupo.

La validez de este contrato se contará a partir de su fecha y caducará en el mes de febrero de 1933, después de haberse dado por lo menos una representación de cada uno de los seis programas que se ensayarán durante los meses de julio a diciembre del presente año.

México, D.F.   de   de 1932.

El 28 de junio de 1932 se inauguró oficialmente el Teatro de Orientación con la asistencia de: Narciso Bassols, Ministro de Educación Pública, Luis Padilla Nervo, Subsecretario y Samuel Ramos, Oficial Mayor, así como intelectuales, artistas y personalidades del ambiente. José Gorostiza que además de ser el Jefe del Departamento de Bellas Artes era miembro del Consejo, no asistió por motivos de salud y en su lugar, su discurso fue leído por Jorge Cuesta,[7] quien lo reprodujo –escasamente un mes más tarde– en la revista *Examen*.[8]

De ese texto se destaca lo más sobresaliente:

Intentos para fundar laboratorios teatrales, era en beneficio del teatro mexicano, era como un medio de difusión del teatro universal, los ha habido magníficos, pero aislados, antes que éste. Basta mencionar la breve temporada del "Teatro de Ulises".

No se pretende haber descubierto nada.

Los materiales físicos e ideológicos estaban allí, dispersos al alcance de la mano. Faltaba estructurarlos para la acción; faltaba, para que esta acción fuera eficaz, que dejase de ser esporádica. Esto es concreto lo que intentamos hacer nosotros.

***

En apariencia el fin de un Teatro de Orientación consistiría en orientar al público respecto a las artes del Teatro. Pero reconociendo la enorme importancia de esa tarea en un medio teatral tan corrompido como el nuestro... hemos querido dar a este teatro, aún a riesgo de abarcar demasiado, una misión mucho más importante; orientar en todo cuanto afecte a un interés, situación o problema, colectivos o individuales, pero universalmente.

El Teatro de Orientación tuvo cuatro temporadas, bajo la administración de Celestino Gorostiza. Las de 1932, 1933 y 1934 siendo Jefe del Departamento de Teatro. Después de un receso de casi cinco años en 1938 renace el Teatro de Orientación cuando el propio Gorostiza fue nombrado Jefe del Departamento de Bellas Artes, hoy Instituto Nacional. Las temporadas del Teatro de Orientación se dividían en programas. Así la de 1932 que abarcó desde finales de julio hasta diciembre de ese año, tuvo cinco programas, y por lo general la misma cartelera se representaba tres veces consecutivas. Salvo algunas obras que se pusieran en *reprisse*.

De esta manera las representaciones del primer programa de la primera temporada, es decir la inaugural fueron, el 28, 29 y 30 del mes de julio y se abrió con *Antígona* de Sófocles según Cocteau, adaptada por Julio Bracho, el director Celestino Gorostiza y la escenografía a cargo de Agustín Lazo.

De la selección de la música se ocupó Carlos Chávez. El reparto lo constituyeron: Isabela Corona, Ofelia Rueda, María Teresa Chávez, Xavier Villaurrutia, Carlos López Moctezuma, Jorge San Román, Guillermo Rojas, David N. Arce, Rafael Vélez y Agustín Saavedra.[9] Completó el programa *Dónde está la Cruz* de Eugenio O'Neill y tanto la dirección como la traducción fueron de Celestino Gorostiza, la escenografía de Carlos González. El reparto lo conformaron Josefina Escobedo, Víctor Urruchúa, Gullermo Rojas y Agustín Saavedra.

En la prensa se comentó ampliamente y con elogio este programa inaugural. Las columnas especializadas de los principales diarios y anónimos artículos, pormenorizaron después del comentario obligado en torno a la importancia del repertorio –reseñaron desde el "distinguido y nutrido público", hasta citar los principales logros:

Al terminar la lectura el señor Cuesta, dió principio la representación de *Antígona* en la que tomaron parte la actriz Isabela Corona y algunos aficionados casi todos empleados de la Secretaría de Educación Pública, como las señoritas Ofelia Rueda y María Teresa Chávez y los señores Javier (sic) Villaurrutia, Carlos López Moctezuma, Jorge Sanromán, Guillermo Rojas, David N. Arce, Rafael Vélez y Agustín Saavedra.[10]

En Teatrales de *El Universal Gráfico,* Mario Mariscal,[11] fue más explícito al destacar algunos aciertos:

Una excelente realización de *Antígona* fue lograda gracias a la acertada traducción de Julio Bracho, a la elogiable escenografía de Agustín Lazo, a la adecuada e interesante música de escena de Carlos Chávez, a la dirección de Celestino Gorostiza, y, muy singularmente, a la magnífica interpretación de Isabela Corona, en quien pudo hallarse una protagonista inmejorable y quien supo dar a su voz, de hermoso timbre patético, y a su gesto austero, el tono justo en la tragedia..

Dónde está la cruz –traducida con gran acierto por Celestino Gorostiza y escenografiada realistamente por Carlos González– en exacta correspondencia con la primera obra del programa, ofrece el sentido moderno de la influencia de un mismo siniestro personaje sin participación en el reparto: el Destino, ineludiblemente, se advierte su presencia en todos los momentos del drama, transparentándose su forma incorpórea a través de obscuros ropajes de misterio, que son a un mismo tiempo vestidura poética de la obra.

La intensa dramaticidad de este breve y perfecto apunte teatral de la máxima figura de la dramaturgia contemporánea, tuvo que penetrar al auditorio, el que, igual que el final de *Antígona*, premió la elogiable labor de los impulsores del Teatro de Orientación con un largo aplauso. De las intérpretes de *Dónde está la cruz* –principiantes en estas actividades, como casi todos los que en ella participan– se distinguieron Víctor Urruchúa y Josefina Escobedo.

El redactor de la *Revista de Revistas*,[12] además de lo "selecto del programa" resaltó con entusiasmo sus principales aciertos:

En la representación de ambas obras se hizo patente la admirable dirección artística, culta y depurada, de Celestino Gorostiza. Y junto a su labor, la de los escenógrafos Carlos González y Agustín Lazo. Asimismo merece destacarse elogiosamente la cooperación musical de Carlos Chávez eligiendo los motivos sinfónicos de *Antígona* y la traducción de esta obra hecha por Julio Bracho.

De los intérpretes: Isabela Corona.

En resumen: el espectáculo del Teatro de Orientación es de tal calidad artística y de un contenido estético tan bello y dominante, que hace luego difícil la degustación de la vulgar y anodina producción escénica del teatro actual.

Por lo que hace a la crítica aún más calificada, Cocteau fue severamente enjuiciado, por José Córdoba (Rafael López):[13]

Por un lado Cocteau, con todo lo francés encima; cansado, aburrido, exquisito, demostrando el agotamiento del espíritu europeo en la pobre y desastrada interpretación de la obra de Sófocles. En la opuesta orilla, cruzado el río, y con panoramas vírgenes ante los ojos, O'Neill, dueño de la grandeza enorme de las fuerzas iniciáticas, de las que principian y rigen las cosas.

Porque –atrevámonos a decirlo– mientras que la obra clásica del trágico de Colono –la población que escoge el errante Edipo– pierde mérito, disminuye en riqueza en las manos frívolas y débiles de Cocteau.

Para Córdoba, ayudó a la incomprensión de ese Sófocles visto bajo el lente de Cocteau, el escamoteo del coro y la estilización de los trajes:

En la tragedia griega una simple innovación técnica que consiste en reemplazar, quitándole presencia, al coro, por un magnavoz oculto detrás del pizarrón en la que están dibujadas dos cabezas que quieren hablar, como simplista sugestión de coro ausente. De cualquier manera, es esta una innovación que va contra el sentido apolíneo del drama: que le resta el mediodía: tornándolo obscuro y lleno de mecanismos. Son preferibles por más perfectos, los trucos de la pantalla. Por otra parte, los trajes que salen a relucir en la pieza, son una negación del espíritu griego, lleno de sol y de armonía. Esos trapos verdes, de inquisidores cubriendo la desnudez de la carne –hostia perfecta para la comunión de belleza en el pueblo ateniense, le dan a la tragedia un aspecto entre cómico y macabro; casi parece que asistimos a una evocación del Santo Oficio. Que Cocteau, es millonario; que se le mira como el ENFANT terrible del actual momento de la literatura francesa: que una audaz "ramoniada" de Gómez de la Serna lo presente a los lectores españoles, con alas de querubín: bien está. Pero no que deforme y profane la majestad de Sófocles.

Rafael Bermúdez Z.[14] en "Notas de Arte" en columna de *El Universal Gráfico,* no concuerda con lo expresado por Córdoba, más acorde con las renovaciones del francés encuentra que:

Gracias al vigoroso impulso de Cocteau hemos vuelto a ver surgir el teatro griego en todo su apogeo, en nuevos matices, en ademanes más intensos, expresado el coro como voz humana e invisible, centralizado en el foro, como propulsado de fuerza interna, entre dos carátulas bellamente diseñadas.

Igualmente le atrae, la novedosa puesta en escena:

Debemos señalar la sensibilidad artística con que se ha logrado la representación de *Antígona,* el decorado, la voz del coro y, sobre todo, las actitudes y las máscaras, estas últimas traducen un impulso vigoroso hacia el verdadero arte. La ficción de la escena se remarca en esas carátulas sutiles de fondo negro y líneas blancas, enhebradas en forma exquisita que expresan aún más que las fisonomías.

Bermúdez detalla algunas actuaciones magistrales sobre todo las de:

Isabela Corona fue la heroína de la representación, porque no sólo entendió a maravilla el tipo de Antígona, sino que lo remarcó en actitudes impregnadas de plasticidad. De los demás intérpretes se distinguió particularmente Carlos López Moctezuma en el Creón. Debe felicitarse de manera muy especial a Julio Bracho por su traducción, a Agustín Lazo por el decorado y a Celestino Gorostiza por la dirección.

A su vez Héctor Pérez Martínez,[15] reconociendo en Córdoba a un maestro en cuestiones dramáticas, disiente con él y aclara su discrepancia:

Para José Córdoba la tragedia de Sófocles ha perdido, en manos del genial piruetista francés, mucho de su grandiosidad para devenir una caricatura sin mérito y riqueza. Desde un estricto modo de ver, es decir, si vamos a juzgar la obra de Cocteau conforme a una medida clásica, debemos confesar que las dos Antígonas guardan muy poco parecido. Pero debiéramos ponernos también, exactamente en la situación en que quiso colocarnos el autor y admirar la pura tragedia desposeída de ese íntimo espíritu religioso que caracteriza a la obra de Sófocles.

Cocteau mismo nos anuncia ese truco y, sobreavisados, no convendría para nuestra honradez hacer una impugnación sin prescindir de las comparaciones.

En otro sentido, es la tragedia vista por la inteligencia no por la emoción. De la obra clásica se ha extraído lo humano para dejar en pugna y en choque cada vez más brutal las pasiones. Lo misterioso no cuenta. De este modo la *Antígona* de Sófocles es distinta a la *Antígona* de Cocteau.

En *El Nacional*, A.F.B. (Adolfo Fernández Bermúdez)[16] coincide con lo dicho por Héctor Pérez Martínez y para él, al acierto de Cocteau y el éxito de *Antígona* contribuyeron la traducción de Bracho, la buena puesta en escena, y algunas actuaciones:

Esta *Antígona* de Sófocles, hecha a la manera vanguardista por

Cocteau debe ser mirada no con el criterio clásico sino con el extra-modernista de una realización estética que tiene mucho de malabarismo intelectual. Y bajo esa premisa Cocteau ha tenido un verdadero acierto, corroborado por la intervención de Julio Bracho, Agustín Lazo, Celestino Gorostiza y sobre todo de Isabela Corona. La presentación escénica se aleja totalmente de la modalidad griega pero tiene innovaciones deliciosas, vestuario que lo aleja a uno de la línea griega, pero lo acerca al juego pirotécnico de un talento francés y moderno.

La imaginativa técnica que ideó la desaparición física del Coro, es un paso inteligente y reitera la magnífica actuación de Isabela Corona:

La modalidad del coro, con pizarrón y magnavoz se antoja un capricho de desequilibrado, dentro de los cánones éticos, pero presta a la escena una intervención cerebral más lógica, quizás que aquel coro antiguo.

Y la misma interpretación ha tenido una bella realización, deslavada un tanto en las actrices por el tono de voz, floja en algunos actores por lo mismo, pero bellísima en Isabela Corona, porque le dió a la tragedia su verdadero sentido clásico sin desmerecer de la creación moderna. Estuvo tan efectiva la labor de Isabela Corona en esta oportunidad, que no dudaríamos un instante, al asegurar que no hay en nuestros foros, en estos momentos, actriz profesional alguna, que le diera a la *Antígona* de Cocteau mayor justeza, ni mayor belleza que la que le prestó Isabela a su creación.

Desde luego, el éxito del público (auditorio selecto en las tres representaciones que tuvo la obra) fue total, ya que además de los llenos completos, logró la aprobación directa por medio del aplauso y la indirecta por el comentario a "sotto vocce" que fue casi unánime. Nosotros unimos nuestras felicitaciones a todos los que en esta representación tomaron parte a las de todos los que ya se las han prodigado a adaptadores, directores e intérpretes. Y ojalá siga el teatro "Orientación" por el mismo camino aunque sería de desearse que comenzaran labor nacionalista, también.

A esos mismos augurios se unieron casi todos los críticos, aunque algunos juicios no apreciaron de igual manera la pieza de O'Neill. *Dónde está la Cruz* agradó a Rafael Bermúdez y aunque la acción actoral no estuviera a la altura de la obra, la selección del programa no pudo ser más adecuada, así lo puntualiza en este mismo escrito:

Sin otorgarle mayor importancia al asunto Gómez Gorkin, el cronista se explaya al referirse al cuento de Shakespeare y de su entusiasmo es posible deducir que éste estuvo bien actuado:

Pero apenas el foro dió paso a la Duodécima Noche –*Un Cuento de Amor*–, la sala entera se iluminó, falta la paradoja, con la metáfora shakespeareana, que sigue viviendo por encima de los ismos poéticos, con perdurable frescura. Las manos discretas de la asistencia subrayaron de buena gana lo cómico de las actuaciones y la poesía de los detalles, que le bastan al autor para imponer su superioridad y hacer olvidar los reproches que podrían hacérsele por lo inverosímil de algunas escenas. Las lubias de Sir. Andre, las salidas del bufón, las malicias de la picaruela María, la grotesca gravedad de Malvolio, la escena encantadora del jardín y la carta, la delicia que explaya en toda la pieza el amor Viola, esa mixtura feliz de romanticismo y de alegría que los críticos de Shakespeare llaman "humour", todo contribuye a hacer de esta comedia una de las más amables del trágico, que cuando quería convertirse en cuentista sólo se acordaba de las cosas más ligeras y aladas para hacerlas dialogar en la escena.

Rafael Bermúdez más enfervorecido y con más convencimiento –que en el primer programa– de las bondades del Teatro de Orientación le expresa su deseo de permanencia y continuidad:

Un drama de mar de Eugene O'Neill completó bellamente al programa inicial de esta nueva temporada del Teatro de Orientación. *Dónde está la Cruz* es una de esas hondas tragedias de fatalismo en la que O'Neill ha impreso su sello peculiar: el naturalismo agudo en el fondo armonioso de la fantasía. Nada tan bello como el surgimiento de los fantasmas, primero en sombras luminosas, después en figuras humanas caminando penosamente. Gorostiza dió una dirección adecuada al cuadro y Carlos González pintó decoraciones llenas de carácter; lástima es que no se contara con un actor adecuado para el personaje de Nat Bartlett. Josefina Escobedo precisó la Sue Bartlett con positiva discreción y talento.

Esperamos con ansia la representación de nuevas obras en esta temporada, ya que en México por desgracia no contamos ni con empresas capaces de lanzarse en una tarea de esta clase, ni tampoco disponemos de compañías que puedan hacer programas estrictamente artísticos, como el que acaba de ofrecer la Secretaría de Educación Pública.

José Córdoba aprueba las anteriores apreciaciones:

Mientras el desfile de las figuras grotescas de *Antígona*, deja frío al público, *Dónde está la Cruz*, viene a contagiarle algo de la enorme y tremenda locura que invade a sus personajes. Aquí vemos la posesión del artista, en tanto que en la representación de la obra se pierde completamente el signo del autor. O'Neill lleva el mar a la escena con dos frases. Un acto; uno solo; pero infalible en su desarrollo. Sin rellenos ni resquicios por donde crucen las fallas. Su gran coro esquiliano está en la música del huracán.

De todos modos, un acierto el propósito de este teatro, que puede estimular la inteligencia de nuestros literatos al intento de una noble creación.

Héctor Pérez Martínez encuentra que ese doble programa y su realización, como:

ensayo es interesante, viejas ideas transportadas a nuestros días humanizándolas más: nuevas reacciones y nuevos dolores divinizándolos hasta hacerlos eternos. De *Antígona* se ha salvado la raíz gentil: el hombre presa del dolor; de la obra de O'Neill habrá de salvarse ese dolor que hace presa en todos los hombres.

Dos enseñanzas y una oportunidad. Así puede concretarse la tarea de la Secretaría de Educación.

Adolfo Fernández Bermúdez se inclina hacia la obra de O'Neill que brilló aún más gracias a que:

Celestino Gorostiza, el culto escritor, al hacer la traducción de *Dónde está la Cruz* tuvo buen cuidado del léxico justo y guardó la esencia espiritual del original, en el que campea como ya dijimos, el espíritu del mar, por ser esta obra una de las muchas escritas por O'Neill de aquellas en que el mar es tema invisible pero palpable, desarrollador de temático.

La presentación escénica acertada, como cabe en la maestría de Carlos González que sabe darle sobriedad y verdad a sus escenografías.

La actuación de los aficionados a quienes se les confió la obra, sin llegar a las cúspides de la calidad de la obra podemos decir que cumplieron discretamente, sobre todo la actriz que estuvo decorosa y el galán que le dió matiz un poco incoherente a su personaje, acercándolo al tipo alucinado que está a dos pasos de la insania hasta por fin caer en ella. Con menos vehemencia en la voz, en algunos momentos, hubiera logrado más aciertos en la interpretación.

Pero como indica el dicho popular "nunca falta un prietito en el arroz", con fecha 1o. de agosto y amparándose en el anonimato aparece en *El Universal Gráfico* [17] bajo el título: "Profesores y Orientación" una virulenta y a la vez gratuita crítica que solamente refleja mediocridad y ese partidismo ideológico arraigado en la época, de mimitizar la cultura con el falso pensamiento de socialización, siempre en pro de la defensa de un presupuesto monetario que juzgan desperdiciado cuando atiende al arte al encasillarlo bajo el rubro de elitista. Un poco de la misma historia de siempre por la que tiene que transitar todo proyecto original, de ruptura, verdaderamente revolucionario. Ejemplo clásico del simplismo del periodismo rastrero.

Y tal parece que esa pretendida fiscalización en los presupuestos va enderezada al teatro sostenido por la Secretaría, o sea el Teatro de Orientación, como si se quisiera decir al licenciado Bassols que, mientras él se desvive en viajes y penalidades serranas todo por orientar a la escuela rural, la escuela de que más necesita México, otros se dedican a Sófocles, Cocteau y O'Neill.

Y es que los maestros saben, sin duda alguna, que una mayoría de los orientadores teatrales de educación figuran con brillante éxito en las nóminas y que desde un punto de vista revolucionario y también desde un punto de vista nacional, el teatro de las orientaciones orienta menos que un volumen con las doctrinas de Confucio puesto en manos de las masas.

La obra de la Secretaría es de difusión, mientras que la obra de las universidades no populares es de selección; y así deben entenderlo los maestros que reclaman derecho a opinar sobre sueldos y nombramientos; el Teatro de Orientación, para un grupo de jóvenes cultísimos de la Secretaría, es la misma brújula orientadora, pero no lo es, seguramente para el mismo Ministro de Educación, quien pugna por hacer una escuela mexicana en todos los órdenes.

El Teatro de Orientación, por y para un reducido grupo de selectos, no puede orientar, porque sus directores no necesitan esa orientación, mientras que las masas no asisten. Es, pues, un enorme gusto superfluo.

El segundo programa de la primera temporada recoge tres obras, todas dirigidas por Celestino Gorostiza –a excepción de *Cuento de amor* de Shakespeare–, y ofició como ayudante de dirección David N. Arce. Esas piezas, se presentaron en dos subprogramas. Los días 31 de agosto y 5 y 7 de septiembre, se representó *Una familia* de Julián Gómez Gorkin, obra en tres actos con el reparto siguiente:

El padre	Agustín Saavedra Moncada
La madre	Aurora Villaseñor
Josefina	Mercedes García Leal
Elena	Soledad García
Carmencita	Benilde Zurita
Enriqueta	Graciela Uribe
Don Ramón	Juan Manuel Salcedo
Eduardo	Ramón Vallarino

El programa de mano señala que la escenografía era de Carlos González, el tríptico lleva una sección "Notas" que a manera explicativa asesoran al espectador. Así *Una Familia*, incluye una opinión de su propio autor a propósito de la obra que se completa, se supone, con un breve comentario de Gorostiza:

Julián Gómez Gorkin dice a propósito de su obra:
"El autor de estos dramas pertenece al grupo, cada vez más numeroso, de los escritores revolucionarios. Desde hace catorce años, es decir, desde la edad de dieciséis,viene dedicando lo mejor de su tiempo y de sus actividades a la política revolucionaria internacional. El escritor es en él como una continuación y un complemento del hombre de acción, del militante social. Nadie extrañará, por consiguiente, que sus obras sean de inspiración política y social".
Una familia es un drama no sólo realista, sino real. El autor ha conocido a esa familia. Todavía viven casi todos sus miembros. Ha

procurado llevarlos a la escena tal como los conoció, tal como son. Y tan es así, que su principal dificultad ha consistido en cambiarles los nombres. Este drama es social, por cuanto muestra la descomposición económica y moral de una familia de clase media española; y mejor que de una familia, de la familia entre blanca y sagrada de la sociedad actual.

Los días 1°, 3 y 8 de septiembre también a las 20:30 horas se lleva a escena *Cuento de Amor* de William Shakespeare en tres actos, traducida por Jacinto Benavente. La escenografía de Agustín Lazo y el elenco:

Condesa Olivi	Otilia Zambrano
El duque	Carlos López Moctezuma
Floricel	Josefina Escobedo
Bufón	David N. Arce
Malvalio	Román Solano
Tobías	Juan Manuel Salcedo
Dorotea	Carmen Doria
Leoncio	Soledad García
Lauro	Ofelia Alvarado
Julio	Francisco León Sánchez
Héctor	Guillermo Rojas
Sebastián	Agustín Saavedra

Novedoso el reparto que incluía a mujeres en roles masculinos. La nota respectiva recoge la explicación siguiente:

Situada, por razón del tiempo en el centro de la obra de Shakespeare, *Cuento de Amor* es el punto de partida, lo mismo hacia las grandes tragedias que hacia las comedias más características de este autor. En ella se insinúan, no obstante estar construida con los elementos teatrales más ingrávidos, varios tipos de humanidad a quienes Shakespeare dio vida eterna en otras obras, y algunos adquieren ya aquí perfil definitivo.

Como punto de partida para el conocimiento de las obras de Shakespeare y para el dominio de las dificultades de todo orden que supone la interpretación de las más representativas, se ha escogido para este ciclo *Cuento de Amor*, en lo que el Teatro de Orientación no ha hecho más que coincidir con los teatros de arte de otros países –con los de Rusia, por ejemplo– en donde se preparan técnicamente los elementos que más adelante han de participar en la constitución de los teatros del pueblo.

La función se completó con la obra en un acto *Intimidad* de Jean Victor Pellerin, la escenografía de Agustín Lazo, y la traducción de Celestino Gorostiza, los actores:

El señor	Víctor Urruchúa
La señora	Isabela Corona
Josefina	Olimpia Rueda
Teresa	Blanca Saavedra Moncada
Luciano	Felipe Vélez
El hombre calvo	Ramón Vallarino
Ernesto	N.M.
El boxeador	N.M.

De Jean Victor Pellerin se informa en las "Notas"

Jean Victor Pellerin es uno de los autores contemporáneos que más se han preocupado por modificar la técnica del teatro a fin de lograr la expresión de la verdad subjetiva por medios puramente teatrales, es decir, objetivos.

El procedimiento podrá obedecer o no, deliberadamente, a teorías de orden científico, moral o social. Su misión es la de profundizar en las personas, el ambiente, las costumbres, y es evidente que a mayor grado de profundidad corresponde un grado equivalente de verdad. No de la verdad particular de un grupo, de una creencia o de una teoría, sino de la verdad de estado de pureza; la verdad de todos.

Al final de estas breves explicaciones sobre los autores y sus obras, se avisa que:

A solicitud del público, para las representaciones de los días 31 de agosto y 1° de septiembre, se apartarán localidades numeradas. Bastará pedirlas por teléfono al Departamento de Bellas Artes. Eric. 2-57-75 y recogerlas antes de la representación a las puertas de la sala, de manos del empleado que se dedicará a este servicio.

Las puertas del teatro se cierran al empezar la representación

Pasado el impacto de la novedad la crítica periodística disminuye sensiblemente sus comentarios, quizás tenga mucho que ver también en esto que las obras seleccionadas no daban lugar a demasiadas reflexiones o a un espíritu polémico. El primero en reseñar este nuevo programa es Rafael López,[18] quien encuentra acertada la selección de las piezas aunque su preferencia va hacia *Cuento de Amor* de William Shakespeare:

Otra nota de cultura nos la ofrece ahora el Teatro de Orientación de la Secretaría de Educación Pública, que afortunadamente continúa en su purificante labor, pese al aire citadino inficionado de tiempo con los gases hilarantes del astracán dramático.

Gómez Gorkin, Shakespeare y Pellerin hicieron resplandecer sus nombres en la segunda parte del ciclo. Sin limitar el ejemplo incambiable de las estaciones, que en paso gradual van transformando en riguroso o suave el clima terrestre, sin saltar de la primavera al invierno, nos hallamos frente a los tres aludidos dramaturgos, entre los cuales a la poesía del inglés se destaca con su prestigio de eterna primavera.

El poeta guanajuatense no soslaya el rumor dado en las notas menores en las gacetillas, de que el texto de Gómez Gorkin se exhibió por imposición y explica:

Se piensa que posiblemente quiso imponerse la pieza de Gómez Gorkin que según se afirma pertenece a las filas de oposición trotskista española, pero nos parece que ese propósito resultó fallido, ya que dicha representación se señaló con todos los caracteres de una derrota. El asunto de escasa fuerza, tuvo una representación deficiente. La obra, en nuestro concepto, resultó blanco certero para todas las desgracias.

Es de desearse que este loable empeño no sufra tropiezo en el Teatro de Orientación, donde una labor vertebral afianza lentamente el gusto por las finas obras, la admiración por la lírica de raíz, el deseo y el placer –satisfecho uno y encontrado otro– en ahondar los abismos pasionales del alma, mediante el anzuelo de los grandes escritores.

VIXE (Fernando Mota),[19] reseñista de *Revista de Revistas*, se detiene en el problema de Gómez Gorkin, para él la obra del español no justificó su inclusión en "tan importante programa" y al igual que el resto de la prensa presume que ello se debió "al imperativo de una orden". Insiste además en un fracaso de ética y escritor:

El señor Gómez Gorkin, como sociólogo tenemos entendido que es un militante de vanguardia, pero como autor dramático después del estreno de *Una Familia*, continúa siendo una incógnita en la que apenas se atisba la posibilidad del comediógrafo en género cómico. En *Una Familia*, si en vez de pretender poner un ejemplo "en serio" de descomposición del contenido ético y social de la institución del hogar, cosa ya lograda de modo admirable por Benavente en su *Cuando los Hijos de Eva, etc...* el señor Gómez Gorkin hace el ensayo en cómico.

Su entusiasmo por las otras dos obras, lo lleva a expresar:

Con la representación de *Cuento de amor* de Shakespeare, e *Intimidad* de Pellerin, ofrecidas el viernes anterior el tono de la sala de este teatro volvió a recobrar su ritmo selectamente espiritual y aris-

116

tocráticamente intelectivo. La obra de Shakespeare brindó a los espectadores el fino deleite de su arte exquisito, y puso otra vez el ambiente de la sala a la altura que lo dejó situado la admirable *Antígona* de Sófocles, que se representó últimamente.

El Nacional[20] inserta una breve nota que resume lo dicho por los críticos citados y después de advertir que *Una Familia* por su índole nunca se pondría en un teatro comercial, por lo que atiende elogioso en un sintético párrafo de *Intimidad* de Pellerin:

Intimidad, de Jean Victor Pellerin uno de los más originales innovadores del teatro contemporáneo, es una de las más gratas novedades que podía ofrecernos el interesante espectáculo patrocinado por la Secretaría de Educación.

El reportero también menciona el buen desempeño de las actuaciones.

Un grupo de aficionados entusiastas, entre quienes figuran algunos que ya han dado algunos pasos en el teatro profesional con tan buen éxito como Isabela Corona, y al que ingresa ahora bajo los mejores auspicios Otilia Zambrano, poniendo a contribución su buena voluntad y excelentes dotes para la escena, permiten desarrollar la excelente labor emprendida por el Departamento un contingente muy apreciable los de Bellas Artes, a la que aportan pintores Agustín Lazo y Carlos González.

Al mes siguiente, el 6, 7 y 8 de octubre, el Teatro de Orientación presenta el ciclo tercero de la primera temporada de su programación.

Abrió la escena *Una petición de mano* de Anton Chéjov, bajo la dirección de Celestino Gorostiza, con escenografía de Agustín Lazo y traducción de Xavier Villaurrutia.

Remata el espectáculo *Jorge Dandin o el Marido Humillado* de Molière, dirigida también por Celestino Gorostiza, con escenografía de Roberto Montenegro y la traducción por cuenta de Adolfo G. Bernáldez. En el rol protagónico Carlos Pellicer.

En "Teatrales" de *El Universal Gráfico*, Mario Mariscal[21] subraya el "loable impulso al arte teatral" que ha hecho la Secretaría de Educación. Mariscal advierte que Chéjov no ha sido representado nunca en México y simultáneamente rinde homenaje y aporta al recuerdo, importante noticia histórica, de que fue don Miguel Hidalgo y Costilla el primero en dar a conocer el clásico francés en México:

Molière tampoco ha sido conocido, modernamente por el público teatral de México siendo interesante apuntar que las únicas obras suyas puestas en escena en nuestro país, lo fueron gracias al inteligente y revolucionario propósito de Hidalgo, el que mientras la sociedad colonial se divertía –hace de ésto ciento veintitantos años– con absurdos culebrones, hacía representar en un modesto pueblecillo del interior, para ejemplaridad de sus feligreses y honra suya no bastante estimada, obras de uno de los más geniales autores del teatro universal, traducida por él mismo, que jamás han vuelto a ser representadas en México, ni aún en épocas de penuria tan sensible en la producción teatral española como la presente.

Este erudito cronista recalca que lo bien balanceado de los repertorios que agrupan obras clásicas, "es decir permanentemente valiosas", al lado de "apuntes teatrales modernos", es algo de lo que ha dado éxito al Teatro de Orientación y aconseja al teatro comercial imitar esta práctica pues con programas así:

ganarían para los espectáculos comerciales al público que ahora se recata de asistir a ellos, colmando, en cambio, el salón del Teatro de Orientación.

Para mayores aprendizajes, se desprenden de lo que el Teatro de Orientación lleva a cabo:

La obra de Chéjov presentada anoche por ese teatro, admirablemente decorada por Agustín Lazo, ofreció otra enseñanza a los directores de escena nuestros poco atentos a cumplir con algunas exigencias de la *misse en scène* moderna. El juego de luces, bien estudiado y resuelto, en forma que nunca ha sido hecha en nuestros arcaicos escenarios apegados a esos anticuados, inadmisibles ya en nuestro tiempo, estuvo en justa correspondencia con el bello y moderno decorado, igualmente incógnito en los teatros de México.

Mariscal insiste en la importancia de dar a conocer obras de la talla de la de Anton Chéjov, relevancia que está seguro fue advertida por el público, pues se deben excusar detalles:

de interés secundario en un teatro del carácter de aquel, que siendo experimental tiene que serlo para quienes figuran como actores que no son.

Para el crítico sale sobrando el enjuiciar a ese elenco de actores todavía no fogueados:

Resultando pues, accesoria la interpretación realizada por actores no profesionales y aún por menos aficionados que jamás han pisado antes un escenario es vana la crítica de ella e inútil señalar errores –insignificantes por lo demás– de alguno de los intérpretes, cuando por otra parte, en general fue muy estimable el trabajo de todos ellos y singularmente de Juan Manuel Salcedo, quien atrajo hacia él la atención y la simpatía del público.

(VIXE),[22] por su parte, además de consignar el éxito artístico de ese tercer ciclo, equipara la acción de Celestino Gorostiza, con la llevada a cabo por otros grandes realizadores, ya en el contexto universal.

Ambas obras constituyeron un éxito artístico, que patentiza una vez más la labor que viene desarrollando Celestino Gorostiza en la dirección de este teatro, la cual por su elevado y noble propósito tiene calidad semejante a las experimentaciones que hizo Max Reinhardt en Alemania y que tan transcendentales aportaciones han hecho a la técnica y a la nueva estética escenográfica.

Rafael López[23] en "Radiogramas" y con el encabezado de "Chéjov y Molière" se congratula de la función en la que en el minúsculo pero intenso escenario "del Teatro de Orientación", triunfaron dos disímbolos autores en "inesperada cuanto agradable camaradería".

Un ruso y un francés en lo que tienen ambos de humanos; de largamente universales. Dos farsas de subidos quilates. En una desfila de Rusia inmediatamente anterior a Ekaterinburgo; en la otra la fina manera de los súbditos de Luis XVI, florecida de discretos como de finos encajes de bocamangas de las casacas rojas. Y como en una se adivina la barba de Nicolás II, pulida como la extensión de las estepas, en otras se divierte el espectador con la falsedad de las conveniencias en la corte del Rey Sol, con la admirable sonrisa francesa y la pícara solución de problemas que entre nosotros, atados al trópico, culmina en la muerte inaplazable.

Desgraciadamente no se ha podido localizar el programa de mano de esta *mise en scène* por lo tanto se ha tenido que apoyar en las escasas informaciones que consigna el periodismo citadino, que por otra parte aporta un dato no asentado hasta ahora ni por la historia literaria y menos por la teatral: el debut de Carlos Pellicer como actor dramático. Rafael López[24] es el encargado de transmitirnos la noticia –con elocuentes palabras– sin olvidar que era la voz de un poeta aclamando a otro poeta:

Entre paréntesis diremos que este Jorge Dandin estuvo encarnado por Carlos Pellicer, el poeta de la huracanada voz y suaves modales, que viviendo –suponemos nosotros– en perpetuo y exaltado dramatismo, encontró fácilmente realizable su papel: aunque a veces el público, por ejemplo, cuando Dandin moteja a su esposa con el piropo tropical de "cocodrilo", tuvo la impresión que el actor acababa de arribar del Amazonas.

Rafael López se ufana de que en México se den obras de los clásicos de la literatura mundial, no solamente porque ellos son ejemplos de sabiduría teatral sino porque siempre estampan dimensiones humanas esenciales, que tocan al individuo más allá de las nacionalidades. Sin embargo su espíritu siempre inquieto no deja de lado la necesidad de crear obras extraídas de la historia patria desde lo precolombino a lo moderno, pues esta misma historia podría recoger héroes, leyendas, mitos, no por afincados en lo propio, menos universales:

Nosotros, con piezas recogidas rígidamente, podemos dar lugar a la creación de nuestro espíritu, ahora desviado y prófugo de la línea ascendente, como lo demuestra el hecho de ponerse a hablar de pájaros carpinteros cuando todavía queda en las mitologías el cisne de Leda o el águila de Júpiter. Pero fuera del símbolo, queremos expresar que la superior distinción de los clásicos debe ser la nuestra: lo selecto dentro de la tradición. A Quetzalcóatl, pájaro también, pero divino, no hay que cambiarlo por aves de corral, y su plumaje de oro no debe opacarse con el grotesco atavío de un pavo salvaje. Nuestros motivos, como los alemanes a Wagner, a tantas leyendas inglesas de Shakespeare, esperan quien les dé forma inmutable y los fije para siempre en las galerías de la cultura.

El cuarto programa, siempre en la misma temporada, llevado al cabo el 22, 23 y 25 de noviembre de ese 1932 y en igual horario, 20:30 horas, consistió en el *Entremés del viejo celoso* de Miguel de Cervantes Saavedra y *La Boda del calderero* de John M. Synge, y con traducción de Salvador Novo y escenografía de, para la primera, Agustín Lazo y la segunda de Carlos González. Ambas dirigidas por Celestino Gorostiza. Vale recordar que en Escolares del Teatro se dio a conocer Synge con *Jinetes hacia el mar*.

A falta de los programas de mano es casi imposible recuperar los repartos de una escasa crítica que informa tacañamente, sólo se conoce que en la segunda obra actuaron: Isabela Corona como personaje central, junto a Víctor Urruchúa, Josefina Escobedo y Juan M. Salcedo. En "Teatrales" de *El Nacional*[25] resalta el propósito surgido casi desde el primer instante en Orientación de componer programas, basados en un repertorio que armonice obras de autores clásicos universales con los de las últimas promociones en boga en las principales capitales del mundo. Un eclecticismo positivo. El comentarista en nada se detiene respecto al español, no así frente a la puesta en escena del irlandés dando más énfasis a la actuación:

Esta última obra, de las dos que lograron el cuarto programa del Teatro de Orientación de la Secretaría de Educación Pública, tiene el mérito de ser interpretado su personaje central por Isabela Corona, quien da suelta a su vibrante temperamento en los cambiantes aspectos del carácter de su singularísimo personaje. El juego escénico de la obra, poco variado pero de un cautivante interés y un carácter sumamente original, estuvo animado, además por la elogiable participación de Víctor Urruchúa, Josefina Moreno y Juan M. Salcedo, de los que el último sobre todo desempeñó acertadamente el papel que le correspondió interpretar.

El último programa, el quinto, tuvo lugar el 4, 5 y 6 de diciembre en doble repertorio: *Knock o el triunfo de la medicina* del simultaneísta francés Jules Romains, en traducción de Xavier Villaurrutia y *La tragedia de Macbeth* de William Shakespeare adaptada por Agustín Lazo con base en la versión castellana de Luis Astrana Marín, ambas bajo la dirección de Celestino Gorostiza y escenografía de Agustín Lazo.

El reparto de *Knock* estuvo formado así:

Knock	Carlos López Moctezuma
Doctor Parpalaid	Juan Manuel Salcedo
Boticario Mousquet	Víctor M. Urruchúa
Maestro Bernard	Román Solano
Pregonero	Ramón Vallarino
Muchacho 1°	David N. Arce
Muchacho 2°	Guillermo Rojas
Escipión	José Neri O.
Juan	Rafael Vieyra
Señora Parpalaid	Josefina Moreno
Señora Remy	Carmela Paniagua
La dama de negro	Aurora Villaseñor
La dama violeta	Carmen Doria
La criada	Clementina Otero
Voz de Marieta	N. N.

Como era de rigor en los programas de mano, la "Nota" consabida:

Jefe de la escuela unanimista integrada por escritores como Chenneviere, Duhamel, Vildrac, Jouve y otros, Jules Romains, preocupado como ellos por las cuestiones sociales y por los sentimientos colectivos, es uno de los grandes autores del teatro moderno y, acaso, el único que ha hecho reaparecer en la escena el espíritu cómico con una fuerza que hace pensar, a veces, en un Molière del siglo XX.

KNOCK, O EL TRIUNFO DE LA MEDICINA, es la obra que afirmó

su reputación. No busquemos en ella caracteres. Encontraremos en cambio, una acción y una experiencia. "Un hombre sano es un enfermo que no sabe que está enfermo" dice el protagonista de la farsa de Romains. Al médico le corresponde hacérselo saber para, de este modo, lograr el triunfo no sólo de su profesión sino del arte de la Medicina. Y no sólo un hombre, sino un pueblo cualquiera, por más impersonal que parezca, puede adquirir, gracias a la cruzada de un médico singular, un carácter y un sentido médico.

Las ideas unanimistas de Jules Romains hallan en un lenguaje directo, desnudo y de una simplicidad buscada y lograda, un molde perfecto. Y su comicidad, fina sin refinamiento, fuerte sin rudeza, alcanza a menudo la más alta forma de la sátira.

El reparto de *Macbeth*, sin lugar a dudas involucró a casi todos los miembros del Teatro de Orientación, salvo a Isabela Corona. Una buena decisión, para que actuara todo el equipo, en este caso desempeñándose así:

Duncan Rey de Escocia	Román Solano
Malcolm	David N. Arce
Donalbain sus hijos	Francisco León Sánchez
Macbeth	Carlos López Moctezuma
Banquo	Ramón Vallarino
Macduff	Víctor Urruchúa
Lennox	Salvador Matute y S.
Generales del Rey de Escocia	
Seyton	
Oficial al servicio de Macbeth	Ricardo Reynold

Un médico	Román Solano
Un asesino	Guillermo Rojas
Un criado	Juan Manuel Salcedo
Otro criado	José Neri
Lady Macbeth	Josefina Escobedo
Una dama	Clementina Orozco
Otra dama	
al servicio de lady Macbeth	Dolores González
Bruja I	Carmen Doria
Bruja II	Evelina Breña
Bruja III	María Teresa Contreras

La "Nota", mucho más que un análisis o una orientación al público del texto clásico se mantiene dentro del campo explicativo de la *mise en scène*, cuyo objetivo era recuperar la tragedia por la sencillez, por lo directo, diría lo esencial, para construir un espectáculo sin espectacularidades:

Todavía hoy se discute si el teatro de Shakespeare gana o pierde en la representación. Los guardianes celosos de los textos mantienen la pugna en contra de las mutilaciones que siempre ha sufrido a manos de los directores de escena. Es Goethe el primero que, en su calidad de poeta, pensador y director de teatro, deslinda lo que en las obras de Shakespeare corresponde exclusivamente a la imaginación, de lo que va dirigido al espíritu por medio de los sentidos; es pues, el primero en demarcar los límites de la literatura y el espectáculo.

En esa delimitación es donde hay que buscar los orígenes de la tendencia moderna del teatro u objetivar, dentro de la armonía de la estilización, la expresión de los sentimientos humanos.

No otra cosa se ha pretendido buscar en la interpretación de *Macbeth* que ofrece el Teatro de Orientación. Siguiendo, en último análisis, el camino trazado por Shakespeare en su obra, en la que se sirve de los elementos de la naturaleza que convienen a sus propósitos creadores y desecha los que le restarían claridad o solidez arquitectónica, nosotros hemos tomado de *Macbeth* todos sus elementos esenciales; de los actores, el gesto, la voz y el movimiento indispensables; de la arquitectura y de los trajes de la época, los rasgos suficientes para recordarla; y hemos compuesto con todos esos elementos una ficción que subrayada por los ruidos y el juego de luz, aspira a constituir un espectáculo de simplicidad actual, única manera, por lo demás, de lograr que sigan viviendo sobre la escena de este tiempo las obras de Shakespeare.

Es así como, a la vez que servimos al teatro, hemos creído servir a Shakespeare.

Todos los comentarios sobre este programa aprovechan de unirlo a un balance anual de la primera temporada del Teatro de Orientación, balance que al margen de la personalidad crítica de los reseñistas fue desde toda índole aclamador.

Rafael López ahora despojado de su seudónimo, endereza poéticamente una crítica derrotadora, catastrófica, casi de calumnia, si se atiende a otros juicios. En este caso, es la erudición literaria de López enardecida por una representación de *Macbeth* que no compensa su propia imaginación de la tragedia. Una tragedia que indudablemente despierta un infinito mundo en la lectura que por supuesto jamás encontrará esa dimensión en los límites de un espacio representativo. Por otro lado se incluye completo el escrito hasta hoy no compilado aparecido en *El Nacional* como ejemplo de una escritura lírica perfecta, cuyo rigor responde a una crónica teatral:

La noche en que llevamos nuestra curiosidad a despuntarse en la representación de Shakespeare, ofrecida por el Teatro de Orientación, era menos augural que aquella en que Macbeth vio cebada su ambición por la profecía alucinante; tu serás rey. Un creciente ingenuo, puro y brillante como lo exige el plenilunio inminente del Jueves Santo, medraba en la noche inocente, ajena a los atentados que cobijan sus tinieblas.

Porque no dejó de perfilarse con caracteres de desastre, el intento, plausible por lo demás, de actualizar a Shakespeare en la célebre pieza que la crítica ha convenido en calificar de la tragedia de la ambición. Un ensayo fallido de estilizar las cortes por bravos muchachos despojados desde que abandonaron el biberón con los usos republicanos, los personajes, el tiempo mismo, ya que ciertas vestiduras lindaban con lo grotesco y con lo ridículo, algunos de sus caballeros necesitados de un centenar de frascos de Emulsión de Scott para poder soportar el peso de sus armaduras, y con lo cómico de determinadas situaciones, creemos que niguna de las dificultades de escenificación del dramaturgo inglés fue superada y el público se encontró con un *Macbeth* sin drama. Un *Macbeth* vernáculo y casi precortesiano, digno de desarrollarse en el atrio de la parroquia de Ixtapalapa, en las mojigangas litúrgicas de la próxima semana. Sin extorsionar los términos, podría decirse que por el salón no sólo no circuíaba el pathos de la tragedia que debía envolver la representación sino que el regocijo era invencible en los espectadores.

Esos trajes, antípodas de los solemnes de la época, hechos de franjas de colores, con lo que tomaban los actores un sorprendente aspecto de arlequines sonámbulos; esos caballeros de pálido corazón, como dice Shakespeare, tan alejados artísticamente hablando de aquellos que se alistaron para reconquistar las tierras estremecidas por el puñal de Macbeth; esas brujas que parecían salidas de las retortas de Moraima Gelo, a la que tenían por consejera en lugar de la temible Hécate; esas trompetas ayunas de las marciales voces de hierro –no sabemos por qué no se amplió el magnavoz de Villaurrutia, ya ducho en estos menesteres– solicitadas por el ánimo de los luchadores; la traducción misma de la obra mutilada de tantas bellezas líricas y por último, la supresión de algunas escenas, que si no interrumpieron en lo absoluto la unidad de la obra, si le restaron poesía y riqueza, fueron motivos suficientes de melancolía.

Es innegable que las obras de Shakespeare oponen serias barreras a su adaptación estrictamente teatral. Apenas Maeterlinl hizo maravillas en las representaciones de la Abadía. No queda sino esperar a que mejores días amparen tales monumentos. Conformémonos por ahora con interpretar a Cocteau. Porque tratándose del gran trágico, es casi un arranque de audacia como el aconsejado por la ambiciosa Lady a su esposo: tomar un puñal y asesinar al rey infeliz que permanece dormido, para después achacar la muerte a sus guardianes. Aquí nosotros hemos hecho el infortunado papel de Duncan y los escasos medios puestos en práctica para la representación, aquellos vigilantes expiatorios.

Puede disimularse la falta de amplitud en el escenario, estrecho para contener una llanura de Escocia, con castillos al fondo, y el bosque a un lado: puede soportarse que nuestros esmirriados actores sean impotentes para esgrimir los espadones de las Cruzadas. Lo que es más difícil de aceptar, es la incomprensión de la índole de la tragedia, las brujas que pasaron por Orientación, no han aprendido todavía los conjuros.

Y sean colofón de estas observaciones insignificantes alrededor de Macbeth, las palabras mismas del poeta: "toda el agua del océano y todos los perfumes de Arabia" no alcanzaría a limpiar esta burla al autor de *Macbeth*.

Caiga ya un telón misericordioso sobre la cómica tragedia.

Ni tardo ni perezoso Celestino Gorostiza se siente molesto por la aseveración de Rafael López, y con el título de "El fracaso de Orientación", por otra parte título que guarda una ironía pese a la seriedad que no despoja la burla o la mofa, da su contestación. Aunque extensa la respuesta no se duda en reproducirla, pues además del valor propio del documento, refleja un estilo, un carácter. Respuesta que por otra parte no fue acogida por las páginas de *El Nacional*; carta en el archivo del autor:

EL FRACASO DE ORIENTACIÓN

Don Rafael López consultó el cielo la noche del estreno de *Macbeth* en Orientación, y como no era una noche propicia a los aquelarres, su comodidad, y no su curiosidad, lo llevó, no al Teatro de Orientación, sino a la tranquilidad del hogar. Allí probablemente de la retorta de Moraima Gelo, –de donde él cree que fueron sacadas las brujas de Macbeth– extrajo su artículo titulado "*Macbeth* en

Orientación". Sólo que como la noche no era propicia, fracasaron los ritos adivinatorios; porque no obstante la originalidad y la galanura de ingenio –tan propia de "su numen"– con que don Rafael recomienda a los esmirriados actores que tenían a cargo los papeles de caballeros, que tomen cien frascos de emulsión de Scott para poder soportar el peso de las armaduras, éstos no llevaban armaduras, sino un ligero casquete de raso de algodón y su estatura, bien que no habían sido escogidos para representar a Escocia en la Olimpiada, no era menor en ningún caso, salvo el de los jóvenes hijos de Duncan, de un metro setenta centímetros, ni su peso de setenta kilos, talla más que suficiente para manejar con habilidad un mandoble si su vocación, el lugar y el tiempo les hubiera llevado a combatir en las cruzadas y no a representar en el primer teatro mexicano de experimentación.

Pero, además, a don Rafael López le pareció notar en su esfera de cristal, que en la sala de Orientación rechinaba un regocijo inmenso, lo que lo hace afirmar que la representación de *Macbeth* se perfiló con caracteres de desastre. Decididamente la noche no era propicia para la adivinación. No me toca a mí, como director del Teatro de Orientación, hacer juicio de la interpretación de la obra; pero mientras la crítica oficial continúe lamentándose cada semana de los estrenos mal improvisados de Luis de Vargas y se declare incompetente para tomar parte activa de una labor de orientación, no importa rectificar esas adivinaciones que, por divertidas que resulten en boca de don Rafael López, pueden llegar a adquirir filos dolosos en manos interesadas.

Así como don Rafael deja caer "un telón misericordioso sobre la cómica tragedia" por medio de un ostentoso artículo de fondo a dos columnas, escrito con más veneno que tinta, el Teatro de Orientación tiene que soportar, principalmente las noches de estreno, un lastre de pequeños grupos de esnobs y resentidos perfectamente clasificados, asidua y grandemente interesados en exhibir su desdén por lo que allí se hace. La calidad de las obras y el decoro con que se representan les ha impedido hasta hoy hacer manifetaciones ruidosas de cualquier índole, como no sean los comentarios durante los intermedios y la exigencia demostrada a coces de que esos mismos intermedios no duren más de cuatro o cinco minutos. La noche del estreno de *Macbeth* el ambiente de hostilidad estaba más caldeado que nunca; tanto, que los actores no pudieron menos que resentirse de ello. No obstante, la obra se fue imponiendo palabra a palabra, escena a escena, acto a acto, y mantuvo firmemente a lo largo de su desarrollo, un silencio respetuoso subrayado por los aplausos al final de cada acto y aun al de varios cuadros; pero como los esnobs no estaban dispuestos a irse esa noche sin la suya, en cuanto apareció en la escena final la cabeza de Macbeth, dejaron oir diez risitas histéricas y rencorosas que los aplausos de toda la sala se encargaron de opacar al momento. He ahí el regocijo de que se regocija don Rafael López. La cabeza, realizada con mascarilla por un especialista, era perfecta. La escena, requerida por Shakespeare en su obra. A él, pues, fueron dirigidas esas diez risas por quienes, ignorantes a pesar de su petulancia del sentido histórico de esta representación, creyeron encontrar cómico un uso arcaico del teatro, tal como si ante un documento histórico del Archivo de la Nación rieran porque allí no dijera "beso a usted la mano" en lugar de "soy su seguro servidor".

Ese supuesto regocijo no hizo, pues, más que afirmar el éxito de la interpretación de *Macbeth* de Orientación, confirmando con creces en las representaciones posteriores, (Es mi dicho que acojo al testimonio de las mil personas que las presenciaron y al de otras miles que las oyeron por radio y pudieron apreciar lo mismo los aplausos que cualesquiera otras manifestaciones que hubieran podido suscitarse) y sólo resta concluir que las representaciones del Teatro de Orientación no se hacen para esas diez personas que han visto o que, –lo que es peor– creen haber visto en Europa las obras de Shakespeare, Molière o Jules Romains representadas en sus respectivos idiomas por los mejores actores del mundo, sino como una obra educativa de lo mismo para los actores que para el público, en un país donde la cultura y la tradición teatrales no pueden pasar aún de la lactancia, y van dirigidos a gente deseosa de conocer un teatro que nunca antes los impugnadores del Teatro de Orientación habían podido ofrecerle.

Para terminar, lamentaremos que la retorta de Moraima Gelo no haya sido fiel esta vez a don Rafael López.

Días después, Mario Mariscal, historiador y revisor del pasado mexicano, este hombre dotado también con gran sensibilidad para la cultura contemporánea, declara que la propia organización del grupo teatral le ha solicitado su totalizadora impresión de lo realizado en 1932, por lo que a manera de preámbulo define y asevera:[27]

Teatro de Orientación de la Secretaría de Educación Pública, primero y único en su género en nuestro país, que tan elogiablemente ha llenado en el breve tiempo durante el cual ha estado en actividad, las funciones de un teatro experimental de la índole de los

133

teatros universitarios ingleses o norteamericanos, o bien, de los *études* franceses.

La ligera recopilación de la entusiasta y –esperamos que así también sea– probablemente fructífera labor del Teatro de Orientación que nos invita a hacer la finalización de sus labores del presente año, no puede ser más favorable para una actividad apenas iniciada.

Mariscal enlista el copioso repertorio y remarca lo atinado de la yuxtaposición de lo clásico y lo moderno y remite a lo novedoso del conjunto:

En cinco representaciones, que se han sucedido unas a otras con intermedio de un mes, aproximadamente, han sido estrenadas las siguientes obras, de diversos autores, distintas nacionalidades y las más opuestas tendencias, muchas de las cuales –mejor dicho, las más de ellas, difícilmente representables en teatros comerciales, sobre todo en tiempos como los presentes, en los que las actividades de éstos se hallan en tal modo alejadas de la dignidad artística...

La mayoría de las obras anteriores –casi la totalidad– no sólo eran de difícil acceso al público por la resistencia de las empresas teatrales a representarlas, sino porque, como puede verse, casi todas ellas han tenido que ser vertidas a nuestro idioma por literatos mexicanos, ya que no existían versiones españolas de las mismas.

Aparte de la importancia de todas esas piezas puestas en escena habla de cómo este teatro ha sabido encaminar sus enseñanzas en todos los campos que engloba su ejemplificación:

No sólo el gran interés de las obras que han ido formando el repertorio del Teatro de Orientación, ha hecho valiosa la labor de éste: en algunos otros aspectos, de primera importancia el teatro experimental de la Secretaría de Educación ha desempeñado su papel de orientador. La decoración de las obras, que estuvo a cargo de Agustín Lazo, Carlos González, Roberto Montenegro, no pudo ser más elogiable; *la mise en scène*, dirigida por Agustín Lazo –el único técnico en escenografía teatral que existe en México debidamente preparado– fue muy cuidada en todas las obras: el vestuario de todas ellas, con frecuencia diseñado especialmente por Lazo y Montenegro, tuvo siempre la propiedad que raramente se observa en otros teatros, sobre todo en obras de época, y finalmente la inteligencia y culta dirección de Celestino Gorostiza se hizo notable en el juego escénico de todas las obras que fueron representadas en esta temporada muchas de ellas por personas que por primera vez pisaban un escenario.

En su justa, en su cabal reseña, Mariscal no ausenta su opinión acerca de los elencos:

…sólo he de mencionar a unos cuantos del grupo de aficionados que han exhibido excelente madera de actores en las contadas representaciones del Teatro de Orientación. Estela Corona y Otilia Zambrano, apenas iniciadas en la escena, demostraron en las representaciones en que tomaron parte su excelente disposición para el teatro; Víctor Urruchúa, Juan Manuel Salcedo y Carlos López Moctezuma de los hombres, son seguramente quienes más destacadamente hicieron patente igual disposición, siendo el primero de ellos quien

135

parece encontrarse más maduro, pues raramente se hacen notables en su actuación los casi inexcusables defectos del principiante, echándose apenas de ver que es sólo un aficionado que ha dado hace poco tiempo sus primeros pasos en un tablado escénico.

Amén de este breve recorrido, la administración del propio teatro se encarga de hacer una revisión, una recopilación de los comentarios de la prensa, insertándolos en el folleto que proyectaba los trabajos para 1933.[28] Una forma propagandística para que el público visualizara, apreciara el esfuerzo y las metas que se había propuesto el Teatro de Orientación, teatro reconocido en la opinión de los más sobresalientes cronistas del medio teatral.

...En resumen: el espectáculo del Teatro de Orientación es de tal calidad artística y de su contenido estético tan bello y dominante, que hace luego difícil la degustación de la vulgar y anodina producción escénica del teatro actual.

Fernando Mota. Revista de Revistas.

...Esperamos con ansia la representación de nuevas obras en esta temporada ya que en México, por desgracia, no contamos ni con empresas capaces de lanzarse en una tarea de esta clase, ni tampoco disponemos de compañías que puedan hacer programas estrictamente artísticos...

Rafael Bermúdez Z. El Universal Gráfico.

...Contrastando con la falta de interés notoria en todos los espectáculos comerciales actualmente en actividad, la temporada del

Teatro de Orientación va cobrándolo en mayor grado en cada nueva representación...

> Mario Mariscal. *El Universal Gráfico.*

...Otra nota de cultura nos la ofrece ahora el Teatro de Orientación de la Secretaría de Educación Pública, que afortunadamente continúa en su purificante labor, pese al aire citadino inficionado de tiempo con los gases hilarantes del astracán dramático...

> Rafael López (José Córdoba). *El Nacional.*

...Estimabilísimos estos ensayos desde el punto de vista estético y de acuerdo con las nuevas tendencias de la expresión y plástica dramática...

> *Jueves de Excélsior* Balance Teatral de 1932.

...Y ojalá siga el teatro de "Orientación" por el mismo camino, aunque sería de desearse que comenzaran labor nacionalista también...

> Alfonso Fernández Bustamante. *El Nacional.*

...El Teatro de Orientación que ha llevado a su escenario no sólo obras de algunos autores de vanguardia o totalmente desconocidos en México, como..., sino obras consagradas de la escena clásica... De la comparación y del estudio de las obras maestras de todos los tiempos del teatro, nace forzosamente la solidez del buen juicio crítico...

> Un grupo de estudiantes, en las "Voces del Público",
> de *El Universal Gráfico.*

...El teatro "Orientación" dependiente de la Secretaría de Educación, desarrolló una noble labor de difusión cultural...

Roberto el Diablo. *Revista de Revistas.*
Balance teatral de 1932.

...obras que a no ser en estas temporadas culturales en las que el fin lucrativo no cuenta, nunca quizá las hubiéramos admirado en la escena de un teatro de México.

Antonio Magaña Esquivel. *México al Día.*

Ya entrado el año de 1933 el periodismo recoge en términos de balance anual y de planes futuros el desempeño y las actividades de Orientación en 1932.

El joven crítico, entonces de 22 años, Antonio Magaña Esquivel, que con el correr del tiempo ocuparía el primer lugar como estudioso de la historia del teatro moderno y contemporáneo en México, hace sus primeras armas en *México al Día*[29] con la columna "Acotaciones Teatrales". En ella hace un recuento de la temporada anterior y empieza doliéndose de que tan selecto repertorio que va de los grandes escritores universales desde Sófocles, según Cocteau, hasta O'Neill y Jules Romains "no hayan sido presenciados más que por una escogida minoría de 'diletantes' a la que alcanza el llamado del Teatro de Orientación":

...obras que, a no ser en estas temporadas culturales en las que el fin lucrativo no cuenta, nunca quizá las hubiéramos admirado en la escena de un teatro en México. Lástima es que estas vulgarizaciones o propagandas de las grandes obras no teatrales no logren en este medio esferas más amplias de conocimiento.

El crítico se remite solamente a la última representación, al *Knock o el Triunfo de la Medicina*, y deleitosamente va indicando las cualidades de esta obra de Romains que:

desarrolla y presenta en forma maestra una cuestión social de tan fino espíritu cómico que "alcanza a menudo la más alta forma de sátira" y hace pensar a ratos en un Molière del siglo XX.

Magaña Esquivel, contrariamente a lo planteado por el traductor, Xavier Villaurrutia, acerca de que no se deben buscar caracteres en la pieza sino una "acción y una experiencia", piensa que:

...lo más admirable, lo más humano en esta comedia, es precisamente los dos caracteres centrales que nos presenta: el Doctor Knock, audaz, con gran sentido práctico, y burlón a ratos; y el doctor Parpalaid, adocenado mediquillo de provincia, de perfiles caricaturescos. "Un hombre sano es un enfermo que no sabe que está enfermo", dice el Doctor Knock; y así, con un sentido opuesto no tan sólo a su profesión, sino del arte de la medicina, estos personajes se chocan. De aquí proviene precisamente la comicidad de la obra.

Para avalar lo cómico de *Knock*, el crítico profundiza en torno de la manera de producir la risa y como lo cómico habla más a la inteligencia que al espíritu y no vacila en citar a Henry Bergson: "no hay mayor enemigo de la risa que la emoción", para clarificar su seguridad de que:

Knock o el Triunfo de la Medicina, es una comedia de la más fina comicidad, sin rebuscamiento, con todo ese vigor y verdad de la expresión, con esa maravillosa creación de caracteres y fisionomías humanas, reales y vivas, que es entre todas las facultades artísticas la que más eleva al hombre.

No conforme con la traducción de Vilaurrutia, "que pone demasiada ampulosidad en el lenguaje de los personajes" para a destacar sólo dos actuaciones.

En la interpretación corresponde el primer lugar a Juan Manuel Saucedo (Dr. Parpalaid), que supo comprender con toda exactitud la psicología de su personaje y en quien reconocemos verdaderas aptitudes para actor; no así Carlos López Moctezuma (Dr. Knock), cuyo personaje, de una potencialidad enorme, resultó mucho para él.

Más en el sentido de la memoria, Mario Mariscal,[30] retoma el suscinto balance que había publicado en 1932 y además de exaltar la labor de Gorostiza, glosa algunas de las palabras vertidas por el Director del Teatro de Orientación, en las que se "concretan el espíritu y las aspiraciones que animaron la temporada de 1932". Cita luego algunas de las causas que motivaron el fracaso de ciertos intentos por mejorar el teatro en México, yerros que dieron paso a la única fórmula salvadora.

Ante semejantes resultados, no quedaba sino decidirse por el camino más largo, pero el único seguro, que consistía en la creación de todos los elementos, desde su principio empezando por el aprendizaje práctico frente al teatro universal, para formar el autor, el actor, el escenógrafo, el director, al electricista y, sobre todo, al público.

Para él la confrontación entre los logros y los errores da un resultado favorable a los primeros, inclusive por lo que toca a la asistencia, al número de espectadores.

El resultado de la breve temporada iniciada con esos fines en 1932, que comprendió obras de Sófocles, O'Neill, Shakespeare, Molière, Pellerin, Synge, Cervantes, Chéjov, Jules Romains y Gorkin, traducidas por Adolfo C. Bernaldez, Xavier Villaurrutia, Celestino Gorostiza, Salvado Novo y otros, no podía ser más halagüeño. Un conglomerado de mil quinientas personas de todas las clases y de todas las actividades sociales, principalmente estudiantes universitarios, en quienes la siembra de la semilla es más importante, ha surgido con creciente interés el curso de las treinta representaciones.

No se olvida de la actuación, ni de la escenografía y va más allá, registra esa importante participación de la voz crítica:

destacando actores como Isabela Corona, Josefina Escobedo, Josefina Moreno, Carlos López Moctezuma, Víctor Urruchúa y Juan Manuel Salcedo, que son ya una seria promesa para el teatro nacional y que responden de hecho, ya en este momento, más que ninguno de nuestros actores profesionales al gusto contemporáneo y la escenografía de Agustín Lazo, Carlos González y Roberto Montenegro, ha venido a comprobar que nada serio se había hecho antes en México en este sentido. A la importante e indispensable colaboración que presentaron público, traductores, actores y escenógrafos, hay que sumar la no menos trascendental que con su consejo, su crítica y su aliento aportaron los críticos Rafael López, Fernando Mota y Mario Mariscal y aunque sólo en parte del cielo, Adolfo Fernández Bustamante, Rafael Bermúdez y otros.

En la mente de Mariscal, como en la de otros reseñistas, está claro que buena parte, sino la mayor, del éxito obtenido se debió a la disciplina, al decidido y uniforme esfuerzo de todos sus integrantes. Igualmente habla de ese otro denodado brío para propiciar una dramaturgia mexicana. Avisa que el Teatro de Orientación, ha anunciado el concurso que se piensa convocar abierto a los autores nacionales –certamen que jamás fue realizado– cuyos ganadores tendrán la distinción de ver sus obras en escena, alternando con los grandes del teatro universal. Un poco escéptico reflexiona:

Aunque puede suceder, no se esperan, sin embargo, frutos asombrosos inmediatos. El Teatro de Orientación se ha formado de manera que el azar no intervenga, más que por azar. Todo es motivo de un plan premeditado y bien organizado que a la larga, a base de estudio y trabajo dará frutos indiscutiblemente buenos, si no lo ahogan la incomprensión o la mala voluntad de quienes se crean excluidos de este intento.

Para finalizar –y tal vez ante veladas críticas– esclarece que el Teatro de Orientación "no es reducto de un grupo cerrado, sino que al contrario acepta y solicita gustoso la colaboración de quienes se interesen en él, y que en todas sus áreas de trabajo puedan contribuir con alguna aportación". Remarca al desinterés y buena voluntad de esa loable acción, de su ejemplar recorrido:

la colaboración de todas las personas que se han interesado en él y quien ha podido contribuir con alguna aportación, lo mismo de los escenógrafos que de los traductores, de los músicos y de los actores, y el hecho de que entre los traductores figuren nombres que pertenecen a aparentes grupos no significa otra cosa que hasta ahora fueron esas personas las únicas que se decidieron a prestar gratuitamente su contingente. Con el concurso a que se convocará este año quedará evidenciado que el Teatro de Orientacción es un esfuerzo de desinterés y buena voluntad que tiene cabida para todas las personas y la vela desplegada a todos los vientos, sin más afán que el de tocar un bello puerto, cualquiera que él sea, pero que nos salve de nuestro ya largo naufragio teatral.

En términos globales esta primera temporada del Teatro de Orientación fue exitosísima. Interiormente se había cumplido con el propósito de una formación de actores noveles que accedían a lo profesional, un equipo de escenógrafos y traductores imaginativos y rigurosos, un equilibrado repertorio de obras y sobre todo una dirección con sentido claro, tanto técnico como ideológico de su labor. Habría que agregar a esto el apoyo administrativo y el cumplimiento de la disciplina impuesta. Desde lo exterior se contó con un respaldo de público sensible al nuevo teatro y una crítica razonada, que comenzaba a manejarse con conceptualizaciones, nada común en el medio; que juzgaba la labor de los actores y de las piezas representadas con honestidad y presencia intelectual. Hablando del público era indudable que lo constituían aparte del sector elitista –la profunda cultura siempre será élite, que no debe confundirse con clases sociales– lo formaban estudiantes de las preparatorias y de la Universidad, una juventud que por el hecho mismo de no estar contaminada ni maleada con el teatrismo comercial, estaba abierta con sinceridad a las propuestas contemporáneas de la dramaturgia.

1933

Los días 14, 15 y 16 de febrero de 1933 comienza la segunda temporada del Teatro de Orientación. Antes del alza del telón con *El Matrimonio* de Nicolás Gogol, Celestino Gorostiza ocupó el foro. Su plática titulada, "La génesis del teatro en México", la reprodujo *El Universal Gráfico*[31] con una introducción anónima:

Con una visión, por primera vez entre nosotros, clara y exacta acerca de los problemas actuales del teatro –especialmente del teatro en México–; y sobre todo, con una idea precisa de la dirección que ha de seguir para formarse el teatro mexicano, Celestino Gorostiza examina este asunto con capacidad e inteligencia indudables.

La incapacidad e ignorancia han tratado de ahogar sus palabras, que, afortunadamente, no son sólo eso. Por esto resulta forzoso evitar que la expresión de la verdad de una situación que en vano se trata de ocultar, y la indicación de un camino que por ser único no permite la elección de otro distinto, sean, como suele ser en México, *vox clamantis in deserto*.

El discurso de Celestino Gorostiza reza así:

Cuando, al abogar por el fomento de un teatro nacional se aduce como razón más importante que el teatro es signo principal de la cultura de un pueblo, suelen callarse, probablemente por sabidos, los motivos por los cuales el teatro es signo de cultura. Pero la falta de esa explicación es causa de que el concepto quede estereotipado en calidad de frase hecha, sin esperanza de que un esfuerzo real llegue a justificarlo.

Antes de entrar en estas ligeras consideraciones sobre el teatro, quiero aclarar, pues que un pueblo capaz de producir teatro es un pueblo que se conoce a sí mismo y cuya cultura le permite expresar su voz alta y escuchar lo que sabe de sí.

Cuando el pueblo ha alcanzado ese grado de civilización, ha encontrado siempre los medios de expresarse ya sea directamente o por medio de sus autores que, llevando dentro de sí el genio creador del poeta, la hipersensibilidad en la que su quinta esencia, el pensamiento del pueblo, lo interpretan y le dan forma estética superior.

En uno y otro caso, como acontece con todo ente orgánico en formación, la técnica del teatro se crea a sí misma, se moldea a las necesidades biológicas del organismo, pues todas las partes de él manifiestan un interés viviente por su desarrollo y ejercen una influencia decisiva en su constitución.

La crisis del teatro que se deja sentir en todo el mundo a pesar de los esfuerzos muy estimables registrados en tal o cual país, proviene precisamente de la desintegración de aquellos elementos de su desinterés por una obra que no existe si no se realiza en común, desinterés que es fruto de la propia degradación de su interés.

La ambición de realidad que se empezó a dejar sentir a fines del siglo XIX, hizo que el héroe del teatro, en quien se concentraban lo mismo la aspiración ideal de uno o de todos los pueblos que el *su-*

mum de las buenas y las malas pasiones, fuera substituido por el personaje vulgar y cotidiano y que toda barrera entre el espectáculo y el espectador quedara rota, no en lo que se refiere al desnivel simbólico del piso entre la sala y el escenario, sino en cuanto a la distancia que debe haber entre el ídolo y el creyente, entre el mito y la realidad.

Quedaba, sin embargo, al teatro un *minimum* de ficción, que es su vida natural y la ambición realista, ansiosa de aprisionar la realidad más real, acabó por arrancársela al desinteresarse por el personaje vulgar, como antes por el héroe, para fijar toda su atención en el intérprete. Alrededor de éste giro desde entonces toda la maquinaria teatral. Los autores se concretaron a escribir obras en las que todo el interés se reducía a dar oportunidades al actor o a la actriz para el lucimiento personal; los directores fueron escogidos entre simples agentes de publicidad o entre mercaderes de más baja categoría; el resto de las compañías se integró con la basura suficiente para no estorbar los saltos mortales de las primeras figuras, ocupadas siempre en vivir las tragedias de alcoba que lo que había empezado por faltar en la escena ya no interesaban, y respeto del arte y de la cultura, acabó por faltar el respeto del público y al decoro.

Destruido ya todo sentido ritual del teatro, al igual que todo sentido artístico, los públicos que derrocaron sus ídolos altos y distantes, bien pronto se dieron cuenta de que sus nuevos ídolos de carne no tenían más resorte que la vanidad, y que la carne se pudre y desaparece con el mismo tiempo que agiganta y da pátina a las creaciones del arte; pero era demasiado tarde para volver atrás. Aparte de que el lenguaje del teatro había sido olvidado, la situación del mundo era distinta y otras las verdades que había que expresar con un nuevo lenguaje. Ante semejante dificultad, las multitudes prefirieron acogerse a la facilidad que al mismo tiempo les brindaba el cine, y venerar la mitología pueril que más allá de las sombras de la pantalla organizaba hábilmente la publicidad de Hollywood con estrellas de celuloide.

Prácticamente, el teatro había muerto. Su situación efectiva se retrata admirablemente en las siguientes palabras pronunciadas por Gastón Baty al inaugurar su temporada en la Barraca de la Quimera.

"Todavía esta vez hemos preferido ser pobres. En lugar de un teatro de mármol, nos contentamos con un hangar; montamos nuestros trastos y nuestros decorados bajo un techo parecido a los abrigos que se improvisan en las regiones devastadas. ¿Acaso no es el teatro una región devastada?".

Es ése precisamente el momento en que, requerida la fuerza creadora del pueblo por urgencias vitales, y alejados los poetas por tan largo tiempo de la escena, es recogido el teatro por los directores: Stanislawsky en Rusia; Reinhardt y Piscator en Alemania; Dullin, Baty Jouvet y Pitoeff en Francia; Hopkins y Wintrop Ames en los Estados Unidos. En todas partes, bajo el signo del director de escena, brota un movimiento que, con diferentes nombres y obedeciendo a teorías aparentemente distintas, tiene el único fin de restituir al teatro, a falta de la creación original del pueblo o del poeta, su dignidad artística.

"Si tuviéramos hoy una gran dramaturgia nacional –dice Max Reinhardt– yo no sería útil a nadie. Un drama que tiene sus raíces en el pueblo se representa por sí sólo. Pero como no es así tengo la obligación de dar la mano".

Una búsqueda se inicia de los medios de expresión que corresponden a las nuevas sensibilidades y al nuevo orden de cosas en el mundo. Se repasa el lenguaje de las mejores épocas del teatro y se experimentan otros capaces de hacer hablar a los seres inanimados o abstractos que han venido a formar parte de nuestra vida o que pueden todavía despertar nuestras gastadas emociones. Se trata de dar a las masas el papel que están reclamando en el reparto de las obras, de hacer palpable el alma que ha anidado en la máquina, o de dejar sentir el poder de las fuerzas de la Naturaleza que deciden el destino del hombre. Para lograrlo, nuevas técnicas se inventan, se abandona a los viejos actores a su vanidad y se recurre a otros más modestos, pero más honrados y capaces de poner sus facultades al servicio del arte en lugar de poner el arte al servicio de su habilidad.

Los experimentos realizados en los teatros de arte han producido los efectos que se buscaban, pero todavía no han logrado crear el nuevo héroe, todavía el teatro no puede hablar de manera fluída su lenguaje propio capaz de despertar la emoción de todos los públicos, todavía no existe el ritual que lo saque de las felices y prometedoras catacumbas para convertirlo en una religión de las mayorías; pero no es posible pedir todo eso a un arte que acaba de enterrarse a sí mismo y que apenas trata de empezar a vivir una vida nueva.

He querido llegar a este punto, porque el hecho de que el teatro haya vuelto al punto de partida inicial, coloca a México, por puro azar, sin que haya hecho nada para merecerlo, en igualdad de circunstancias con los demás países, si es posible comparar un terreno virgen y árido con una región devastada. En efecto, ningún panorama teatral más desolado que el nuestro; en los campos, residuos del teatro de la colonia, cada vez más vagos, más dispersos, más distantes. En la ciudad la burguesía compra primero, corrompe después y al fin abandona, ya desnaturalizados, los balbuceos grotescos, propios de todo teatro primitvo, del único y auténtico teatro mexicano en cuyo desarrollo haya intervenido directamente el pueblo: El Teatro Lírico. Los autores, en su mayor parte desorientados por la falta de una idea precisa de lo que deben hacer se ven rechazados por la indiferencia de un público totalmente apartado del teatro y por la ignorancia de los actores que no son sino la resaca del desastre europeo, en quienes la vanidad ya no es siquiera otra cosa que el gesto convencional de "un oficio al que no aman porque les basta vivir de él".

El teatro entre nosotros no ha sido sino una idea vaga, un fantasma al que se ve surgir de vez en cuando en una conversación, en un proyecto, en un periódico, y tomar cuerpo pasajeramente en algún intento digno, para desaparecer en el acto. Rara vez, o sólo alguna vez antes de ahora en que la culta generosidad del licenciado Bassols le ha proporcionado este invernadero, el teatro ha podido encontrar siquiera un hangar donde refugiarse de la intemperie.

La única diferencia que distingue nuestra desolación de la europea consiste en que mientras el esfuerzo de allá por empezar otra vez desde el principio es sólo un repaso de su tradición para escoger el eslabón preciso en que deben encadenar sus nuevos valores para nosotros es un aprendizaje y una creación de esos valores.

Confesamos que no fue sin cierto rubor como al hacer el resumen de la temporada 1932 del Teatro de Orientación, hubimos de incluir entre las obras representadas por primera vez en México, las de Sófocles, Cervantes, Shakespeare, y Molière, y aún las de O'Neill, Pellerin, Chéjov y Romains.

Pero como ya no es tiempo de seguir ocultando bajo falsos rubores nuestra penuria, confesamos como han sabido hacerlo otros que necesitamos empezar por el balbuceo. Nosotros lo hemos emprendido con fe y con entusiasmo, con esa fe y con ese entusiasmo que quisiéramos ver en las personas que nos siguen esta empresa y a quienes, a nuestra vez, queremos escuchar.

Sabemos que todo esfuerzo en este sentido es vano si no contamos con la colaboración inteligente del público y por eso no hemos repartido las invitaciones al azar con el único objeto de llenar nuestra pequeña sala, lo que sería muy fácil, sino que hemos enviado cada una a un probable colaborador cuya simpatía u hostilidad, expresadas en la intimidad o en público, normaran nuestro criterio. No hemos excluído siquiera de esa colaboración a los cinco dichosos mexicanos que han tenido la suerte de ver alguna obra en París o en Nueva York, seguros de que su solo desprecio por lo nuestro no será precisamente el que cree un teatro nacional, aunque a nosotros sí pueda servirnos de algún modo.

Claramente se comprenderá que no nos hacemos la ilusión de ofrecer un espectáculo perfecto, sino una obra en proceso de formación, en la que es necesario que todos participen, desde luego, con su comprensión. Esta temporada de teatro, como la anterior aquí realizada, se debe tanto a la ayuda decisiva de la Secretaría de Educación, como al desinterés y a la buena voluntad de un grupo de actores aficionados, es decir, enamorados de su oficio, también en proceso de formación y selección. No tienen, ciertamente, la habilidad del actor profesional para escamotear con trucos innobles sus defectos, pero esperamos que el público no se sentirá defraudado porque no se le engañe de tal manera. En ese y en otros muchos aspectos, no se parecen en nada a los profesionales que conocemos y esperamos que no lleguen a parecérseles. De entre ellos han sido ya eliminados aquellos que, aun estando dotados de facultades estimables, han querido ver en el teatro un pretexto para la exaltación de su vanidad individual, porque no queremos vernos en el caso de tener que elegir o escribir obras para los actores en lugar de contar con actores para hacer las obras pues sería caer en uno de los vicios de que hemos venido huyendo.

Los que componen actualmente el grupo, mientras nuevos elementos vienen a reforzarlo, han probado ya suficientemente que están dispuestos a poner al servicio del teatro sus facultades más o menos desarrolladas, pero honradamente desarrolladas, y que su buena voluntad no se siente detenida por las limitaciones de toda índole, lo mismo económicas que mecánicas y aun de espacio a que están sujetos, limitaciones todas que el público ignora y no perdona, dentro de las cuales siempre sacando el mayor provecho de ellas, tienen que desarrollarse los ciclos de teatro de esta naturaleza.

A la vez que estos actores proporcionan a todo el público que tenga interés en ello, la oportunidad de conocer, debidamente sistematizado para obtener de él los mejores frutos, el teatro que México nunca ha visto ni verá mientras se fie a las compañías trashumantes, están creciendo alimentados en las fuentes más puras, preparándose para ser el único vehículo digno que se vislumbra por el momento para que el teatro nacional llegue a expresarse.

Nosotros que creemos en el teatro como signo de cultura de un pueblo, hemos puesto esta tarea en manos de la cultura de México, y esperamos que ella decida nuestro destino.

Antes de atender al repertorio y a la *mise en scène* de la pieza de Gogol y en esta búsqueda de hacer de la historia un valor legítimo, se traerá a cuenta la polémica que la anterior plática de Gorostiza suscitó en Julio Bracho. Un entrecruzamiento de escritos públicos, cuyo meollo puede localizarse tras bambalinas, mismo que da como resultado final un juego de rivalidades, el que como pretexto primordial tiene a la figura de la actriz Isabela Corona, entonces compañera de Bracho. En estas cuestiones es mejor curarse en salud, por eso se prefiere asentar sin ningún resumen ni comentario la documentación para no caer en supuestos o partidarismos.

"EL ACTOR; COMO ELEMENTO LEGÍTIMO DE UN ARTE" (LOS SOFISMAS DE "LA GÉNESIS DEL TEATRO EN MÉXICO")

La conciencia individual o colectiva de los hombres suele abandonarse, en un gesto de indiferencia, al yugo que le imponen voluntades superiores, y a las leyes y rutinas que de ellas dimanan; pero, por fenómeno de evolución, en el proceso lógico, despierta un día, y su despertar se anuncia por inquietudes espirituales, vagas primero, más acentuadas después, que tienden a la ruptura de las ligas que la aprisionan de las puertas cerradas que le asfixien. En nuestro momento actual –me refiero al del teatro– de letargo, de abandono de pobreza y desorientación, han existido y existen señales de un movimiento precursor que anuncia, felizmente, un cambio de valores (o la creación de los nuevos), un rompimiento de normas establecidas en la búsqueda para la estabilización de un plano en nivel más elevado y en el cual ha de nacer nuestro ansiado teatro mexicano. Porque relacionado el arte y la producción artística de un pueblo con su constitución social y económica (Karl Marx); si en el desenvolvimiento de la conciencia del maestro, a partir de la Revolución algunas manifestaciones artísticas del espíritu han encontra-

153

do ya su voz propia, y comienzan a surgir hoy a la vida fecunda que da el sentir de la conciencia colectiva –dejo citadas; la pintura, la escultura, la música, la literatura (novela)–, otras –el teatro entre ellas– no poseen aún la garganta que emita su voz verdadera, sin mistificaciones que lleven a negar, como propia, la propia voz.

Y señalo lo anterior, porque precisamente en estos momentos de inquietud, en que nobles voluntades deben surgir para la orientación definida es del todo indispensable vedar el camino, con la verdad, a aquellas ideas que, por falsas, puedan desviar los conceptos; máxime cuando valiéndose de ellas como medios personales, deslizan hábilmente el sofisma que arrastra a quien no posee una mediana preparación para descubrirlo.

***

En el artículo publicado por el señor Celestino Gorostiza, en "EL UNIVERSAL GRÁFICO" del día 20, se teje con habilidad una red de sofismas que aparentemente pretenden contribuir a la noble idea de la realización de nuestro teatro, comparando nuestro momento al de otros pueblos y otras épocas, pero que, en el fondo, sólo tratan de justificar una vanidad personal, dando acomodo a los hechos y a las leyes de acuerdo con sus individuales circunstancias, para justificar ante el público que lo escuchaba –el artículo citado fue leído al iniciarse la temporada del Teatro de Orientación– los defectos naturales de que adolece su esfuerzo lo cual no nos impide el deseo de analizar conceptos para su valoración.

En los momentos de desorientación, el teatro fue recogido por los directores –dice Gorostiza– quienes trataron de volverlo a fuentes más puras y nobles lo cual es cierto; pero Gorostiza, culpa a la vanidad de los actores –transformados en héroes– de ese desastre,

154

lo que lo lleva a pretender la desaparición del actor y su vanidad, como remedio al estado de cosas; y afirma esto para justificar hechos que más adelante citaremos. Ahora bien; refiriéndonos a los mismos acontecimientos que expone Gorostiza se verá que llegamos a la conclusión contraria.

La desorientación que reinaba en esos momentos –concretándonos a Rusia, a la que también invoca Gorostiza– se debía a que, el deseo de adquirir una supremacía absurda en el arte dramático, condujo a los elementos individuales que concurren a su realización, a un aislamiento en el que cada uno vivía a su antojo; llegando un momento en que la escenografía, bajo la influencia de los "meiningen" alemanes que presentaban sus obras con verdadera fastuosidad, redujeron todo el arte dramático a un solo sentido, el plástico, eliminando o aislando casi por completo, el concurso del actor. La desorganización en que éstos se encontraban, en su actuación individual y de conjunto; la falta de acción y de movimiento en escena; la ninguna aportación humana al juego teatral; la ausencia de pasión de sentimiento, de palabra, de gesto, de ademán; exactamente como en el Teatro de Orientación hoy; en síntesis, el oscurecimiento del arte del actor, empequeñecido por el desarrollo sin sentido de la escenografía, llevaron al teatro a tal encrucijada, lejana del camino real,que, Stanislawsky –Gorostiza lo cita, pero pretendiendo otro sentido en su actuación– comprendió en dónde residía la salvación de aquel teatro y, a la vez que dio orientaciones más reales a la escenografía, haciéndola descender de su trono, persiguió el retorno del arte del actor y de los conjuntos de escena, estableciendo una UNIDAD en el juego teatral, que se justificara su actuación con DIRECTOR; y así fue, como después de alejar a los actores del ambiente que reinaba y someterlos a una rígida disciplina de estudio presentó su primera realización *Zar Feodor Ivanovitch* de Tolstoi –al estrenar el Teatro de Artistas– que fue aplaudida con entusiasta admiración; nacida de aquel elemento más intenso, más vivo, más dinámico que arrastraba con cada gesto, con cada movimiento, con cada palabra–palabra, movimiento y gesto que llegaban al virtuosismo, a través del estudio; resorte verdadero del teatro; el actor, cuya definitiva exaltación debían hacer más tarde Evreinoff, Madschanoff y principalmente Tairoff quienes, a su vez, persiguieron nuevas orientaciones para la escenografía de donde partieron las diversas escuelas. Muchas otras ideas fundamentales, guiaron la renovación del teatro, en Rusia; sean relacionadas con el aspecto plástico, transformando, por ejemplo, el valor estático del escenario en un valor dinámico (Tairoff) y desintegrando el escenario en una serie de planos que destruyesen la visualidad cúbica, de donde partieron "el expresionismo" y "el futurismo" que invadió a toda Europa; o bien, con el arte del actor, en la búsqueda del "teatro sintético" cuyo héroe debiera ser el tipo ideal de actor artista universal que uniera, a su capacidad dramática, un sentido musical, y la agilidad y belleza del acróbata y del bailarín, pero, entrar en su consideración, sería desviarnos del objeto que perseguimos. Queda demostrado, pues, que al entrar en función los DIRECTORES de escena no sólo se salva el arte del actor sino que consigue su exaltación.

Pero, al esgrimir el sofisma, Gorostiza lo hacía para tener un apoyo al explicar que, siendo necesario abandonar al actor él había eliminado de su grupo de actores (parece redundancia) a aquellos que se servían del teatro, únicamente como medio de satisfacer su vanidad; dejando a los que en segundo término, no pretendían esa satisfacción, al aportar su esfuerzo. No me detendré a analizar este nuevo sofisma, concretando el caso al elemento al que se refería Celestino Gorostiza –todos los oyentes lo adivinaron– y al que, según él, había eliminado, Isabela Corona, porque bien sé que después de los legítimos triunfos alcanzados, en el Teatro de Orientación, por esta joven actriz "en formación", promesa definitiva de nuestro teatro, la actitud del director de Orientación ante el auditorio que lo escuchaba y ante el cual se disculpaba, sin darse cuenta, de la ausencia de tal actriz en el reparto de la obra, fue ridícula; ya que el público que la había aplaudido en su esfuerzo sabía de antemano que de sus triunfos personales, esa joven actriz NADA DEBÍA AL SEÑOR GOROSTIZA y que, si actuó bajo su aparente drección, fue guiada no sólo por la obligación que le imponía ganar el sueldo con que la Secretaría de Educación remuneraba su trabajo, cuanto por corresponder a la amistad que guarda para Xavier Villaurrutia. Consejero de Teatro en el Departamento de Bellas Artes, entonces, y para Agustín Lazo y Carlos González escenógrafos del Teatro de Orientación; a cuyo esfuerzo quería unir el suyo por la fe que siempre han depositado en ella y mejor será, por tanto, entrar en consideraciones más generales, sobre estética del teatro, en relación con el actor y la que las circunstancias obligan a Gorostiza a fabricar para su uso personal, en la necesidad de disculparse no sólo ante los demás sino ante sí mismo.

Afirmar que es preciso eliminar a la, o las figuras que se destacan en un conjunto –destacarse es tener vanidad, según Gorostiza– por su actuación individual, es negar que se debe emplear el procedimiento contrario y que debe ser precisamente el único verdadero. Es decir, tratando de elevar a "cada uno" de los elementos a un plano superior en que, por la perfección de conjunto nacida de lo individual, todos permanezcan en el mismo nivel. Pero naturalmente allí está el sofisma; a Celestino Gorostiza le es más fácil emplear el procedimiento de eliminar al elemento que se destaca, por sus propios méritos, para que no se rompa el equilibrio que pretende; que, al fin y al cabo, lo importante es mantener en la escena la UNIDAD –la misma que perseguía Stanislawsky aunque por el procedimiento opuesto– no importando que esa unidad tenga un valor negativo.

Más adelante, insistiendo en el arte del actor y abogando por los que le rodean, después de solicitar la comprensión inteligente del auditorio, dice que no se parecen en nada –ni desea que se parezcan– al actor consagrado, ya que no poseen esa "habilidad" para engañar con trucos innobles al auditorio y sólo usan procedimientos "honrados" esperando que, por ello, no se sientan –los espectadores– defraudados. Es lamentable que ese afán de sincerarse, lleve a Gorostiza a una desorientación. No quiere que se engañe a su auditorio con trucos cuando precisamente todo el teatro radica en eso; en una ley de engaño, de ilusión; y cuando el público que asiste a él lleva el sano deseo de que se le engañe, es, precisamente, cuando no se logra engañarlo, cuando se le defrauda. Esto equivaldría a afirmar que en vez de "engañar" al público haciéndole "ver" el desfile de un regimiento en la calle invisible, a través de la ventana de cartón –lo que se logra con el sonido de una corneta y un tambor, por la ley de sugerencia– salieran a escena los músicos, "honradamente" y tocaran, en presencia del espectador, su tambor y su corneta.

En su afán de volverse sordo al arte del actor –se adivina por qué– afirmó Gorostiza que el público de cierta época sustituyó, por el intérprete, al héroe simbólico que había levantado; derrocando al ídolo distante para venerar al carnal; pero, que bien pronto se dió cuenta de que éste se pudre, en su vanidad personal, en tanto que aquél se mantiene puro en su idealidad inmaterial. Y cabe preguntar, ¿puede el espectador, no ya venerar sino siquiera conocer al hombre simbólico en toda su magnificencia, la que le dio su autor, de otro modo que no sea a través del héroe carnal? Indiscutiblemente que no. Por más bello que sea "un personaje" –Hamlet por ejemplo– nunca conoceremos su belleza si no es a través de un intérprete que se identifique con él, que le dé voz a sus palabras y calor con su vida, tomando a cambio las suyas. ¿Qué sería de Hamlet, Lady Macbeth, Edipo, Antígona, Electra, Don Juan, Topacio y tantos otros "personajes" sin el arte de un "actor" que los haga llegar hasta la conciencia del espectador? ¿Qué sería de la imprecación dolorosa y bella de un personaje puesta en labios de un actor mediocre?

En el arte dramático –contrariamente a lo que cree Gorostiza– el del actor –con vanidad o sin ella–, es fundamental porque "sólo en él se verifica la identidad del creador y del material que ha de transformar" (Tairoff), y la necesidad de una "técnica" es absoluta, ya que toda emoción pierde su valor cuando se la exterioriza en forma inadecuada. El arte del actor radica precisamente en saber encontrar, en las palabras mudas del personaje el tono, la intensidad, el calor, la emoción con que el propio personaje las dijera si, en un momento dado fuera dotado de voz; es así el intérprete, una materia "a modelar" que desde luego debe tener la cualidad de "ser modelable" para tomar una forma y un gesto establecidos –los del personaje– es el barro que deja de serlo para ser escultura. Por eso en el equilibrio a que está sometida toda realización escénica debe concurrir en las proporciones definidas, para no romperlo. No se deduce de esto, como pretende Gorostiza, que el actor, al poner todas sus facultades al servicio de un personaje y por ende al del teatro, vaya en busca de la satisfacción de su vanidad personal, sino que llega hasta él porque su presencia es necesaria para la realización del milagro artístico, del juego de tres piezas; porque, como toda fuerza, lleva en sí un valor positivo que debe obrar exactamente en el punto común de las otras, para mantener el equilibrio de la resultante. Por lo demás podría argüirse suponiendo un intérprete PERFECTO que el peronaje "tomara al actor" para satisfacer su vanidad de personaje, como claramente lo expone Pirandello en su obra maravillosa *SEIS PERSONAJES EN BUSCA DE AUTOR*, aunque, desde luego los PERSONAJES allí no están guiados por una vanidad sino por la NECESIDAD imperiosa de transformarse en ACTORES de su propio drama, lo que nos lleva a afirmar, cerrando el círculo, que el actor no va al personaje por vanidad sino por necesidad de transformarse en personaje. Y he aquí el punto de donde brota la ley estética que rige al actor en su función de elemento necesario para la realización escénica y en su relación con su personaje el intercambio de posibilidades, la fusión de personalidades, en la que el actor deja de serlo para transformarse en personaje y éste a su vez, en actor. No podría precisarse hasta qué punto existe allí el personaje y hasta dónde llega el actor; ambos son el mismo y ninguno es el otro.

Y si, abandonamos este punto de vista individual del actor, para referinos a "los conjuntos" en escena, en el teatro llamado precisamente "de masas" –aunque también por otro concepto– bajo el esfuerzo de Mayerhold, Reinhardt, Piscator encontramos que la ley continúa afirmándose; porque en la identidad colectiva, la unidad individual pasa a ser de conjunto, el que movido por un solo resorte, obedeciendo a una misma idea, con una pasión común con la misma palabra en los labios y el mismo gesto de expresión en el cuerpo, mantiene la unidad ideológica, sometida a las leyes enunciadas.

Habiendo señalado los sofismas de que se vale Gorostiza para sincerarse y para explicar la función de los directores y el importante papel que representaron y que deben representar en nuestro momento, aunque no entra en el análisis lo que nos va a permitir más adelante tratar de hacerlo; y dejando establecido escuetamente el papel que desempeña el actor en el arte dramático y las leyes a que está sometido, debemos aprovechar la ocasión para insistir en que uno de los factores del abandono y la desorientación en que se encuentra nuestro pobre medio teatral, se debe en gran parte, a nuestros actores y actrices que no sólo han olvidado –con muy honrosas excepciones– su función llegando a la pérdida de toda dignidad artística, sino que han pretendido usurpar derechos que no les corresponden, constituyéndose en árbitros de compañías, las que se rigen por su único criterio siempre equívoco –y despreciando la necesidad que tienen de un director no sólo de escena– con todos sus derechos –sino artístico–, hoy suplantado generalmente por el empresario o la primera figura de la compañía. Y así, por escatimar un sueldo por no querer comprender que el arte dramático es bastante más que el arte del actor y que éste es sólo un elemento –lo hemos dicho– toda nuestra maquinaria teatral gira alrededor de un solo sindicato, el de actores, y los demás elementos permanecen sometidos a él. Creo, con Gorostiza, que la salvación se encuentra en la presencia de esos directores, aún ausentes, que con una visión más lejana que el estreno semanal, comprendan el momento, tengan el valor para vivirlo y la preparación para orientar y unir a los elementos individuales de

161

toda compañía, llevándolos a la persecución de una idea definida, preestablecida y cuyos derroteros para alcanzarla no sean desviados o marcados por las circunstancias y exigencias eventuales de todo orden que a diario surgen en cualquier teatro. A la vez deben surgir nuevos intentos, con el apoyo oficial, decidido –y a este repecto la Secretaría de Educación Pública, en la orientación dinámica que le ha dado el señor licenciado Narciso Bassols viene desarrollando una labor firme–; esfuerzos que tarde o temprano tendrán resultados positivos y contribuirán al nacimiento del teatro mexicano.

Señalada la importancia del DIRECTOR –como también lo hizo Gorostiza– preferimos dejar para otra ocasión el análisis de su actuación en el teatro, el papel que representa y el por qué de su necesaria presencia ya que ahora el tiempo y el espacio nos lo impiden, con el fin de entrar detenidamente con su valoración para destruir conceptos erróneos que a este respecto existen.

México, marzo 21 de 1933.[32]

La equilibrada respuesta de Gorostiza pareciera haber dado conclusión al entredicho:[33]

UNA CARTA DEL SEÑOR CELESTINO GOROSTIZA

MÉXICO, D.F., 31 DE MARZO DE 1933.
Señor director de *El Universal Gráfico*.– Ciudad
Distinguido amigo:
En el número de *El Universal Gráfico*, que con tanta atingencia dirige usted, correspondiente al 30 del mes en curso, aparece un artículo titulado "El actor como elemento legítimo de un arte" firma-

do por el señor Julio Bracho, cuyo único objeto es el de afirmar que las palabras que yo dirigí al público en la inauguración de la temporada 1933 del Teatro de Orientación, tenían por objeto disculparse por la ausencia de la señora Isabela Corona en el elenco del teatro.

Para satisfacción del señor Bracho debo aclarar que en el Teatro de Orientación se realiza una labor que está por encima de toda cuestión personal o sentimental, y que, como podrán atestiguarlo las personas que hayan oído mis palabras o las hayan leído en *El Universal Gráfico*, éstas se refieren a cuestiones técnicas del teatro en las que sólo incidentalmente y de manera general se toca el punto de los actores.

A partir del mes de julio de 1942, fecha en que se inauguró formal y oficialmente el Teatro de Orientación, la señora Corona –no obstante cobrar sueldo de la Secretaría de Educación, como lo hace notar el señor Bracho– sólo tomó parte en la representación de dos obras de un acto y en una de dos, es decir, en un total de cuatro actos. Desde entonces se han representado allí catorce con un total de veintinueve actos, sin que el éxito creciente del Teatro de Orientación –que *El Universal Gráfico* ha registrado con toda oportunidad– se haya resentido en lo más mínimo.

Los datos anteriores bastan a exhibir a la vez el absurdo de mi pretendida disculpa y el afán del señor Bracho de conseguir a costa de mis palabras una publicidad sin objeto a la señora Corona.

Le ruego, señor director, que, para dejar las cosas en su lugar, y si para ello no tiene inconveniente, se sirva dar publicidad a la presente carta, por lo que anticipo las más cumplidas gracias.

Su afmo., atto., amigo y S.S..

Después de las palabras del Director de Orientación comienza la puesta de *El Matrimonio* de Gogol, subtitulada "Acontecimiento absolutamente emocional en dos actos y tres cuadros", protagonizado por:

Agata Tikhonovna	Josefina Escobedo
Avina Panteleimonovna	Aurora Villaseñor
Tecla Ivanovna	Josefina Moreno
Podkoliossin	Víctor Urruchúa
Kotehkariov	Carlos López Moctezuma
Ovoasado	Ramón Solano
Anoutehkin	Ramón Vallarino
Jévaquin	Francisco León Sánchez
Douniachka	María Teresa Contreras
Starikov	Juan Manuel Salcedo
Esteban	Guillermo Rojas

La dirección de Gorostiza; la traducción de Cristóbal de Castro y la escenografía corrió a cuenta de Agustín Lazo. El programa de mano, además de un anuncio "Se ruega a las personas que deseen figurar en el directorio del Teatro de Orientación, lo comuniquen al teléfono 805–52 extensión 126" consigna la acostumbrada nota:

"Por lo que hace a Rusia, hubimos ya de señalar la servidumbre literaria de aquel país cuya historia escénica va sucesivamente parodiando la comedia italiana, el ciclo francés del teatro de Borgoña, el ciclo español del Siglo de Oro sin personalidad alguna", dice el más asiduo traductor del teatro Ruso, Cristóbal Castro.

Sin embargo gracias a esa servidumbre, Nicolás Gogol, que no la abandona todavía, puesto que encuentra en Molière su modelo perfecto, se convierte en el autor ruso de más fuerte personalidad y en el maestro a quien, de un modo u otro, han seguido los autores rusos a partir del segundo tercio del siglo XIX.

Habrá que creer, según eso, que para llevar a la escena sus problemas propios y sus propios caracteres, Rusia sólo necesitaba medios de expresión de los cuales carecía, y que de la experimentación de aquellos que mejor habían servido a los pueblos occidentales, escogió los que más se adaptaban a sus necesidades, es decir, los más capaces de cobrar una fisionomía rusa.

En este caso, y en el de los Estados Unidos que siguieron más tarde el mismo procedimiento, la tradición fue suplida por el estudio, la dificultad con el esfuerzo.

Crítico casi "oficial de Orientación",[34] por su fe y convicción ante ese equipo, Mario Mariscal en su "Teatrales" dirá de la obra de Gogol, siguiendo lo expuesto en la "Nota" del programa:

El matrimonio de Gogol, es una obra ejemplar, particularmente para nosotros, según no deja de hacerlo notar la dirección artística del Teatro de Orientación en las notas al programa de su estreno. Estas notas –brevísimas– constituyen la acotación necesaria y muy útil a no dudarlo, que requiere una obra de índole educativa que desarrolla el Teatro de Orientación de la Secretaría de Educación Pública, y esperamos que sean oídas y atendidas debidamente por quienes necesitan conocerlas.

Además de ofrecer su atención al desarrollo del Teatro de Orientación en ese prometedor año de 1933, revela que el público, consciente de que los actores son todavía aficionados, "celebra en justa medida la entusiasta e inteligente labor de los aficionados que realizan el juego escénico".

Al cabo de un mes, el 14, 15 y 16 de marzo el Teatro de Orientación estrena el segundo programa de su calendario para 1933 con *Amadeo y los Caballeros en Fila*, de Jules Romains y *Su Esposo* de Bernard Shaw. Ambas obras con escenografía de Carlos González y dirigidas por Celestino Gorostiza.

El *Misterio en un acto* del escritor francés traducida por Julio Jiménez Rueda, lleva en el reparto a:

Amadeo	Víctor Urruchúa
1er. Cliente	Ricardo Reynold
2º Cliente	Ramón Vallarino
3er. Cliente	León Duplán
4º Cliente	Rafael Vieyra
5º Cliente	Salvador Matute y S.
6º Cliente	Carlos López Moctezuma
El Patrón	Juan M. Salcedo
León	David N. Arce
El Caballero Galante	Jorge Sanromán
Un transeúnte	Guillermo Rojas
Un viejo	Román Solano
La joven	Josefina Escobedo

La "Nota" de rigor aclara que:

En un lugar donde la casualidad reúne a los seres y baraja sus destinos, Jules Romains coloca el tipo ideal del hombre de la sociedad moderna: aquél para quien la felicidad última y la única razón de existir es su trabajo. "A mí la libertad no me sirve para nada", dice Amadeo; quiere decir que no le sirve para desperdiciarla, puesto que emplea sus horas libres en perfeccionar su oficio. Y la tragedia de su amor no es más que un estímulo, como en el caso de muchos artistas para lograr esa perfección.

Alrededor de un personaje de tal manera dotado, por humilde que sea su oficio –se trata de un limpiabotas– se crea el ambiente de unanimidad en el que seres y cosas se transforman y se adaptan al impulso de la fuerza creadora del trabajo.

Es natural que la gestación de ese ambiente no se efectúe sino bajo el signo del misterio que preside a toda acción de crear, y de aquí nace el elemento poético muy de hoy, que invade a toda la obra. Gracias a esta realización artística, de la cual la tendencia ideológica del autor es sólo el esqueleto, el teatro adquiere toda la capacidad de propaganda que se le resta pecisamente cuando pretendiendo hacerlo más directamente eficaz, se lleva a la escena sólo el esqueleto y se prescinde de la obra de arte.

La *Comedia en un acto* del humorista inglés, traducida por Julio Brouta, completa el reparto:

Él	Carlos López Moctezuma
Ella	Clementina Otero
Su esposo	Juan Manuel Salcedo

En la "Nota" se señala:

Aprovechando la supuesta influencia ejercida por la representación de *Cándida* en un triángulo amoroso de personajes reales, Bernard Shaw crea en *Su Esposo* una nueva ficción que es a la vez antítesis y complemento de aquélla.

De *Su Esposo* dice Shaw, en uno de los prefacios de sus obras completas, "Imprimo aquí esa obra como ejemplo de lo que se puede sacar de un asunto de los más trillados, llenándolo con toques de actualidad y realidad en vez de acogerse al romanticismo doctrinario. No hay nada en el teatro más gastado que la situación del marido, la mujer y el amante, o la farsa de la lucha cuerpo a cuerpo".

"He tomado ambos elementos y logré sacar una comedia original, como hubiera podido hacerla cualquiera con sólo mirar a su alrededor para encontrar un asunto, en vez de plagiar *Otelo* y las mil obras que se han escrito sobre la base de *Otelo*, llenas de sentimentalidades románticas y falso pundonor".

"Teatrales"[35] según lo ofrecido por Mario Mariscal, dedica casi todo su espacio a comentar esas piezas que fuera del escenario de Orientación, no nos hubiera sido dado conocerlas", alude al elemento poético y a la originalidad que caracterizan al texto de Romains que gracias a esas calidades y a su "perfecta realización… de auténtica obra de arte".

No dejó de llegar al público –después del cosquilleo mental que nos hace sentir el delicado humorismo atenuante de la crudeza dramática de algunos momentos de la obra– la sensación misteriosa y profunda de la poesía que determina la alta belleza de *Amadeo o los Caballeros en Fila.* Por raro caso, pueden sentirse satisfechos los impulsores del Teatro de Orientación ante todo, Celestino Gorostiza, animador vital de tan importante experimento, de haber tenido un auditorio excepcionalmente comprensivo, que aprovecha el mayor número de sensaciones originadas en el espectáculo.

En cuanto a la pieza de Bernard Shaw, advierte que éste:

Su Esposo breve drama que repite un experimento realizado con distinto asunto, por Jean Giraudoux, al aprovechar éste en *Anfitrión 38* uno de los temas más largamente empleados en el teatro, conformándolo nuevamente con gran acierto, es otra pieza interesante.

Las actividades de Celestino Gorostiza no finiquitaban en su despliegue como Director, como jefe de un Departamento que también tenía exigencias burocráticas, ni siquiera en las reuniones didácticas del grupo, sino que se extendían en conferencias, en pláticas de instituciones educativas con el ánimo siempre atento por difundir y analizar caminos, horizontes, perspectivas del teatro actual, tanto en el nivel internacional como nacional. Se capta aquí, y ésta en especial por su resumen sagaz titulado "El teatro nuevo",[36] una conferencia leída en la Escuela Central de Artes Plásticas el 17 de marzo de este año.

EL TEATRO NUEVO

El primer tercio del siglo XX se perfila claramente como una época primitiva. El arte, que es, al fin y al cabo, el exponente inequívoco de las épocas, aunque en el trancurso de ella parezca contradecirlas, lo demuestra por su tendencia deliberada a beber en las fuentes primitivas durante los últimos treinta años, a la que sin duda lo ha arrastrado deliberada o inconscientemente, el deseo de la humanidad de nuestro tiempo.

Muchas son las causas de índole social y económica que determinan esa tendencia, pero podría citarse como una de las fundamentales la incorporación a la vida ciudadana, es decir, a la opinión pública, de millones de seres desprovistos de todo antecedente y desligados en absoluto de toda tradición, como resultado de la civilización de la máquina. El hecho innegable es que la característica del espíritu primitivo consiste en preferir la forma a la idea, lo objetivo a lo subjetivo, y sólo así se explica la supremacía que las multitudes de hoy conceden al periódico ilustrado sobre toda lectura, a la revista o al cine sobre cualquier otro espectáculo, y, finalmente, a las artes plásticas sobre todas las otras, que no han podido menos que seguir la huella de la época. La poesía misma, al escoger la imagen como forma predilecta de expresión, no ha hecho otra cosa que tratar de objetar al máximum la idea. La época se encuentra, pues, como toda época primitiva, bajo el signo de la plástica.

Es natural que el teatro no se salve de la corriente general. A pesar del esfuerzo de los residuos agonizantes de una etapa ya determinada del teatro –la de reacción realista en contra de las exageraciones del romanticismo, que destruyó al héroe del teatro– por hacer prevalecer un virtuosismo monocorde que ya no corresponde a las necesidades actuales de expresión, lentamente el teatro va encontrando el lugar que le corresponde entre las otras artes, al tomar conciencia de las verdades y al ambiente en que ha de exponerlas.

Si bien son los mismos autores del teatro decadente, los que empiezan a clamar por la necesidad de lograr para el teatro la plenitud de expresión a que tiene derecho, es Gordon Craig el primero que plantea las medidas que habrán de tomarse, y es en sus teorías donde hay que encontrar la raíz de todos los experimentos teatrales realizados en el mundo a partir del principio de este siglo, no obstante las ligeras modificaciones que hayan sufrido en tal o cual lugar o momento, o las falsas interpretaciones que los snobs les han dado en el sentido de hacer del teatro un espectáculo oropelescamente grandioso, en lugar de la "grandiosa simplicidad" de que habla Craig, para quien el teatro "no es ni la representación de los actores, ni la obra, ni la *mise en scène*, ni la danza, pues está formado de los elementos que lo componen: el gesto, que es el alma de la representación; las palabras, que son el cuerpo de la obra; las líneas y los colores, que son la existencia misma del decorado; el ritmo, que es la esencia de la danza", y quien trata de componer "en un conjunto, dejando toda su brillantez al verbo, estilizando el decorado y los personajes, reemplazando de algún modo el artista en sí por la supermarioneta, una armonía visual que, concebida por un solo individuo, realice la unidad de la obra".

Como habrá podido observarse, todas esas teorías no tienen más tendencia que la de hacer del teatro un arte físico y objetivo que corresponda a la sensibilidad primitiva de la época, y, ya lo hice notar, todos los directores se han apegado a ellas deliberadamente o como resultado de las mismas influencias de este tiempo, y aun los autores de obras modernas, en las que se tratan los problemas más abstrusos del espíritu, han procurado expresarlos por medios figurativos que, la mayoría de las veces, son puramente plásticos.

La única excepción que se puede señalar a esa tendencia es la del teatro social, que es una derivación del teatro de tesis, al que sólo se ha cambiado el asunto, pero este teatro no podrá lograr la resonancia que merece mientras no se adapte a la evolución de la técnica artística. En la misma Rusia, para la que tiene mayor importancia en este momento, el Comisario de Instrucción Pública ha declarado que el Estado sostiene los teatros de arte como un modelo en el sentido artístico y que no ha sido posible incorporar a su repertorio piezas revolucionarias, a causa de la ausencia de obras artísticas de ese tipo, no obstante ser él mismo autor de esa clase de obras.

Los directores que se preocupan, sin embargo, en todo el mundo, por realizar el teatro social, de acuerdo con la técnica artística y ya Gastón Baty se pregunta cómo hacer a la masa en el teatro por medio de palabras, que son forzosamente individuales.

Como resumen de la evolución sufrida por el teatro, el señor Antonio Artaud lanzó en París, todavía en octubre de 1932, el manifiesto del "Teatro de la Crueldad", en el que se exageran, pero se aclaran a la vez, las tendencias que durante treinta años han animado a esa evolución. En el manifiesto al tratar de la realización de sus ideas, el señor Artaud dice: "Todo espectáculo contendrá un elemento físico, y objetivo sensible a todos. Gritos, quejas, apariciones, sorpresas, efectos teatrales de toda clase, belleza mágica de los trajes, tomados de ciertos modelos rituales, resplandores de la luz, etc. etc."

Por si la exaltación de las formas y el triunfo de lo objetivo no bastaran para hacer pensar en la influencia de una época primitiva, el "Teatro de la Crueldad" viene ni más ni menos a tratar de despertar en nosotros el terror cósmico del hombre de las cavernas. ¿Y el hecho simple de que se aspire a recuperar "La belleza mágica de los trajes tomados de ciertos modelos rituales" no hace pensar en el nacimiento de una nueva mitología?

Pero se ocurre preguntar, ¿cuál es la meta última que se propone alcanzar el teatro con el retroceso paulatino hacia las fomas primitivas en la búsqueda incesante de los medios de expresión que constituyen lo que ha dado en llamarse el lenguaje del teatro? ¿A quién se va a hacer hablar definitivamente ese lenguaje? Se impone aventurar que todo hace prever el advenimiento del héroe que por tanto tiempo ha estado ausente del teatro, y sin cuya restitución ninguna obra le dará el triunfo definitivo. El aparente retroceso hacia el primitivismo nos ha acercado, ciertamente, al héroe, porque nos está preparando para realizar nuestros ideales en formas tangibles, y el héroe y el ídolo no son más que la representación plástica de nuestros ideales.

La primera temporada en su tercer programa concluye los días 4, 5 y 6 de abril con el *reprisse* de *La Tragedia de Macbeth* de William Shakespeare que fue escenificada en el quinto programa del año anterior. Observándose en la información de mano que no existió variante alguna entre las dos representaciones.

Quizás debido a que se trataba de un reprise y a que los críticos habían expresado ya lo que tenían que decir, en esta oportunidad es casi nulo el comentario de envergadura excepto una información detallada de Mario Mariscal,[37] quien apunta sobre el carácter de la pieza, sobre sus calidades literarias, incluyendo una auto discusión entre la adaptación moderna y el texto original hablando casi de pasada sobre la puesta en sí. Todo sin desmerecer el esfuerzo llevado a cabo por el Teatro de Orientación:

LA TRAGEDIA DE MACBETH Y LA REPRESENTACIÓN
DE SHAKESPEARE

El estreno de la adaptación de *La tragedia de Macbeth* hecha sobre la traducción de Luis Astrana Marin por Agustín Lazo, en el Teatro de Orientación de la Secretaría de Educación Pública permite traer a cuento una discusión que siendo universal no nos toca en absoluto por la sencilla razón de que en México han sido muy contadas las representaciones que se han hecho de escasas obras de Shakespeare.

Por largo tiempo se ha discutido si el teatro del genial dramaturgo gana o pierde con la representación, siendo muchos los que inclínanse por la segunda opinión, José Ortega y Gasset, entre otros, dice al respecto: "Preguntémonos qué placeres añade a la lectura de *Hamlet* su representación teatral", "Tendiendo en mi cuarto, los pies junto a la chimenea, puedo gozar del *Hamlet* en la integridad de sus valores esenciales; cuanto hay en él de calidades sublimes se realiza plenamente en la lectura de sus palabras. *Hamlet* es un texto [...] en la obra teatral al uso, todo lo que hay de verdadero valor puede ser íntegramente gozado mediante la simple lectura, sin necesidad de ir al teatro, y lo que éste añade es, en el mejor caso, superfluo, innecesario inesencial [...] un hombre capaz de percibir las calidades superiores de la obra dramática", para los cuales convengo en que pueda resultar enteramente superflua y aun desventajosa la representación teatral; no hablan para nada del tipo medio del espectador teatral, sin una excepcional percepción espiritual ni un afinamiento y cultivo extraordinario. Para éstos, seguramente, no resultará innecesaria la ejecución escénica, sino al contrario, precisamente imprescindible para que pueda alcanzárseles la mayor y mejor parte de su contenido substancial.

Otra objeción que podía ofrecerse a la representación de la *Tragedia de Macbeth* sería la de haberse utilizado una adaptación moderna, en vez del tedio primitivo. Los defensores de los textos en su integridad, reclaman como un desacato la adaptación y recortamiento de ellos que acostumbrase modernamente hacer, frecuentemente con gran ventaja para esos mismos textos. No resulta inoportuno recordar aquí la reflexión que hacíase Dostoievsky –uno de los grandes maestros del estilo– a propósito de la obra de Shakespeare. "Se afirma que en las obras de Shakespeare no se encuentran tachaduras –decía el novelista genial– seguramente por esto es que abundan en imperfecciones": En efecto, la obra shakespeariana, dentro de su global perfección se halla plagada de mínimas imperfecciones que no la afectan en conjunto, seguramente, pero sí dañan particularmente a una parte de ella. Así pues, lejos de considerarse un desacato, debe tenerse como prueba de amor hacia la obra de Shakespeare la intención de corregirla, cercenándola en las partes que se hace necesario para aligerarla, y antes bien el respeto totémico hacia el texto que veda tocarlo, debe ser combatido.

Ahora falta considerar si la representación de *La tragedia de Macbeth* por el conjunto del Teatro de Orientación y la adaptación del texto shakespeariano hecho por Agustín Lazo, tienen los méritos exigibles. Literaria y plásticamente, Agustín Lazo supo realizar una excelente adaptación: escénicamente, no puede exigirse más al modesto conjunto y capacitada dirección del teatro de la Secretaría de Educación, de lo que nos dieron. Gracias a unos y a otros, nos ha sido dado presenciar la representación de una obra sistemáticamente excluida de los teatros comerciales, en forma verdaderamente elogiable.

En un memorandum de José Gorostiza dirigido al Jefe del Departamento de Bellas Artes, fechado el 21 de septiembre de 1934, y que es en definitiva una síntesis de todas las actividades permanentes, que concretizó el Teatro de Orientación en sus tres años consecutivos, manifiesta:[38]

Los resultados obtenidos en la temporada 1932 llevaron al departamento de Bellas Artes a la convicción de que era necesario impulsar esa clase de labores, y para el año de 1933 consideró al Teatro de Orientación, oficialmente, como parte de sus actividades permanentes, al nombrar a su director empleado de planta del Departamento.

Del mes de febrero al de abril de 1933 fueron representados *El Matrimonio* de Nicolás Gogol, *Su Esposo*, de Bernard Shaw, *Amadeo y los Caballeros en Fila*, de Jules Romains y *La Tragedia de Macbeth* de William Shakespeare; pero la trascendencia que estos espectáculos habían llegado a adquirir hacían insuficiente la pequeña sala de la Secretaría de Educación para contener a los espectadores. En las funciones por invitación se excluía involuntariamente a numerosas personas deseosas de concurrir a ellas y esto dio lugar a quejas y peticiones. Y, por otra parte, habían surgido ya aspirantes a la dirección del teatro que reclamaban en forma violenta una oportunidad para probar sus posibilidades.

Estas cicunstancias decidieron a una nueva administración del Departamento de Bellas Artes a organizar una temporada de paga en el Teatro Hidalgo, en la que tomó parte el Teatro de Orientación con siete obras de su repertorio y los estrenos de *Juan de la Luna*, de Marcelo Achard, *Parece Mentira*, de Xavier Villaurrutia y *La*

Escuela del Amor de Celestino Gorostiza. Las dos últimas fueron las primeras obras mexicanas introducidas en el repertorio.

> Alternaron en esta temporada algunos de los directores a quienes se dio oportunidad de dirigir una obra, con exclusión de los que a última hora se desistieron de la empresa; pero, no obstante la desventaja en que fue colocado el Teatro de Orientación con relación a los otros grupos en lo que respecta a cantidad de trabajo y de tiempo para realizarlo, y, todavía, en cuanto a los medios económicos disponibles, publicidad y facilidades administrativas, pudo superarlos en éxito artístico y económico, y ganar con ello un lugar en el presupuesto para 1934.

El documento anterior prueba suficientemente las causas por las que esa pequeña sala histórica tuvo que ser abandonada entre otras: la presión de público y de ambiciones más técnicas, lo que dio como resultado traspasar las representaciones ahora de paga, al antiguo Teatro Hidalgo situado en la Ciudadela, que había sido adquirido el año anterior por la Secretaría de Educación Pública y reinaugurado por la compañía de Gloria Iturbe con *Espectros* del Noruego Enrique Ibsen.

Nuevo espacio al que sin duda se llegaría no sin nostalgia de la sede de los inicios donde además de las representaciones, se llevaban a cabo los ensayos y las clases.

A partir de entonces el Teatro de Orientación aprovecha algunos mecanismos exclusivamente exteriores de la parafernalia comercial, como el de anuncios periodísticos o afiches, pero eso sí, hechos de una manera vanguardista que llevó a la jocosidad a ciertos comentarios anónimos de la prensa:

PROPAGANDA NEGATIVA

La principal condición que debe tener un anuncio, es la claridad, si no, es anuncio perdido y por lo tanto de útil, se vuelve perjudicial. Los carteles murales del Teatro Hidalgo en su actual temporada "Orientación" son tan modernistas en su composición que no hay nadie que los entienda ni se dé cuenta de lo que anuncia. Por eso es que los pocos que pretenden ir al Hidalgo para orientar su estética teatral, se quedan con las ganas, porque nunca se dan cuenta de lo que dicen los dichosos anuncios. Les pasa a estos carteles lo que a los versos futuristas: nadie los entiende.[39]

O este otro:

El Dr. Gorostiza dejó en la Contaduría del Teatro UNA CANTIDAD EN METÁLICO con objeto de que sea entregada como PREMIO a la persona que adivine el TEXTO de los Carteles que se fijaban en las calles durante la Última Temporada, más conocida como TEMPORADA DEL MAL DEL SUEÑO... !!![40]

Además del uso de una taquilla comercial que funcionaba de las 10 a las 13:30 por la mañana y de las 17 hasta las 20:45 horas, en que solía regularmente comenzar el espectáculo. Los precios fijados que aparecían en los programas de mano fueron los siguientes, y se mantuvieron estables para esta segunda temporada y todas las de 1934.

PLATEAS CON 6 ENTRADAS	$ 6.00
PALCOS PRIMEROS CON 6 ENTRADAS	$ 5.00
PALCOS SEGUNDOS CON 6 ENTRADAS	$ 4.00

PALCOS TERCEROS CON 6 ENTRADAS	$ 3.00
PALCOS GALERÍA CON 6 ENTRADAS	$ 1.50
LUNETA PREFERENCIA HASTA LA 10A. FILA	$ 1.50
LUNETA NUMERADA	$ 1.00
ANFITEATRO 1A. FILA	$ 1.00
ANFITEATRO 2A. Y 3A. FILA	$ 0.75
SEGUNDOS 1A. FILA	$ 0.75
SEGUNDOS 2A.Y 3A. FILA	$ 0.60
TERCEROS 1A.FILA	$ 0.50
TERCEROS 2A. Y 3A. FILA	$ 0.40
GALERÍA 1A. FILA	$ 0.25
GALERÍA GENERAL	$ 0.15

Las modificaciones o los cambios no se dieron únicamente a nivel externo en esta movilización hacia el Teatro Hidalgo, mudanza que la Secretaría de Educación extendió a sus otras áreas de espectáculos como cine, conciertos y demás grupos teatrales como Trabajadores del Teatro, de Julio Bracho. El Teatro de Orientación aumentó elenco y personal, nuevas actrices como Nelly Campobello, María Teresa Contreras y Carmela Paniagua; escenógrafos como Gabriel Fernández Ledesma y Rufino Tamayo. Por su parte el repertorio amplió su panorama para dar paso a autores de la joven promoción nacional tales: Xavier Villaurrutia, Carlos Díaz Dufoo hijo y el propio Celestino Gorostiza, retomándose así aquella realidad de Escolares del Teatro que incluyó en su programa, *Proteo* de Francisco Monterde, inaugurando así la inclusión de un escritor mexicano en un teatro experimental.

Imagen alberga un texto de Xavier Villaurrutia, "Una Nueva Temporada. El Teatro de Orientación",[41] que se refiere a todos esos cam-

179

bios que conlleva el traslado de la vieja bodega primitiva a una sala, a un espacio más *ad-hoc*. Los títulos a ser representados que él enumera se suplieron por otros.

UNA NUEVA TEMPORADA.– EL TEATRO DE ORIENTACIÓN
Este que se inició ayer jueves en el Teatro Hidalgo, es de veras una temporada nueva. Los actores, la escenificación, los escenificadores y el director, son nuevos. Y es nuevo también el repertorio formado tras una selección cuidadosa, en el teatro de todas las épocas y de todos los países. Cervantes y uno de sus finos entremeses: *El Viejo Celoso*; Molière y una de sus crueles farsas, *Jorge Dandin*; Shakespeare y la más sombría de sus tragedias; Sófocles, visto con los ojos nuevos de Jean Cocteau, en la vibrante *Antígona*, figuran entre los antiguos. Y, de los modernos, Gogol y Chéjov entre los rusos, Romains y Pellerin entre los franceses; y Bernard Shaw que representará, *Cándido* a los autores ingleses. Pero ¿y los autores mexicanos? A esta pregunta tantas veces repetida y con tan poco éxito contestada, el Teatro de Orientación que actúa en el Hidalgo, responderá con obras de Carlos Díaz Dufoo, junior, de quien se representará una de sus inteligentes y conceptuosas farsas, *El Barco*; de Celestino Gorostiza, que llevará a la escena *El Nuevo Paraíso* publicado ya en libro, y una obra inédita: *La Escuela del Amor*; y de quien esto escribe: una enigma en un acto.

Celestino Gorostiza, el director, después de una labor sostenida, lógica después de una experiencia de un año de trabajo y representaciones en el teatro privado de la Secretaría de Educación, presenta al de veras homogéneo grupo de actores que ha ido formando en un teatro, que ya no es el teatro experimental, y ante un público menos complicado que el que asistía a las representaciones privadas, pero tal vez más comprensivo y menos prevenido.

El público de paga tendrá oportunidad de conocer las decoraciones y trajes que han hecho en poco tiempo de Agustín Lazo el pintor más comprensivo y conocedor de los problemas teatrales que, con la facilidad que sólo da el buen gusto, sabe despejar con una naturalidad precisa.

Los actores son jóvenes. Voces nuevas, verdadera sorpresa para los espectadores de teatro, acostumbrados a reconocer, con los ojos cerrados, por la voz gritona o cansada al actor o a la acrtiz de nuestros teatros comerciales. Caras nuevas y jóvenes. Temperamentos llenos de posbilidades todos, de realidad algunos. La memoria de los espectadores a esta nueva etapa irá recogiendo nombres: Josefina Escobedo, Clementina Otero, Carlos López Moctezuma, Víctor Urruchúa, Juan Manuel Salcedo.

La obra de inauguración de la temporada es *Knock o el Triunfo de la Medicina*, la más aguda de las farsas de Jules Romains, sátira ¿en favor de los médicos o en contra de los enfermos? ¿En contra de los médicos o en favor de los pacientes? El lector de estas líneas podrá decirlo después de verla. Porque de médico, enfermo y loco, todos tenemos más de un poco.

Para esta segunda serie de 1933 que debuta el jueves 5 de octubre, se repone *Knock o el Triunfo de la Medicina* de Jules Romains, sin ninguna variante en relación a la puesta que cerró el ciclo de 1932.

"Gil Tor" (Gilberto Torres Gallardo)[42] en *La Prensa* y con el encabezado: *El doctor Knock*. Bella comedia de Jules Romains, estrenada ayer", describe elogiosamente la obra:

La comedia de Romains, es un modelo de pieza teatral.

Esta obra teatral, está traducida del francés con acierto muy encomiable por Xavier Villaurritia y puesta en escena bajo una acertada
dirección que estuvo a cargo de Celestino Gorostiza, escritor a quien
ya hemos tenido oprtunidad de conocer en algunas de sus producciones escénicas, todas ellas acertadas y que han merecido aplauso.

Pese a manifestar que acudió receloso al Teatro todo lo que allí vió
le sorprendió muy gratamente; acerca de las actuacones coincide con
los juicios vertidos por Mario Mariscal meses atrás y del segundo papel indica:

en la comedia está a cargo de Juan Manuel Salcedo, quien encarna
al doctor Parpalaid. Este muchacho como el anterior, muy joven,
hace un característico, diseñando un tipo interesante de médico, poco o nada comerciante.

Encuentra correctas el resto de las actuaciones y alienta y felicita:

cordialmente a estos entusiastas artistas para que sigan su obra iniciada, que parece cimentarse sobre bases muy firmes, estar armada
de magníficas armas y que llevan a cabo con un entusiasmo y un
desinterés honrosos. Felicitamos también a Gorostiza y Villaurrutia, quienes, sin duda alguna, cooperarán en buenas proporciones al
éxito que todos esperamos de esta temporada.

En *El Universal*, Fernando Mota[43] después de traer a colación algo
de lo advertido en los folletos de propaganda:

resultado del descontento que se deja sentir de tiempo atrás en el ambiente por la inercia, la vulgaridad y la decadencia de los espectáculos comerciales; de una aspiración colectiva de la que frecuentemente se han hecho eco espíritus inquietos que dieron cuerpo a diversos ensayos y experimentos aislados con el fin de renovar y dignificar la escena mexicana.

Atiende al acierto de la seducción de *Knock*, así como a la petición popular de repetir esa pieza dos veces más, lo que permitirá:

que *Knock* pueda verse dentro de un marco digno: la escenografía de Agustín Lazo, que está a la altura de esa sátira teatral. El director de escena, Celestino Gorostiza, y los elementos que tomaron parte en la representación, entre ellas Carlos López Moctezuma –Knock– Juan Manuel Salcedo –Parpalaid– David N. Arce, Josefina Moreno y Carmen Doria, ganan justos aplausos. Gracias a su empeñoso esfuerzo podrán verse, dentro de este ciclo, obras que de otro modo no llegarían a nuestro público.

Para comodidad de éste, es de esperar que las próximas funciones principien a la hora anunciada y que los intermedios sean menos largos.

El reconocimiento y las congratulaciones se generalizaron y varios periódicos dan cuenta de ello:

Nuestra felicitación entusiasta a Celestino Gorostiza y a los organizadores del Teatro Orientación por el gallardo esfuerzo que supone presentar y ensayar un espectáculo tan digno de ellos como la comedia *El Dr. Knock*, puesta en escena del remozado Hidalgo con aplausos del público selecto y comprensivo. Ya en otra ocasión nos ocupamos de esta producción de Jules Romains, cuyo segundo acto es un derroche de sutileza y gracia. El decorado de Lazo, muy modernista y caricaturesco en el primer acto, pero muy estimable en el último, donde se aprecian cualidades de verdadero escenógrafo.[44]

Por su parte *El Universal*[45] del 1° de octubre avisaba que debido al éxito del Teatro de Orientación:

Como se anunció al público oportunamente el ciclo teatral organizado en el Teatro Hidalgo, por el Departamento de Bellas Artes de la Secretaría de Educación Publica, constará de un estreno semanal, los jueves, repitiéndose la obra solamente dos veces; la noche del sábado siguiente y los domingos por la tarde. Sin embargo, el éxito obtenido por *Knock o el Triunfo de la Medicina*, de Jules Romains, ha hecho que se haga una excepción a estos proyectos, continuando las representaciones de tan aplaudida obra durante una semana más.

Florian (José L. del Castillo)[46] analiza meticulosamente los trasfondos de la ironía empleados en *Knock* que verdaderamente ha encantado a los amantes del buen teatro en la capital:

...de una enfermedad quizás sólo por él hablada.

Pero la médula de *Knock o el Triunfo de la Medicina* no está en la comicidad, sino en el análisis de las masas, en las inquisiciones del alma del pueblo, en la fuerza sugestiva del hombre superior sobre sus semejantes y en las revelaciones que del arte médico hace a los espectadores.

Y así, entre risas y curiosidades, entre humorismos naturales y reflexiones llanas, la obra se desarrolla fuera de los gastados sistemas del teatro español y del teatro francés, que durante tantos años ha invadido nuestros escenarios y creado un unilateral y burgués sentido del público.

El diario *La Afición*[47] además de los consabidos aplausos califica la escenografía realizada por Agustín Lazo:

Muy moderna la del primer acto. Convencional y pueril. A la usanza clásica la del segundo, y atractiva y moderna la del tercero, que quizás haya sido la mejor decoracón de las tres. Aunque muy propias las de los tres actos, nos pareció que dentro de la orientación de la comedia fueron las del primero y tercer acto, superiores, llevándose la palma, como ya lo dijimos, la del tercero.

A escasos cinco meses de *Knock* en el Teatro de Orientación, Villaurrutia[48] dentro de un manejo erudito que no diluye lo poético publica en la revista *Imagen* su artículo "Jules Romains en México", revisión de las obras que de este francés Louis Farigoule animador de la escuela unanimista junto con Duhamel y Vildrac se presentaron en Orientación. La farsa *Knock* rebasa la sólo sátira hacia los médicos para transformar:

La comedia de Jules Romains es una brillante exposición de las teorías de su autor. De la nada surge, gracias al soplo renovador de un hombre inteligente, una población con alma. El personaje principal de la obra, el mismo doctor Knock, llega a sentirse sugestionado por sus propias teorías y a punto de correr el riesgo de uno de tantos pacientes que, gracias a la conciencia de su enfermedad real o imaginada, habrán de aceptar la misión de llevar al triunfo el arte de la medicina.

Imaginemos este asunto en sus particulares detalles, en su desarrollo progresivo. Cada uno de los personajes está dibujado con el lápiz de la más afilada ironía, con la más aguda forma de sátira. La progresión de cada uno de los efectos de la obra es tan lógica como precisa y revela la maestría del autor en el conocimiento del oficio de hombre de teatro. Nada falta ni sobra en esta obra en que los menores detalles se hallan subordinados a la concepción total, atrevida, irónica, original.

Si no la mejor, *El Triunfo de la Medicina* es una de las obras más características de Jules Romains, y desde luego, la que rápidamente informa al público acerca de la robusta personalidad de su autor. Seiscientas representaciones en París son una cifra elocuente para evidenciar el éxito de público. Espíritus preparados para seguir la obra en sus imperceptibles secretos, y públicos profanos incapaces de seguir sino los grandes trazos de la obra, han coincidido en el entusiasmo y la admiración.

También en octubre los días 19, 21 y 22 es decir jueves, sábado y domingo, los dos primeros a las 20:45 y el tercero a las 16:30 dio comienzo el tercer programa de la segunda temporada. Sube a escena *Entremés del viejo celoso* de Miguel de Cervantes Saavedra, una reposición puesto que formó parte del cuarto programa de 1932, con la única variante de Josefina Escobedo en lugar de Isabela Corona. El elenco completo reza así:

Doña Lorenza	Josefina Escobedo
Hortigoza	Josefina Moreno
Cristina	María Teresa Contreras
Cañizares	Ramón Solano
Compadre	Ramón Vallarino
Alguacil	José Neri O.
Galán	Jorge Sanromán
Acompañantes	N.N.

La novedad del programa es la inclusión de *Parece Mentira*, enigma en un acto de Xavier Villaurrutia, históricamente la segunda obra de un mexicano que el teatro experimental en México lleva a escena. El reparto se integró con:

Un empleado	Carlos López Moctezuma
Un marido	Víctor Urruchúa
Un curioso	Juan Manuel Salcedo
Un abogado	Ramón Vallarino
Tres señoras	Clementina Otero

La escenografía de Agustín Lazo y la dirección de Celestino Gorostiza. La "Nota" ya usual, indudablemente, y esto es deducible por el estilo poético y a la vez pedagógico, fue redactada por Xavier Villaurrutia.

Xavier Villaurrutia piensa que una obra de teatro es un rompecabezas, una charada, un juego de palabras cruzadas o un enigma. Si el público soluciona el enigma, tanto mejor, si no lo soluciona, el enigma seguirá intrigándolo, poniéndolo en juego, haciéndolo pensar, rompiéndole la cabeza.

Si es usted casado, habrá sentido celos de su mujer, y si no lo es habrá sentido celos de la mujer de su prójimo. Y hasta es posible que haya usted recibido un anónimo diciéndole que... Entonces le sucederá a usted lo que al marido de la pieza de Villaurrutia, que se echa a buscar la realidad de lo que los celos han edificado en su mente. Suceden entonces cosas que PARECEN MENTIRA.

Humor y poesía, fantasía y realidad, tiempo real y tiempo psíquico se dan la mano en este juego escénico que, como la esfinge antigua parece decir: Adivina o te devoro.

La pieza más ambiciosa del programa fue incuestionablemente la reposición de *Antígona* de Sófocles según Cocteau, obra con que se iniciaron las actividades públicas del Teatro de Orientación. En esta oportunidad con alteraciones, se utiliza la traducción de Jorge Cuesta en lugar de la de Julio Bracho y Josefina Escobedo reemplaza nuevamente a Isabela Corona en el papel protagónico. Los roles corrieron a cuenta de:

Antígona	Josefina Escobedo
Ismenia	Clementina Otero
Creonte	Carlos López Moctezuma
Hemón	Víctor M. Urruchúa
Tiresias	Román Solana

Eurídice	Carmen Doria
Mensajero	Ramón Vallarino
Guardia 1°	José Neri O.
Guardia 2°	Francisco León Sánchez
Coro	N.N.
Guía	Rafael Velez
Prólogo	Nelly Campobello

La "Nota" incorpora un breve texto de Cocteau justificando su adaptación:

Es tentador fotografiar a Grecia desde un avión. Se descubre un aspecto nuevo. Así he deseado traducir *Antígona*. A vuelo de pájaro las grandes bellezas desaparecen, pero surgen otras, se perfilan convergencias, bloques, sombras, ángulos de relieves inesperados. Tal vez mi experimento sea un medio para hacer vivir las obras maestras. A fuerza de habitar en ellas llegamos a contemplarlas distraídamente, pero porque yo vuelo sobre un texto célebre, cada quien cree escucharlo por primera vez.

Fernando Mota en la leída sección "Teatros" de *El Universal*,[49] repasa a vuelo de pájaro el programa de Orientación y dedica casi todo su escrito a una razonada y muy gustosa ponderación de *Parece Mentira*, de ese "juguete en un acto" de Xavier Villaurrutia:

Para el autor de *Parece Mentira*, el teatro es " rompecabezas, una charada, un juego de palabras cruzadas o un enigma. Si el público

189

soluciona el enigma, tanto mejor; si no lo soluciona, el enigma seguirá intrigándolo, poniéndolo en juego, haciéndolo pensar, rompiéndole la cabeza".

El acto con que Villaurrutia –ya conocido como traductor de Pirandello– se presenta ante los espectadores con una obra original corresponde a su personal concepto acerca del teatro y a su categoría como poeta y crítico de los mejores de una generación literaria que se ha debatido en una época difícil: la de transición, en que vivimos.

A quien conozca los libros de poesía de Villaurrutia –*Reflejos*, *Nocturnos*– y sus ensayos sobre temas de artes plásticas y de literatura, no le sorprenderá la equilibrada construcción de este juego escénico, en el que la poesía –irrealidad, fantasía– que no puede faltar en el verdadero teatro, se apoya en un diálogo preciso, inteligente.

Parece Mentira ofrece a la avidez del espectador, para intrigarlo, la arquitectura de un misterio, con una serie de interrogaciones, a las que cada cual puede responder de diferente modo, para buscar la solución que mejor le satisfaga.

Para este autor teatral, los actores también se desempeñaron exitosamente, al grado de que la ovación final obligó a salir a escena al autor, director, escenógrafo e intérpretes:

Así para el curioso, que se mueve en el tiempo real y con el que podría identificarse la mayoría del público. Tres señoras han llegado una tras otra, al despacho del abogado Fernández, mientras para el marido, dentro del tiempo psíquico se trata sólo de una superposición de imágenes. A cada una de ellas corresponderá diversa actitud de las que él adopta ante el problema conyugal que le planteó un anónimo.

Carlos López Moctezuma, el elemento mejor definido del cuadro, interpretó el personaje que tiene mayor relieve en *Parece Mentira* porque transmite al público opiniones e imprecedentes del autor, y de los restantes papeles se encargaron Clementina Otero, Víctor Urruchúa, Juan Manuel Salcedo y Ramón Vallarino.

Requerido por el insistente aplauso del público, Xavier Villaurrutia apareció en escena, al final, acompañado de sus intérpretes y del director Celestino Gorostiza, Agustín Lazo, que diseñó el decorado, contribuyó con su sobriedad, al éxito obtenido.

La ejecución de la parte musical estuvo a cargo de la Orquesta de Cámara del Conservatorio.

La impresión es de agradable sorpresa y el desconcierto aguza el interés. No obstante los brotes de humorismo, sopla un cierto vientecillo de misterio y en la escena se respira una atmósfera de leve alucinación. El espectador, atisba aquí y allá, luces de inteligencia que roban pedazos de oscuridad a las almas del abogado, el marido, el curioso, el empleado y las tres señoras que bien pudieran ser una sola.

El manejo de los personajes es de una acabada maestría: el diálogo ingenioso, fino, engarzado en interrupciones y silencios que dicen cosas bellas, revelan al poeta.

El enigma de Villaurrutia, más que un intento, es una realización original, vigorosa, y a la vez un compromiso de continuar afrontando con gallardía el terrible fuego de las candilejas. El novel y victorioso autor, recibió los honores del proscenio, en medio de los aplausos de la concurrencia.

191

Antígona no satisfizo a Fernando Mota en la adaptación de Cocteau, después de sintetizar el espírtu de la obra de Sófocles advierte que:

Muy poco de esto acaece en la versión del travieso y divertido escritor francés, que ayuno de humanidades e hinchado de irreverencia, ha destrozado una de las obras maestras que nos legara la antigüedad. Diríase un bárbaro de los primeros siglos de nuestra era, mutilando con saña cristiana una Venus de Praxitéles.

Pero el recuento final del programa le lleva a reconocer:

...gustosos el logrado esfuerzo de Celestino Gorostiza. En las tres obras representadas, de épocas y estilos tan diversos, se advierten vigilancia inteligente y comprensión artística de las posibilidades escénicas. De los intérprestes, siempre discretos y disciplinados, recordemos a López Moctezuma y Víctor Urruchúa, Josefina Escobedo posee una vigorosa personalidad. Su sentido de la actitud, calidad de voz y expresión patética, le hacen acreedora a nuestros fervientes elogios.

Josefina Escobedo como lo fue Clementina Otero en el teatro de Ulises resultó ser una revelación que las crónicas y la simple noticia divulgan remachando sus calidades de intérprete, opiniones que ilustran con su fotografía:

Fue una grata sorpresa la actuación de la gentil actriz Josefina Escobedo, quien interpretó los principales papeles en el entremés de

Cervantes, *El Viejo Celoso*, y en la tragedia de Sófocles, según versión de Cocteau, *Antígona*.

Su bella voz cálida y llena es tan sólo una una de las cualidades artísticas que posee, ya que ese exquisito temperamento le promete toda clase de triunfos en la escena.

El jueves 26 del presente mes estrenará la farsa de Molière, titulada *Jorge Dandin o El Marido humillado*, en la que representará a la frívola y coqueta Angélica. También se anuncia para próximas fechas su actuación en la inmortal tragedia de William Shakespeare: *Macbeth*.[50]

No faltaron las anónimas notas virulentas con el fin de desprestigiar la puesta en escena de *Antígona*. Ejemplo vil son las tituladas:

"HIDALGO"

Continúa con mayor Éxito cada día, EL FAMOSO MARATÓN DEL SUEÑO!!!!

Las Plateas han sido convertidas en camas plegadizas y las Butacas en cómodos divanes… !!!

TODO MEXICO A

DORMIR…!!

NO HAY SITIO MÁS PROPIO NI MÁS ADECUADO PARA DORMIR A GUSTO… (Además cooperará Ud. con el Dr. Gorostiza a DESORIENTAR al público de México)

TEATRO DE DESORIENTACIÓN¡¡¡¡¡¡[51]

"HIDALGO"

Ya llegó nuestro NUEVO ESPECÍFICO *ANTÍGONA*

...el único y eficaz remedio para que si después de ver eso que llamamos COMEDIAS, no se DUERME Ud, con *ANTÍGONA* lo hará rápidamente...!!!

El Doctor Gorostiza, expertísimo en el arte de DESORIENTAR y DORMIR al público de México, es quien dirije esta ya FAMOSA CLÍNICA, donde fue descubierto el EPIFOCO DEL MAL DEL SUEÑO...!!!

(Estrada García...!!)[52]

En el mismo tenor y con una constancia digna de mejor empresa, siguen apareciendo esas "puntadas" que solamente demuestran resentimiento:

"HIDALGO"

Daremos muy Buena GRATIFICACIÓN a la persona que logre "despertar" a nuestro querido Director señor Gorostiza, quien durante la lectura de una obra (?) de nuestros "ORIENTADORES" se quedó PROFUNDAMENTE DORMIDO y lleva en ese estado 96 Horas.

Nota: Repentinamente MURIÓ del terrible MAL DEL SUEÑO, el Apuntador que hacía la Lectura...

(Las Calamidades nunca vienen solas)...[53]

"HIDALGO"

Don Celestino ha vuelto a abrir su ANTIGUA CLÍNICA....¡¡¡¡

Los TRABAJADORES DEL TEATRO, se declararon en huelga y con este motivo el Dr. Gorostiza con su ESPECÍFICO maravilloso *ANTÍGONA*... reanuda sus magníficas curaciones contra el INSOMNIO.

TODO MEXICO A DORMIR... !!!

NUESTRAS COMEDIAS SON INFALIBLES...!

EL QUE EMPIEZA A SABOREARLAS...!!

QUEDA PROFUNDAMENTE DORMIDO...!!!

Tenemos ya, MILES DE TESTIMONIOS... ¡[54]

"HIDALGO"

El teatro mejor "Orientado" en México.
Con objeto de que el público NO SE DUERMA (sino hasta los finales del acto), el Dr. GOROSTIZA ha contratado a Don Eutiquio Aragonés para que durante las representaciones, dé conferencias en los Pasillos y Plateas, sobre "Tampico y Monterrey".[55]

Mario Mariscal[56] cumpliendo su promesa de estar siempre atento al desempeño del Teatro de Orientación, revisa puntualmente los valores de la obra de Xavier Villaurrutia y afirma:

El enigma en un acto, de Xavier Villaurrutia titulado *Parece Mentira*, fue estrenado ayer noche en el teatro Hidalgo, por el grupo de actores aficionados, dirigidos por Celestino Gorostiza con extraordinario buen éxito. La obra de Villaurrutia, primera de teatro que este inteligente escritor da a conocer al público, es un delicioso juguete intelectual, concebido con una gran originalidad, aunque sin salirse de las normas corrientes del teatro contemporáneo ni echar mano de trucos epatantes. Su brevedad, que hace de esa obra –como antes decimos– un delicioso juguete, que entretiene y divierte el tiempo preciso para colmarnos de satisfacción, sin llegar a iniciar siquiera el declive, una vez logrado el climax del interés; su breve-

195

dad decíamos, recordando el decir del Arcipreste de Hita, "si, bueno, breve, dos veces bueno", no es óbice para que fije en la duración de unas cuantas escenas, finamente enhebradas, la punzante situación del marido torturado por los celos. Un tema, como se ve, conocido y largamente explotado durante toda la vida del teatro felicísimamente tratado y renovado totalmente por Villaurrutia, en este enigma, que, como tal, permanece irresoluto, simplemente planteado, con todos los elementos precisos para resolverlo al alcance del público, al que intriga y permite acreciendo el interés dramático de la obra buscar una solución que bien puede ser distinta, según la distinta mentalidad de cada uno de los espectadores.

A más de considerar "acertada la dirección" y discreta la participación de los autores comunica:

...parte de los copiosos aplausos que se oyeron anoche en el teatro Hidalgo, en debido tributo a una obra de teatro mexicano, acreedora al aplauso de cualquier público.

Rafael Sánchez de Ocaña[57] ratifica los juicios anteriores y tampoco escatima elogios para Villaurrutia:

De espíritu ágil, sutil, inquieto, sensible a los matices más delicados y huidizos de seres y cosas, Xavier Villaurrutia posee una personalidad en la República de las letras. Percepción original y recatada intimidad, son sus características, expresadas en un estilo de elevada estirpe.

Un anónimo reportero de la revista *Todo*,[58] con el título de "El Teatro de Orientación de México" da importancia a la experimentación, pues insiste que este tipo de dramaturgia de arte era necesario que apareciera en el país. Observa la necesidad de una educación del público y se regocija sobre la oportunidad de prácticas nuevas. Además augura que "este grupo si llega a madurar dentro de sí mismo será un vehículo digno del que podrá disponer el teatro nuevo para expresarse". Respecto a la escenografía y a la iluminación pondera la importancia que ambos elementos guardan dentro de esta categoría teatral y que muchas veces dependen de la labor de la dirección.

Igualmente en la escenografía, hasta ahora a cargo de los pintores Carlos González y Agustín Lazo, se experimentan todos los adelantos y se aplican todos los recursos técnicos, sujetos a un riguroso gusto moderno, a fin de salvar al teatro en México de la lamentable desorientación que reina en materia de decoraciones.

Entre otras muchas precupaciones de la dirección del teatro, tiene lugar constante la de dar a la iluminación escénica el valor activo que debe tener en la interpretación de las obras, y puede decirse con toda seguridad que en ningún teatro en México se ha logrado sacar el partido de este elemento que se ha alcanzado en el Teatro de Orientación.

El cuarto programa de estas series de 1933 tiene lugar el 26, 28 y 29 de octubre con dos *reprisses*: *Intimidad*, comedia en un acto de Juan Victor Pellerin y *Jorge Dandin o El Marido Humillado*, farsa en tres actos de Molière. En cuanto a la primera en la traducción y dirección no existe cambio, eso sí el reparto es casi nuevo:

La señora	Clementina Otero
El señor	Víctor M. Urruchúa
La criada	Carmela Paniagua
Teresa	María Teresa Contreras
El niño	Rafael Vélez
El secretario	Jorge Sanromán
El hombre calvo	Ramón Vallarino
Ernesto	Guillermo Rojas
El boxeador	N.N.

Agustín Lazo es el que realiza la decoración y los figurines en vez de Roberto Montenegro. Sin variante la "Nota" explicativa.

La cartelera, los programas y los afiches públicos anunciaban en el papel protagónico a Catalina Mittolo, la que fue suplantada en las representaciones por Clementina Otero, hecho que da lugar a una carta que publica *El Nacional*:

México, D.F., 27 de octubre de 1933.– Sr. Director de *El Nacional*.– Presente

Distinguido señor:

Debido a la publicidad que en la prensa mexicana se hizo en estos últimos días con motivo de mi anunciado debut como primera actriz del Teatro de Orientación en la obra de Jean Victor Pellerin, *Intimidad*, me considero obligada a hacer pública una explicación, a fin de dar a conocer la causa injustificada que el señor Gorostiza tuvo para retirarme el papel que me había encomendado en dicha obra. En realidad la explicación que dio al público del Teatro Hidalgo cinco minutos antes de comenzar la función fue falsa en ab-

198

soluto, pues yo no me encontraba indispuesta ni mucho menos enferma.

El señor Gorostiza cuando empezó a preparar la actual temporada teatral me invitó espontáneamente para formar parte de la compañía de aficionados que dirige; y aunque al principio puse algunos reparos, a instancia de él, accedí, ya que según el propio Gorostiza, le convenía contar conmigo en la compañía.

Comencé, pues, bajo su dirección, los ensayos de *Intimidad*, ensayos que debieron dejarle plenamente satisfecho de mi labor puesto que hasta el mismo día del debut permitió que la publicidad hecha para mi presentación fuera elogiosa. Pero el jueves pasado al llegar al Teatro Hidalgo dispuesta a salir a escena, el señor Gorostiza quizás atendiendo más a ciertas presiones domésticas, ajenas a su criterio personal, me comunicó que me retiraba el papel, mismo que automáticamente cedía a la señorita Otero, hermana política.

Quiero suponer que la causa de este súbito cambio de parecer se debe a la razón familiar anteriormente apuntada, pues de otro modo sólo se manifestaría el temor del señor Gorostiza de que yo no pudiera salir airosa en mi labor escénica, cosa que evidenciaría la falta de capacidad como director de dicho señor, pues de otro modo no se comprende que durante un mes de ensayos no se diera cuenta de los posibles defectos que pudiera tener yo como actriz y, sin embargo, en cinco minutos descubriera las excelentes cualidades escénicas de su hermana política.

Es muy penoso que este incidente tenga una explicación en motivos tan poco interesantes y tan interesados.[59]

Al parecer el asunto se midió por otras perspectivas, fundamentalmente porque la Mittolo en su actitud un tanto de estrella a la manera tradicional, se había vuelto demasiado exigente y que en cierto modo rompía, con conceptualizaciones esenciales que perseguía Orientación. Esto es visible en el tenor de la carta, la que posibilita además contradicciones claras: primero un programa de mano se imprime con anterioridad y no en cinco minutos, y en él ya figuraba Clementina Otero y segundo, y si estaba en plan de escándalo y como confiesa se hallaba en el teatro por qué no salió a denunciar públicamente la farsa de la enfermedad, y tercero mezclar el parentesco de la Otero por ser cuñada de Gorostiza no disminuye valores, la larga labor realizada y la categoría teatral de una mujer que antes del parentesco mostró su capacidad de actriz.

La farsa en tres actos de Molière *Jorge Dandin o El Marido Humillado* que formó parte del tercer programa del año anterior, donde fue revelado Carlos Pellicer como actor, sufrió modificaciones en la escenografía que en vez de Montenegro la realiza Agustín Lazo y en el reparto:

Jorge Dandin	Carlos López Moctezuma
Angélica	Josefina Escobedo
El señor Sotenville	Román Solano
La señora Sotenville	Carmen Doria
Clitandro	Víctor M. Urruchúa
Claudina	María Teresa Contreras
Lubín	Juan Manuel Salcedo

Programa de reposiciones, no atrajo tanto la atención de la crítica profesional la que ya había expresado sus juicios en el debut. Rafael Sánchez de Ocaña[60] aprovecha la sección "Vida teatral" para glosar el contenido de ambas obras. *Intimidad* es "una deliciosa comedia", mientras que de *Jorge Dandin*, esa "fábula tomada de dos cuentos de Bocaccio", trae a colación los autores en que se da cabida a esa condición de los esposos, a más de explicar que esta pieza, "se representó por primera vez en un teatro levantado en medio de las frondas de Versalles" en tiempos de Luis XIV.

Sánchez de Ocaña más parco, refería igualmente lo bueno y malo de las actuaciones y la excelencia en traducciones y puesta en escena:

Sobre la interpretación, por mucha que sea nuestra benevolencia, hemos de hacer observaciones, que no pecan de agradables. Dejemos aparte *Intimidad*, donde Clementina Otero y Víctor Urruchúa cumplieron con brillantez su cometido. Pero en *Jorge Dandin* se advirtieron deficiencias que un espíritu tan inteligente y avisado como Celestino Gorostiza, no dejará de enmendar, si está en su mano. El señor Moctezuma en otras ocasiones discreto, sufrió un error en *Jorge Dandin* –no Dadin como se empeñó en decir– por falta de comprensión psicológica y pobreza de medios. Los demás compañeros de farsa exceptuando algunos aciertos momentáneos de Josefina Escobedo y Víctor Urruchúa estuvieron bastante flojos. Las decoraciones y figurillas de Agustín Lazo revelan talento original y depurado gusto. Alabemos también a los traductores Celestino Gorostiza y Adolfo Bernárdez por su escrupulosidad y corrección de lenguaje.

En *La Afición*[61] ratifica ese buen desempeño:

La presentación. Muy buena, podríamos decir que el mayor acierto escénico de la actual temporada del Hidalgo y posiblemente del momento actual del teatro en México. ¿Para qué, entonces, vamos a *detallar* el acierto de la presentación, si lo calificamos de aquella guisa?

El quinto programa, la primera semana de noviembre el 2, 4 y 5, en un jueves a un domingo, exceptuando el viernes que actuó el Cuarteto Clásico Nacional. Se representa un estreno, la comedia en tres actos de Marcel Achard, *Juan de la Luna*, traducida y dirigida por Celestino Gorostiza y el debut en Orientación del escenógrafo pintor, Gabriel Fernández Ledesma. El elenco:

Jef	Carlos López Moctezuma
Marcelina	Clementina Otero
Clotaire	Víctor M. Urruchúa
Ricardo	Ramón Vallarino
Luisa	Carmen Doria
Antonieta	María Teresa Contreras

Las "Notas" sobre *Juan de la Luna* ahora firmadas todas fueron quizás extraídas de informaciones francesas cuando la puesta parisina:

"...El mayor acierto de Marcel Achard está en el dibujo de los personajes que, bajo ropas modernas y burguesas, conservan la ligereza y la gracia de la Comedia Italiana que el autor ha transportado tan inteligentemente a sus obras contemporáneas. Su Juan de la Luna es Pierrot, en quien sea por azar o intencionalmente, hace pensar la máscara de Jef y la buena mujercita, alrededor de la cual se mueven los demás, es una coqueta y perversa Colombina. No sería difícil asimilar a Ricardo con algún inquietante Matamoros y Clotaire nos muestra todos los vicios, todos los impudores y la estupidez de Brighella."

Antoine

"...Hermano del Cadete Roussel y de Hean de Nivelle, fantoches exquisitos creados por el poeta anónimo que duerme en el corazón del pueblo , Juan de la Luna lo es también del pobre Jaques de Shakespeare y de los Pierrots de Laforgue, porque Marcel Achard, al mismo tiempo que está cerca del alma popular, es de la más pura raza de poetas".

Maurice Rostand

"...Tiene razón: Juan de la Luna es incierto. ¿Pero Alceste, Tartufo, Arnolfo, Don Quijote? ¿Estos personajes no son susceptibles de ser interpretados de manera muy diferente? La incertidumbre es la mejor cosa en arte y la peor también. Sólo que, tengo la impresión de que Marcel Achard está esta vez del lado bueno y en buena compañía..."

Alfredo Savoir

De nuevo Rafael Sánchez de Ocaña, "Vida Teatral"[62] atiende a este estreno y después de sintetizar la historia de la comedia de Marcel Achard, "Vino añejo en obras nuevas", pasa también de manera breve a apuntar cómo se consiguió esa magnífica puesta en escena:

Gracias a las excelencias de la traducción de Celestino Gorostiza, esta comedia ligera, frívola, con pequeños relámpagos de emoción, nada ha perdido de su carácter acentuadamente parisién. Los intérpretes muy a tono, colaboraron con valiosos esfuerzos. Recordemos con elogio a Clementina Otero, Carlos López Moctezuma, Víctor Urruchúa, Ramón Vallarino. La escenografía de Gabriel Fernández Ledesma, agradable de color y composición, merece igualmente cumplidas alabanzas.

El último programa de la temporada de 1933 es decir, el sexto programa, tiene lugar el 16, 18 y 19 de noviembre con la comedia *La Escuela del Amor* en tres actos y un epílogo, de Celestino Gorostiza quien también la dirige. La escenografía es de Agustín Lazo y Xavier Villaurrutia realiza el texto de las "Notas".

El personaje principal de la comedia de Celestino Gorostiza es EL CAFÉ, pequeño mundo donde la pereza, la fantasía y la conversación nacen, crecen y viven.

EL CAFÉ tiene un alma compuesta, formada con fragmentos de la de cada uno de los parroquianos que acuden a él, diariamente, a urdir años, a levantar castillos de proyectos en el aire enrarecido. Pero los sueños se disipan y los castillos caen por su falta de peso. Todo muere y lo olvidamos luego, a la salida, en la calle.

El amor es la materia principal de esta ESCUELA. Un personaje nuevo, totalmente inventado por Celestino Gorostiza, es este Don Juan que ni siquiera se llama don Juan, sino don Paco, teórico del amor a quien la realidad cohibe de tal modo que nunca tiene una conquista pero que, como buen parroquiano de EL CAFÉ vive y completa de su imaginación, para los demás, ficticias aventuras de amor. Este Don Juan, amante del amor, enamorado sin amante, creído, admirado y envidiado por sus amigos, hace escuela.

Encontraréis en estos tres actos y un epílogo, un espectáculo siempre delicado, a veces romántico, a veces irónico, discreto en su audacia, audaz en su discreción.

Los personajes en un total de dieciocho –al igual que el año precedente– casi toda la compañía:

Paco	Carlos López Moctezuma
Clara	Josefina Escobedo
Andrés	Víctor Urruchúa
Capitán Ibáñez	Juan Manuel Salcedo
Don Segundo	Román Solano
Nana	Aurora Villaseñor
Fanny	María Teresa Contreras
Carola	Carmen Doria
Mary	Carmela Paniagua
Antonia	Josefina Moreno
Lupe	Clementina Otero
Ricardo	Ramón Vallarino
Acompañante	Salvador Matute y S.
Comerciante	Jorge Sanromán
Dorantes	Luis Ureña
Señor	José Neri O.
Señora	Evelina Breña
Niño	Rafael Vélez

La Escuela del Amor tuvo un despliegue crítico que podría tildarse de descomunal. En parte era el reconocimiento a la obra en sí misma

205

tanto como a la personalidad del autor y el director, que en esos momentos era el campeón del nuevo teatro en México. Una labor sin rival pero con rivalidades, que había sabido con altura, diría con elegancia, sortear dificultades, agresiones y también desafiar nacido de un íntimo convencimiento de las bondades de su tarea, todo los escollos, los mal entendidos, sin ausentar las limitaciones que la burocracia le imponía. Recordemos además que con *La Escuela del Amor* se integraba al Teatro de Orientación el segundo texto escrito por un mexicano.

En la prensa se anuncia con júbilo la comedia de Gorostiza e inclusive se trae a colación su experiencia como dramaturgo, se recuerda que, "hace diez años se publicó su pieza en un acto, *El Nuevo Paraíso*[63] con fortuna crítica tanto nacional como extranjera".

En *El Universal*[64] se abunda sobre esa primera experiencia de Gorostiza en el campo de la dramaturgia y se consigna un juicio de Melchor Fernández de Almagro, "una de las primeras autoridades madrileñas" sobre literatura teatral.

El Nuevo Paraíso –a esta obra me refiero–, es un apunte airosamente resuelto, del joven Celestino Gorostiza, ¿Ibsen?... Otra cosa. Mejor será decir romanticismo del que nunca muere. La tesis –si en *El Nuevo Paraíso* la hubiera, que a caso no lo haya– se plantea, no en un enunciado ideológico, sino que se resuelve en un juego de sentimientos. Palabras certeras conducen la emoción propuesta, y en la sencillez del diálogo y de las situaciones está la razón suficiente de los conceptos, fluidos siempre. Un acento nuevo, que acaso venga de Cocteau, da valores actuales de factura al ensayo de Gorostiza, y una simpática especie de poesía apunta a cada momento.

El redactor de *El Universal* resume el argumento y gusta de ese nuevo personaje:

...nuevo, enteramente creado por Gorostiza, el de Don Paco, teórico maestro del amor que vive en su imaginación ficticias aventuras, pero a quien la realidad cohibe tanto que nunca tiene una conquista. Es el amante del amor, el enamorado sin amante, que creído, admirado y envidiado por sus amigos, logra hacer escuela.

Considera por su parte que en *La Escuela del Amor*, existen las mismas cualidades expuestas por Fernández de Almagro pero ahora:

solamente que afirmadas y enriquecidas a través de muchos años de curiosidad y práctica literaria, así como de contacto continuo con el teatro, sus posibilidades y sus problemas. El resultado es un espectáculo sutil y delicado, que marca un derrotero nuevo dentro del teatro mexicano.

Pocos días después otro anónimo reportero[65] cautivado por don "Paco Troncoso charlatán de café... Don Juan puramente teórico", detalla lo jugoso del asunto y explica como es un acierto de la técnica el juego de luces:

los momentos mismos en que la luz declina y el telón cae; pues en la obra del señor Gorostiza sucede una cosa muy curiosa: la extinción de la luz en la escena está siempre sincronizada con la caída del telón. Evidentemente se trata de dos caídas cuyo mecanismo está conectado por instalación invisible.

207

Concluido el tercer acto con la obligada extinción de la luz, don Paco reanuda en el café el relato de sus imaginadas aventuras amorosas.

En resumen la obra es esto: la presentación de un Don Juan burlesco y el desarrollo de un episodio ilustrativo de su carácter.

No falta armonía en el plan de la comedia

Vaya una observación: un don Paco Troncoso menos joven haría un poco más verosilmil esa abstención amorosa del tercer acto.

Rafael Sánchez de Ocaña[66] no permanece indiferente ante la comedia de Gorostiza, rememora igualmente el éxito de *El Nuevo Paraíso* y la crítica del español Fernández de Almagro. Ésta consiste en que la figura, el personaje más logrado y de mayor interés es "don Paco"; se congratula de que la pieza se desarrolle en el ambiente de un café y trae a cuento algunos de los cafés descritos en la literatura europea –española y francesa– desnuda el carácter de "don Paco", al que ve como un tímido sexual, un buen prospecto para acudir a la "clínica del Dr. Marañon" y destaca la manera profunda con la que con exquisita delicadeza:

Gorostiza nos muestra cómo se forma el mito, la mentira se troca en verdad, y de qué suerte el propio autor de tan extravagantes fantasías queda aprisionado en la red de sus engaños. Será inútil que en momentos de abandono trate de sincerarse y desnude su verdad, pues nadie ha de escucharle y menos creerle. A la sombra melancólica de sus mentiras ha de continuar su vida aparente de conquistador, cuando de la carne, tan sólo conoce, aquella delicadamente condimentada que le sirven en el restaurant.

Así en esa comedia son dignos de aplauso, tema, puesta en escena y algunas actuaciones:

La *Escuela del Amor* es una comedia de acentuada originalidad, tono irónico y rasgos psicológicos sutiles que llena holgadamente las exigencias teatrales. El medio se halla observado con graciosa malignidad y los personajes secundarios presentan el adecuado relieve. No es de extrañar tratándose de Celestino Gorostiza, la agilidad, ingenio y aciertos de expresión en el diálogo, escrito en un castellano impecable con matices de emoción cercanos al romanticismo.

Aplaudamos la escenografía de Agustín Lazo y los esfuerzos, no siempre logrados, de los intérpretes, Josefina Escobedo, López Moctezuma, Urruchúa y Salcedo.

La *Afición*[67] se acerca, ulteriormente a un preámbulo en el que subraya la miopía, la terquedad de quienes componen las carteleras teatrales, que no les permite ver, apreciar los talentos mexicanos que existen en todos los géneros de la literatura de este país, y que han dado lugar a exitosas puestas en escena como *Los que vuelven* de Bustillo Oro, o *La escuela del amor* de Gorostiza.

El redactor encuentra a los tipos creados por éste último, acordes con los personajes que diariamente asisten a los cafés "en esos comercios en donde se dan tazas de caracolillo, mientras la conversación hace el resto del entretenimiento"...comedia a "ratos un poco falsa y a ratos deliciosa". Pasa a definir lauros y posibles defectos de cada acto:

El primer acto tiene un movimiento técnico que merece un elogio sincero y amplio. Hay cierto rebuscamiento en los diálogos de las meseras, pero así pinta la cursilería de aquellas enamoradas del hombre que pasa. En el segundo acto hay también falsedad en alguna escena, pero el final del acto (dos diálogos) valen lo suficiente para hacer olvidar los errores del principio. El tercer acto es lo mejor de la obra. Corto, preciso, pintando ya en definitiva los caracteres reales de los soñadores de café y desarrollando irónico y delicado todo el aspecto cruel del drama de aquellos hombres, y de aquella mujer apasionada. El epílogo, es pequeño, pero sobrio y trazado con mano de poeta y de comediógrafo. Es en general una amable comedia que hace pasar un buen rato, dejando en el ánimo un sabor de boca, agradable con sus ribetes de filosofía enjundiosa. Un aplauso para Celestino Gorostiza y ojalá siga por ese camino de triunfos, que en forma tan brillante inicia.

Si esta crítica inscribe en su mayoría a autores anónimos, no por ello fue menos razonada, menos incisiva, menos justa. La obra de Gorostiza merecía ese detenimiento. El ambiente, ese café un poco la segunda casa, o el despacho de tantos artistas e intelectuales en que se congregan algunos a manera de ritual por intereses comunes, de donde parten proyectos y se comunican acciones y realidades; con sitiales específicos, con lugares respetados y vigilados por la gerencia. Se insiste, tal ambientación fue uno de los mayores contribuyentes al éxito de *La Escuela del Amor*.

Así ocurre en la obra de Gorostiza, que valió al autor numerosos aplausos, sobre todo al finalizar su segundo acto que es, a nuestro juicio, el más atinado, en contraposición con el final de la obra que nos parece sugerente en verdad, simbólico: pero carente de efectismo teatral, al extremo de producir cierto desconcierto entre los espectadores, especialmente en aquellos cuyo espíritu no está muy hecho a ejercicios imaginativos.

Ese reportero que no comulga con los efectos lumínicos empleados por Lazo tampoco está contento con la interpretación a la que ironiza:

Y ahora, la interpretación: deficientísima, los actores todos ellos y todas ellas inseguros, tímidos, cohibidos y el decorado del primer acto que es el mismo del epílogo, muy pobre, sobre todo si se relaciona con el indumento de las "meseras", pues tiene el aspecto de miserable café de chinos, mientras las chicas visten como si sirvieran en Lady Baltimor.

Englobando los triunfos del Teatro de Orientación en la revista *Todo*[68] se hace suscinto balance de los frutos durante 1933.

Sin embargo, el "Teatro de Orientación" triunfó ante el público. Le presentaba algo que satisfacía su modernidad. El público, consciente o inconscientemente, no puede ser sino moderno. Las bellas decoraciones y vestimentas diseñadas por Agustín Lazo, lo mejor que en escenografía se ha hecho en México; la novedad del repertorio (tan nuevo es Sófocles como Jules Romains), enseñaron a la gente que el teatro no es Muñoz Seca ni las revistas de Agustín Lara. Los mismos actores aficionados hicieron pensar que en ocasiones los defectos del principiante son mucho más tolerables que los del profesional.

Celestino Gorostiza piensa continuar el año entrante, con su grupo, este intento de verdadera educación teatral. Ojalá que la experiencia que los actores y el mismo director han adquirido en sus dos temporadas, no se pierda, pérdida que el teatro mexicano sería el primero en sufrir.

Por su parte *El Universal Ilustrado*[69] y en un pequeño inserto, sin retórica aconsejaba:

Vale la pena ir al Hidalgo, siquiera por ver buenas obras y presentación escenográfica de primera calidad. ¡Que diferencia entre lo que se hace en el Hidalgo y lo que se pinta en otros teatros del centro, que presumen de negocios bien organizados! Al Hidalgo debían ir nuestros empresarios, escenógrafos y directores artísticos para aprender siquiera a escoger comedias y a presentar decoraciones dignas de una ciudad como México.

Adyacente al análisis elogioso que el periodismo otorgó tanto a la obra escrita, como a la acción cultural llevada a cabo por el propio teatro, se manifiestan otro tipo de comentarios negativos que hacen hincapié en aminorar, también destruir el experimento del Teatro de Orientación. Las inculpaciones van desde un desacuerdo por el desperdicio que la Secretaría de Educación Pública comete al patrocinar espectáculos antipopulares, hasta ridiculizar la personalidad de miembros del grupo de Orientación, pasando ojeada por las obras de autores extranjeros que quitan espacio a las de mexicanos y que sólo son captadas por un selecto espectador chauvinista. Furia gratuita porque el Teatro de Orientación jamás tuvo una postura contraria a esa corriente del teatro criollista. Sus postulados estaban dirigidos como ya se ha visto, a un profundo nacionalismo que involucrara una renovación que partía de lo educativo a través de un muestrario de nuevas técnicas y obras universales tanto clásicas como modernas. Estos "críticos" en su superficial retórica no se percatan de que con ella minimizaban inclusive a un público ávido del conocimiento de un teatro esencial fuera de todo costumbrismo. No con el ánimo de justificar, sino de entender, todos ellos provenían de esa temperatura de época, de la historia pos-revolucionaria, demagógica en gran parte, que sólo creía en la cultura orientada al proletariado, a las masas y que en última instancia sus pretensiones de revolucionarios los conducían al conformismo, a la mediocridad, a la aceptación de lugares comunes. Falsos redentores, nuevos mesías de la ignorancia.

Ejemplo radical es el artículo de Saxofón Hernández[70] del que se extraen algunos conceptos:

PONIENDO EL DEDO EN LA LLAGA.

Las subvenciones del "Fábregas" y del "Hidalgo"

Actualmente, y para suerte del teatro, hay dos compañías que gozan de la ayuda oficial. Pero, en esta vez la buena voluntad de los que han otorgado esas ayudas, han sido aconsejados por los técnicos en la materia por falta de tino. El departamento del Distrito Federal subvenciona la compañía de Soler en el Fábregas y la Secretaría de Educación organiza un ciclo de teatro con aficionados en el "Hidalgo" bajo el nombre de "Orientación". Ahora, cabe preguntar si esas ayudas rinden el producto que el desembolso oficial merece y si el resultado educador de ambos esfuerzos, es real. Hablaremos por separado de una y otra.

En el caso del teatro "Orientación", el problema es otro. También aquí la buena voluntad del Ministro se pierde en las manos de los directores del teatro calificado injustamente en el epíteto de "Orientación". ¿A quiénes orientan con obras como la *Antígona* de Cocteau? ¿A los autores, a los actores, al público? Orientación para literatos vanguardistas, cuando en México y dentro del teatro hay que ir haciendo labor educativa elemental.

¿Cómo va a orientarse a nadie en esa forma? Y la prueba más fehaciente de que tenemos razón en nuestras afirmaciones es la calidad del público que concurre al "Hidalgo", compuesto en su mayoría por aficionados al teatro leído, críticos teatrales a quienes su obligación les impone el deber de asistir, empleados de la Secretaría de Educación, literatos ultramodernos que sólo gustan de Paul Morand, de Cocteau, de la pintura de Picasso y de la música de Stravinsky. Y ese público no necesita que la Secretaría de Educación gaste grandes cantidades en orientar su gusto teatral. Esos ya saben "algo" de tal asunto. El resto del público, las mayorías, las masas mesocráticas son las que necesitan orientación. Los grupos populares, felizmente, tienen ya teatros también de la Secretaría de Educación, que les impone ese pan espiritual.

Hay sin embargo, en el conjunto que dirige este teatro valores de mucha importancia, como son: Celestino Gorostiza, Carlos González, Agustín Lazo, etc. Pero, desgraciadamente es la idea, el método que han seguido, lo que está lleno de errores, desde el principio, razón que hace inútil el gasto que con tan buena intención ha destinado el Ministro Bassols a tan infecundo proyecto.

Ir al teatro de "Orientación" es irse a aburrir, viendo cómo un grupo de aficionados malos (salvo muy contadas excepciones) destrozan obras, sólo de posible digestión para elementos cultivados. Si

214

este dinero gastado en el teatro "Orientación" se destinara a hacer que el público, a través de una compañía discreta de actores profesionales bien dirigidos, enseñara repertorios lógicos que poco a poco fueran subiendo el diapasón de selectividad, podría obtenerse mejor fruto, que es el que actualmente se obtiene en una temporada que ha nacido muerta, como la anterior en el mismo coliseo, en la que a pesar de presentarse obras de importancia gustadas por el público europeo, tales como *Carlos y Ana*, el fracaso fue completo, pues siempre había más gente en el foro, (contando artistas y tramoyistas), que espectadores. Y nos parece un verdadero fracaso invertir dinero en una obra educativa o cultural que pasa completamente desapercibida para todos, ya que sólo es vista por los que menos necesidad tienen de ello.

Y si al menos, los teatros "Fábregas" e "Hidalgo" en sus temporadas actuales sirvieran de campo de experimentación para los autores mexicanos, habría una disculpa, pues esos foros serían los laboratorios en que se formaran los comediógrafos de mañana.

Abrazado al anterior y también buen ejemplo de lo mismo es el escrito por Martín Herrera.[71]

El fracaso que la mayor parte de las obras de los grupos del Teatro Hidalgo ha tenido, es una enseñanza que no debe desaprovecharse. El esfuerzo es digno de mejor suerte, no debe perderse, pero, por ejemplo el Grupo Orientación no debió salir del teatrito de este nombre para enfrentarse con un público que ya no es galante. Tal vez con el tiempo, corrigiendo errores elementales, habrían logrado uno, dos o más actores ya fogueados y listos para lanzarse a la gran aventura.

Salir de este remanso para tratar de parangonarse con actores profesionales que, de todos modos, son menos malos que ellos, fue un error capital, fue tirar por la ventana la labor hecha; perder en unos cuantos días el esfuerzo de meses; porque, hay que oír la voz de la conciencia pública que pregunta: "¿Qué se ha logrado con esta temporada?" ¿Ventajas para los actores? Ninguna. No ha salido un nombre que interese. ¿Ventaja para los autores? Ninguna. Es triste tarea escribir una obra –me refiero a los autores nacionales– para que se represente tres veces. Los autores extranjeros no se preocupan porque los den a conocer en México. ¿Ventajas para el público? Ninguna. Ha ido a ver los mismos o peores defectos de los demás teatros y se ha desorientado con las obras porque no se ha seguido una secuela lógica y ascendente. ¿Ventaja para el teatro? Vamos. ¿Se le ha depurado? ¿Se le han puesto bases sólidas? No. Entonces ¿qué es lo que se ha logrado? Que algunas obras pasen sin pena ni gloria, que otras más afortunadas gusten en círculo de "amateurs" o entre los familiares de los actores quedándose en babia el resto del público y que, las demás, se vayan al hoyo o hagan el ridículo más lamentable.

La moraleja se impone.

Entre los papeles de Jorge Cuesta y sin fecha, se encuentra un breve ensayo, "Celestino Gorostiza y el Teatro de Orientación", texto que al parecer nunca se publicó, pero que incuestionablemente está ligado a esta temporada, escrito en el que el poeta cordobés amigo personal de Celestino Gorostiza insiste en el elogio sobre la labor de Orientación:

A juzgar por la frecuencia con que se trata en público el tema del teatro y del fervor que se muestra para este asunto en la prensa mexicana, no me parece explicable que la importancia que tiene para el teatro mexicano la última temporada del Teatro de Orientación, con el estreno de dos valiosas obras nacionales haya sido advertida solamente por muy pocos. No hay proporción ninguna entre el interés público que se ostenta sobre el arte del teatro y el interés real que se ha tenido por una magnífica manifestación de este arte. Nunca ha habido más justificación para hablar del teatro mexicano que ahora que Celestino Gorostiza lo materializa ante la crítica en la forma de una profunda responsabilidad personal...

...la cualidad que distingo a esta obra y por la que me parece diferente a todas las demás y personalísima, es precisamente, que no veo que la reclame el pasado del teatro mexicano, para sumarla a su gloria, por lo contrario, veo que no puede apartarse del presente de ese teatro, al que ya cautivó de manera definitiva, y no ve los defectos de la obra sino para exigirle que aumente la satifacción que ya le da con la que puede prometerle.[72]

Si una sola palabra designa el significado que en 1933 consiguió el Teatro de Orientación, ésta sería, prestigio. En dos años consecutivos había logrado el Teatro de Orientación una solidez ante sí mismo y ante el público que supo apreciar desde todos los niveles una categoría siempre renovada de sus puestas en escena. Por eso no parece injustificado sino todo lo contrario, incluir la síntesis con que Celestino Gorostiza abre el folleto publicado por la Secretaría de Educación Pública a través del Departamento de Bellas Artes titulado *Teatro de Orientación, Temporada 1934* cuando expresa.[73]

La cuarta temporada del Teatro de Orientación es una respuesta reiterada al empeño de los sectores cultos del público de México por desplazar al teatro del estancamiento en que se le mantiene entre nosotros, empeño que se ha hecho manifiesto en el apoyo que se ha prestado a los intentos efímeros y parciales de diversa índole, realizados de algunos años a este tiempo con ese objeto.

El teatro, que es un órgano de expresión de la cultura social, y en sí mismo un arte de conjunto, no podría alcanzar su verdadera forma, como ninguna obra de carácter colectivo, sino como resultado de multitud de aportaciones mínimas y de un paciente y constante ejercicio para organizar esas aportaciones en un todo disciplinado y armónico.

Ha sido la no interrumpida y feliz convergencia da numerosos factores –el apoyo moral y efectivo de la Secretaría de Educación, el interés y la simpatía del público, la colaboración de la crítica sana y responsable, el entusiasmo de actores, escenógrafos, autores y traductores– la que ha venido delineando los rasgos que empiezan a dar al Teatro de Orientación una fisonomía y un carácter propios.

En esto, y en el propósito de seguir correspondiendo fielmente, en la medida lógica que el tiempo marca a su desarrollo, al ideal de las fuerzas que lo animan y lo sostienen, el Teatro de Orientación fía la razón misma de su existencia.

Cuadernillo ilustrado, que por otra parte incluye los programas de la temporada de 1934; comentarios periodísticos sobre autores y obras y el repertorio dividido por países –México, España, Francia, Inglaterra, Rusia, Hungría, Estados Unidos, Italia–. Algunas piezas ya representadas y otras en proyecto como la italiana que estaba en vías de preparación y que incluía *La Hostelera* de Goldoni y *La Zarina entre cuchillos*, de Rosso de San Secondo.[74]

En el archivo de Celestino Gorostiza se halla el presupuesto para dicha temporada, lo que viene a reafirmar que había una estricta vigilancia, una seriedad también administrativa.

PRESUPUESTO

para la

TEMPORADA 1934 DEL TEATRO ORIENTACIÓN

con cuatro programas y cinco representaciones de cada uno.

PROPAGANDA.–

12 días a $166.66 cada uno	$2,000.00	
Publicidad previa	" 250.00	$2,250.00
GASTOS GENERALES.–		
20 funciones a $16.66 c/u		" 333.32
MONTAJE.–		
Promedio de $250.00 p/programa		"1,000.00
SUELDOS.–		
Actores:		
4 meses a $1,000.00	$4,000.00	
Taquilla y puertas:		
20 funciones a $35.00	" 700.00	
Orquesta:		
20 funciones a $40.00	" 800.00	"5,500.00
DERECHOS DE AUTOR.–		
1 traducción y adaptación	" 150.00	
1 traducción	" 100.00	

1 obra original en 3 actos	" 250.00	
1 obra original en 1 acto	" 100.00	" 600.00
Total		"9,683.00

Entrada probable en 20 funciones tomando
como promedio la cantidad de $116.68 que
se obtuvo por función en la temporada de 1933, "2,333.60

Costo de la Temporada $7,349.72

México, D.F., 30 de junio de 1934.

El Director

Después de un receso de ocho meses se reabre siempre en el Teatro Hidalgo el primer programa del año, los días 16, 17, 18 y 19 de agosto con el drama en tres actos, *A la Sombra del Mal* de H. R. Lenormand, en traducción de Xavier Villaurrutia; la dirección de Celestino Gorostiza, la escenografía de Agustín Lazo y las selecciones musicales de Luis Sandi. El reparto siguiendo siempre la metodología por orden de aparición, se constituyó así:

LECORMIER	Ramón Vallarino
SRA. LECORMIER	Clementina Otero
ROUGET	Carlos López Moctezuma
FETICHISTA	José Neri
DIAMBA	Salvador Matute y S.
PREFAILLES	Felipe del Hoyo
MOUSSA	Jorge Sanromán
MAELIK	Román Solano
ALMAMI	Juan M. Salcedo
FATIMATA	Ofelia Arroyo
UNA ESCLAVA	Ma. Teresa Contreras

El texto del programa de mano que introduce al público a la representación, aunque anónimo, a simple vista se conoce, fue redactado por el también traductor Villaurrutia:

Los dramas de Lenormand inauguran una interesante tentativa para renovar el teatro psicológico bajo la influencia de los novelistas rusos y del gran guiñol. De éste ha sabido tomar las cualidades esencialmente teatrales: movimiento de la acción, intriga de la trama, emoción en constante suspenso, desenlaces imprevistos y terribles. A los rusos los continúa en esa búsqueda inquieta a través de los misterios y contradicciones del corazón humano; del hombre, no como lo han inventado los humanistas –máquina en la que todo es claro, preciso, ordenado y analizable– sino como es el hombre en verdad, con sus sueños oscuros, su memoria adormecida, sus instintos reprimidos, su vida inconsciente en la que habitan sus antepasados, el niño que ha sido, los otros hombres que hubieran podido ser.

Lenormand somete todos esos elementos al rigor de su gusto refinado y personal, y extrema las posibilidades escénicas utilizando como material dramático todo lo que vive, todo lo que es – los animales, las plantas, las cosas– la vida cotidiana y su misterio, las grandes fuerzas de la naturaleza –el sol, el mar, el calor, el viento– fuerzas más poderosas que el hombre y que lo oprimen, lo agobian, transforman su cuerpo, gastan su voluntad, rehacen su alma.

A la Sombra del Mal explota brutalmente los resortes del terror y de la piedad en un cuadro exótico, pero suscita también el problema de lo justo y de lo injusto que rebasa los incidentes del episodio colonial, dando al drama una profundidad filosófica, que lo sitúa entre las más interesantes producciones dramáticas contemporáneas.

Si de minucias se trata no deja de ser curioso que también en el acervo de Gorostiza, este director haya conservado una lista del vestuario y utilería para *La Sombra del Mal*, *Liliom* e *Ifigenia Cruel*. Reflejo asimismo de un severo orden:

VESTUARIO Y UTILERÍA DE LA OBRA *A LA SOMBRA DEL MAL*
Un uniforme azul de soldado; compuesto de pantalón, lovilon, kepi, polainas, capa. Hecho de franela.
Un traje de moro; compuesto de traje con capa y turbante. Moro.
Un vestido de mora con manto para la cabeza. Rosa.
Un vestido de esclava amarillo.
Dos camisas blancas de negro.
Dos calzones de negro.
Una capa blanca de franela.
Dos abanicos de palma.
Una funda de pistola de hule negro.
Un collar con campanas y otros fetiches.
Cuatro pelucas de negro.
Una peluca canosa.
Un catre de lona (plegadizo).
Tres vasitos (se rompieron 4) durante las representacciones.
Gallina disecada.

LILIOM
Vestido de criada, rosa, de percal.
Vestido de criada, azul, de percal.
Vestido de criada, a cuadros, rosado.
Vestido de criada, floreado, anaranjado.

Vestido de criada, azul.

Vestido de criada, verde, a cuadros.

Vestido de señora, rojo, con aplicaciones amarillas y negras.

Vestido de vieja, de franela azul.

Uniforme de gendarme franela verde.

Dos uniformes de franela verde (gendarme).

Tres kepis verdes.

Dos uniformes de gendarme azul.

Dos kepis negros.

Dos capotes de gendarme negros.

Un sombrero con flores para señora.

5 cinturones de hule negro.

Dos ternos de café.

Dos garrotes de gendarme.

IFIGENIA CRUEL

Dos máscaras de latón.

Un traje de Ifigenia.

Un traje del coro.

Un traje del coro.

Dos guardias.

Tres trajes de pastores.

Un traje del Rey Toas.

Un traje usado por Carlos López Moctezuma.

Un traje de Pilades.

9 sombreros surtidos.

SER O NO SER
4 manos de cartón.
2 piernas de cartón.
2 pies de cartón.
2 brazos de cartón.

Hacia el mes de mayo de este 1934, público y crítica comienzan a extrañarse del silencio sobre el Teatro de Orientación. Entre los "existentes", los ya consuetudinarios de un teatro de altura comenzaban a reclamar nuevas actividades. Eco de este reconocimiento es la nota de Mario Mariscal[75] en "Teatrales". El historiador aduce como culpa del retraso problemas de origen burocrático:

Va a iniciar, tan pronto lo permitan los difíciles, largos y hasta tortuosos caminos del expediente burocrático, una nueva temporada, como todas las anteriores, plena de sorpresas, cuajada de acontecimientos artísticos, que señalan verdaderos jalones en la ruta seguida por el arte teatral en nuestro país. Su restringido radio de acción –delimitado, no por voluntad de sus directores, sino por la mezquindad de los medios a su alcance– ha sido, como siempre, aprovechado con ventaja: Nadie podría intentar, en efecto, realizar cuanto van a intentar hacer esos paladines del arte teatral con tan mezquinos elementos.

Nombres famosos, títulos, grandes obras siguen en su revista, al igual que la certeza de que el Teatro de Orientación continuará con sus lineamientos iniciales:

...tomarán parte en la interpretación de esas obras solamente aficionados que no han trabajado nunca antes en teatros comerciales y con absoluta exclusión de los actores profesionales que no puede –no quieren– prescindir de los vicios que afean y corrompen la escena comercial.

A la ya larga lista de actores integrantes de ese grupo une el nombre de Felipe del Hoyo:

Juan Manuel Salcedo, Josefina Escobedo, Clementina Otero, Aurora Villaseñor, Carlos López Moctezuma, Ramón Vallarino, Víctor Urruchúa, Felipe del Hoyo –nuevo elemento de notables dotes escénicas que ha sabido explotar la hábil dirección de Celestino Gorostiza– y hasta treinta actrices y actores más, todos encendidos del noble entususiasmo que ha sabido prender en ellos y mantener durante tres años Celestino Gorostiza, a través de toda su ardua y fecunda labor. El conjunto reunido por él, se encuentra actualmente después de tres meses de constantes ensayos, en magníficas condiciones.

Los vaticinios de una nueva y enriquecedora temporada se suceden en la prensa hasta el mes de julio. Mario Mariscal tal vez el mejor informado por más cercano a ese teatro, va dando en cuentagotas pormenores de obras y nuevos elementos del elenco, así avisa en "Teatrales" que:

El conjunto de actores aficionados que bajo la certera dirección de Gorostiza ha venido actuando en los últimos años, es cada vez más numeroso –hasta el punto de serlo más que cualquiera compañía comercial– e indudablemente el más entusiasta que trabaja en México.

...

presentándose en esta temporada una nueva y prometedora figura, que a su juventud y buenas dotes físicas aúna su gran ductilidad y una decidida devoción por el teatro; el nombre de este reciente y felicísimo descubrimiento de Gorostiza, es el de Ofelia Arroyo.

...

La cuidada escenografía que siempre ha sido parte muy encomiable de la presentación del Teatro de Orientación, correrá a cargo de Agustín Lazo, el excelente pintor que tanto destaca en sus creaciones escenográficas.

A esa especie de cápsulas en las que va enterando de ciertas novedades, siempre cuidadoso, Mariscal[76] agrega:

una de las decoraciones: es la de *El Barco*, cuyo autor es el joven y bien conocido pintor Rufino Tamayo.

La música según se barrunta, tendrá un lugar preponderante en las anheladas escenificaciones:

Dará relieve a las representaciones el especial empeño que se ha puesto en la selección de la música que debe completar estos programas. Desde el principio de su labor, el Teatro de Orientación ha procurado que la música de los intermedios no tenga el único objeto de llenar un espacio de tiempo perdido, sino que sirva a manera de obertura para preparar el estado de ánimo del público y ponerlo a tono con la representación. En algunas de las funciones que se anuncian para la próxima temporada la música desempeñará un papel todavía más importante: formará parte de la representación misma. La música en *Liliom* –música de feria que es como el *leit motiv* del drama– ha sido compuesta especialmente para el caso por Eduardo Hernández Moncada. Los coros de negros que se oyen durante la representación de *A la Sombra del Mal*, han sido seleccionados por el profesor Luis Sandi y serán interpretadas por el coro del Conservatorio.

El Universal[77] a guisa de mayor información y como un mejor reclamo incluye la víspera de la inauguración, biografía acompañada del retrato de Felipe del Hoyo, el nuevo elemento quien desempeñará uno de los papeles más importantes en la obra de Lenormand.

Felipe del Hoyo ha pasado una vida girando en torno a la luz de las candilejas. Cantante destacado, ha sacado el mayor partido de su voz estudiando en las mejores escuelas de declamación. Ha pasado varias largas temporadas en los Estados Unidos y en Europa, dedicado exclusivamente a observar el teatro y nada de su desarrollo se le ha escapado en quince o veinte años. Conoce todas las obras, todos los actores, todas las interpretaciones. Desde México sigue aún alimentando su inquietud. Recibe las mejores publicaciones de teatro, las mejores obras. Colecciona artículos, figurines, retratos de artistas, bocetos de decoraciones. Lógicamente había declinado cuantas oportunidades ventajosas se le ofrecieron para entrar a formar parte en las compañías comerciales de México. Y, afortunadamente para el teatro, ha sido en el de Orientación donde al fin se decidió a quemarse las alas. Su debut en la presente temporada será una verdadera revelación para el público de México.

El mismo diario[78] publica al día siguiente curriculum y fotografía de Ofelia Arroyo, la otra adquisición del teatro.

A la Sombra del Mal se desarrolla en un cuadro exótico: el África Colonial con su selva misteriosa e impenetrable, su calor aplastante, la fiebre que corroe no sólo la carne, sino también el alma del blanco, las supersticiones de los nativos, la crueldad, el terror y la piedad que son los resortes que mueven a sus personajes.

Dará relieve al estreno de esta obra la presentación de la joven artista Ofelia Arroyo, quien esta noche inicia su carrera teatral. Encarnará a Fatimata, la mujer mestiza, uno de los personajes más interesantes de *A la Sombra del Mal*. Las dotes naturales de la señorita Arroyo y su refinada cultura le aseguran un brillante porvenir en las tablas.

El Nacional[79] a su vez da a conocer una más extensa semblanza de Clementina Otero, con una fotografía de la bella actriz:

Clementina Otero es la representativa de las actrices del teatro moderno en México. Iniciada en 1928, a los 17 años, en el Teatro de Ulises, con aplauso unánime de crítica y público, se ha desarrollado al influjo de Lenormand, Vildrac, Cocteau, Pirandello, Shaw y Giraudoux. No hay, en realidad, un secreto del teatro moderno que le sea desconocido. La disciplina cultural y artística a que ha vivido sujeta han dado a la modernidad de su belleza y de su elegancia cosmopolita una profundidad espiritual que la sitúa naturalmente en el clima poético en que se desarrollan las obras del nuevo teatro. Javier Villaurrutia, el ingenioso dramaturgo de las sutilezas poéticas la ha escogido como intérprete de sus producciones, y la última, *¿En qué piensas?* que será estrenada en este año por el Teatro de Orientacción, la escribió especialmente para ella. Si hace seis años fue aclamada como la perfecta ingenua, a la fecha se ha convertido en la dama joven ideal del teatro moderno en México.

Tan halagüeños exordios culminaron con el rotundo triunfo de la función inaugural. Así lo reconoce y atestigua el indispensable crítico Mario Mariscal[80]

La función inaugural de la cuarta temporada del Teatro de Orientación, tuvo por variados conceptos la más feliz realización, anoche, en el teatro de la Secretaría de Educación (antiguo teatro Hidalgo).

El sorprendente manejo que Lenormand hace de los resortes emocionales más nobles, en el juego escénico de *A la Sombra del Mal*, drama psicológico de intensa emotividad, finamente graduado en el desarrollo escalonado de situaciones bien concebidas y armónicamente conjuntadas, es bastante para apoderarse del ánimo del espectador, pero quizás no habría tenido éxito alguno sobre un auditorio acorazado por su sentido crítico, a no haber contribuido los actores que encarnaban los distintos personajes de la obra, con su acento persuasivo a infiltrarle la esencia de la obra de Lenormand. Porque los actores aficionados que integran el Teatro de Orientación, poseyendo las virtudes del "amateur" sin los vicios del profesional, cumplen cada vez mejor su difícil misión. Y apoderándose de cuanto de mayor dignidad, tiene la profesión del actor, nos hace olvidar que éste tiene frecuentemente en su contra defectos que exceden en mucho a la suma de sus cualidades.

La preparación de temporadas anteriores ha fructificado vigorosamente en la representación de *A la Sombra del Mal*, que no tendrá mejores intérpretes en los actores, directores, escenógrafos y traductores de cualquier teatro experimental, que los tuvo en Clementina Otero, Ofelia Arroyo, Juan M. Salcedo, Carlos López Moctezuma, Felipe del Hoyo y Ramón Vallarino –actores–, Celestino Gorostiza, director; Xavier Villaurrutia, traductor, y Agustín Lazo, escenógrafo del Teatro de Orientación. Así lo entendió el público –insistimos: numeroso y selecto–, que aplaudió varios mutis, los finales del acto, y, muy singularmente, el de la obra, de manera tan calurosa, espontánea y prolongada, como no tenemos ocasión de oír hacerlo en ningún teatro comercial de México.

Pese a tan rotunda afirmación sobre el éxito de *A la Sombra del Mal*, la campaña de desprestigio iniciada meses atrás en *Diversiones*[81] continuó con sus burdas ironías:

"HIDALGO"

Nuestra CAMPAÑA PROSUEÑO ha entrado en su QUINTA ETAPA…!

El profesor CELESTINO que tiene el orgullo de haber dormido a casi todo el público…! (y eso de CASI TODO, es referente a los 18 o 20 asistentes…)

A éste último ensayo, lo podríamos denominar: LA CAMPAÑA CONTRA LA ADALINA.

¡No compre Ud. más comprimidos de esos...! ¡NUESTRO RE-
PERTORIO ES MUCHO MÁS EFECTIVO...!!!

Si lo anterior no pasa de ser una *boutade*, más peligroso es el análisis de "Roberto el Diablo"[82] por tratarse de un crítico reconocido, aunque eso sí más adorador de lo negativo que de logros:

NUEVAMENTE ha hecho acto de presencia el llamado Teatro Orientación. Con esta de ahora son ya cuatro las temporadas que ofrece
la flamante institución escénica auspiciada por el gobierno. Y es
curioso observar que en el cuatrienio que abarca su ejercicio, es
precisamente cuando el público metropolitano ha evidenciado la
mayor "desorientación teatral". No se recuerda, en verdad, un más
grande desvío de nuestro conglomerado social por el arte de Thalia,
que el constatado en el último lustro que estamos viviendo.

Afortunadamente ahora está al frente del Departamento de Bellas
Artes de la Secretaría de Educación, persona que tiene, aparte de al-
curnia intelectual, una probada ejecutoria en asuntos teatrales. Y de
seguro que si para el año entrante se sigue considerando en el Presupuesto la partida respectiva –cosa difícil por la cuantiosa erogación que reclama el sostenimiento del Palacio de Bellas Artes– mar-
cará nuevos derroteros al Teatro de Orientación. Con su reconocida
capacidad, el licenciado Antonio Castro Leal sabrá encauzar propi-
ciamente su actuación, corrigiendo los yerros que se han venido co-
metiendo en su funcionamiento.

Expuesto lo anterior, diremos que la obra de Lenormand, por su
tesis derrotista, es lo menos indicado para incluirla en un repertorio
auspiciado por un Gobierno que tiene como norma la justicia so-

cial, ya que en dicho drama se propugna el descrédito de ese elevado ideal humano. *A la Sombra del Mal*, de fuerte sabor exótico, ya que tiene por asiento de su desarrollo el seno de la jungla africana, no se distingue tampoco por su calidad literaria, existiendo otras obras del propio autor de más relevantes méritos estéticos.

La interpretación a pesar del largo tiempo que tuvo de ensayos, indudablemente, adoleció de las vacilaciones y tropiezos inherentes a los aficionados, siendo los mejor librados en sus respectivos papeles Carlos López Moctezuma, José Neri y Juan M. Salgado. Al debutante Felipe del Hoyo lo perjudica el tono ingrato de su voz, y a la señorita Clementina Otero le falta ductibilidad emotiva para saber matizar los más dispares estados anímicos.

Dando un mentís a la agresiva gracejada de *Diversiones*, Fernando Mota[83] en *El Universal*, confirmó lo dicho por Mario Mariscal. El juicio sobre la obra que vierte Mota es a todas luces laudatorio e igualmente encomiástica su evaluación del grupo actoral, de la escenografía y de la música:

Al lado de los estudiantes del arte dramático cuyos nombres y figuras son familiares a los espectadores, como Clementina Otero –tan gentil y mesurada– de Carlos López Moctezuma invariable y de los demás intérpretes, que se afirmarán con ejercicio más frecuente, como Ramón Vallarino, José Neri, Salvador Matute, Jorge Sanromán, Román Solano y Juan M. Salcedo, aparecieron ante el público, por primera vez dentro del grupo, otros elementos.

La cortesía exige que mencionemos en primer término a Ofelia Arroyo, a pesar de su breve actuación, en el papel de Fátima, a reserva de analizar su trabajo cuando se presente ocasión más propicia, en un papel más amplio. Dentro de ése, cumplió acertadamente Felipe del Hoyo, que ha aparecido antes frente al público, como tenor, en el papel de Prefailles, lo confirmó con ademanes que tenían aún la retórica del cantante. Si su voz juvenil estaba reñida con la caracterización, en seguridad superó a los demás elementos.

La escenografía de Agustín Lazo fue irreprochable en el interior, pero no del todo convincente en el telón de fondo, que tenía poco de la selva africana, al menos desde el punto de vista de la eficacia teatral, que es la que importa.

De las selecciones musicales de Luis Sandi, fue más adecuada la primera. En los intermedios, fueron sustituidas las danzas que el autor pide, con música de negros norteamericanos.

El público aplaudió, complacido a cada final de acto y más largamente al concluir el último.

Rafael Sánchez de Ocaña[84] no permanece indiferente ante la intimidad del quehacer de Lenormand y observador cuidadoso de las actividades de Orientación considera que:

Celestino Gorostiza, ganó la batalla. Lo que en la temporada última fueron presentimientos, atisbos y promesas, se trocaron en espléndidas realizaciones que todos los amantes del arte escénico han de estimar y agradecer. La compañía de aficionados entusiastas y de buena fe, por obra y gracia de su director, hizo alarde de la plausible maestría. Vayan nuestras felicitaciones a Carlos López Moctezuma, Josefina Escobedo y José Neri. Ofelia Arroyo en su breve pero deleitosa intervención, nos impresionó de modo muy favorable, henchido de perspectivas sonrientes. Citar a Agústin Lazo como escenógrafo, es hacer su elogio. La traducción de Villaurrutia de impecable pureza de lenguaje, es digna de tan distinguido y culto escritor.

Otros periódicos hacen alusión de menor envergadura, pero todos o la gran mayoría concuerdan con el éxito del programa. *El Universal Ilustrado* [85] que comenta entre elogios que el elenco sigue siendo el mismo a excepción de "su mejor artista masculino Víctor M. Urruchúa…"

La victoria total de esta obra atrapó la atención de escritores de la talla de Rafael López[86] quien en *El Nacional* dedica un largo ensayo a describir el interés de su asunto, y en torno a la realización compendia algunos de los resultados:

El Teatro Orientación continúa superando los obstáculos de la técnica, así en lo que se refiere a decorado, como en la economía de tiempo y en general, en la ya encomiable actuación dramática. Como en anteriores trabajos, López Moctezuma se destaca un palmo arriba de sus compañeros. Con excepción del negro –que negro como él jamás pudo vestir la librea del sol bajo el cielo africano– todos se mueven por los hilos de Lenormand, caminan derechos en ese laberinto de conceptos, un poco difícil, que estructura la obra. Con la salvedad de que ignoramos la indumentaria musulmana en las posesiones francesas, nos inquietó el traje rojo de aquel azotado dos veces, por el látigo y las vestiduras. Pasó por la obra en una mezcla de apostol y papagayo, desconcertante en su misticismo cubierto con traje de luces.

La hermosa voz de la muchacha afloja la tensión y parece venir de una tierra distinta, casi de promisión, de un amable meridiano donde no se presentan así de apremiantes y dramáticos los conflictos morales. De un lugar donde todo se desplaza dulcemente y sin agobio, enmascarados y pulidos los perfiles agudos. A pesar de que tras esa apariencia, se adivine el mismo problema, nos detiene un momento y nos aplaza la urgencia de la pregunta, que no cesa de salir de los labios de los otros personajes.

También impactado por el drama "psicológico" de Lenormand, Armando de Maria en, "Teatros" de la revista *Todo*[87] repasa el intrincado tema y como sus colegas deja claro que el buen logro de esa tuvo un eje primordial, Celestino Gorostiza. Además:

...mucho respeto a la postura escénica; el escenógrafo Agustín Lazo acertó en la única, sobria y luminosa decoración de la obra.

La interpretación que a tan difícil obra dieron los actores-aficionados del cuadro "Orientación" muy estimable, Clementina Otero tuvo acentos de honda ternura muy elogiables. Ofelia Arroyo se mostró muy afortunada en su breve intervención, llena de promesas para el futuro. Muy sobrio el señor López Moctezuma en Rouget, y discreto el señor Del Hoyo en el Prefailles. El resto, sin desentonar. La versión de Villaurrutia, no sólo pulcra y pura, sino inspirada.

Liliom la leyenda del húngaro Franz Molnar, en traducción del francés y adaptación por el propio director Celestino Gorostiza y con decorados y figurines de Agustín Lazo y música de Agustín Hernández Moncada, correspondió al segundo programa de la quinta temporada el 22, 23, 25 y 26 de agosto del Teatro de Orientación. El reparto, siempre por orden de aparición lo compusieron:

María	Ma. Teresa Contreras
Julia	Josefina Escobedo
Sra. Muskat	Aurora Villaseñor
Liliom	Carlos López Moctezuma
Criadas	Carmela Paniagua, Reyna Prado, Ofelia Arroyo, Clementina Otero
1er. Policía	Felipe de Hoyo
Sra. Hallunder	José Neri
Ficsur	Arturo Ureña
2º Policía	Ramón Villarino
Wolf	Juan Manuel Salcedo
3er. Policía	Salvador Matute S.
Guardián	Ricardo Reynold
El hombre rico	Jorge Sanromán
El hombre pobre	José Neri
Comisario del Cielo	Felipe del Hoyo
Luisa	Clementina Otero

De *Liliom* una pieza de extremada poética, de concepción fantástica, de ambiente popular que hoy llamaríamos de marginados, expresa la "Nota":

El estreno de LILIOM en Budapest dejó decepcionados tanto al empresario como a la crítica. No era la clase de obra que la capital húngara estaba acostumbrada a esperar de su autor dramático favorito, cuya pieza *El Diablo*, después de dos años de éxito sin precedentes, llenaba todavía los teatros de dos continentes. Cerca de diez años transcurrieron antes de que LILIOM fuera repuesta en escena. Esta vez constituyó un triunfo inmediato y arrebatador. Quizá la amplia circulación de la pieza impresa había hecho más clara su belleza y su significado. Quizá la tragedia de la Guerra había hecho al público de Molnar más sensible a los valores espirituales. Cualquiera que sea la causa, Budapest recibió ahora extático lo que había rechazado antes, y su autor alcanzó el apogeo de su popularidad.

LILIOM es, en efecto, la obra maestra de Molnar. Difícil será encontrar en toda la producción dramática contemporánea una obra que reúna su extraordinario virtuosismo, su atrevimiento imaginativo y esa mezcla perfecta de naturalismo y fantasía, humorismo y sentimiento, ternura y tragedia, dentro de una sólida estructura dramática.

El asunto de LILIOM es profundamente poético. Se desarrolla en los bajos fondos de la sociedad de la capital, entre los descastados, los sin trabajo, los pillos, oscilando en el límite exacto entre la comedia y la tragedia. Los personajes no son menos pasivos que los enamorados de *El Diablo*. Ambas obras pueden entrar en la categoría de "teatro mágico" con la diferencia, sin embargo, de que LILIOM permite a Molnar penetrar más adentro en la miseria del corazón humano. Es así como la emoción no deja de vibrar en el fondo de una carcajada.

El elemento fantástico está impregnado de colores populares tomados de la vida del arrabal. Pero el esfuerzo de Molnar se aplica sobre todo a levantar a Liliom, hombre de obstinación enternecedora y de una rudeza que se vuelve contra él mismo y a su mujer, que sufre sin hablar dentro de la esfera de una justicia superior. El autor de LILIOM abandona la disciplina rigurosa de la gramática teatral, a fin de explotar todas las posibilidades de la escena.

238

El Universal[88] según su costumbre anuncia el estreno destacando la participación de algunos de los actores, tocó su turno a la más reciente adquisición del grupo, Aurora Villaseñor; además de la fotografía de la artista el redactor asegura:

Aurora Villaseñor es la actriz más experimentada con que cuenta el Teatro de Orientación. Su interpretación de los papeles de carácter es irreprochable. Quienes la han visto en la "Tía Arina" de la farsa de Gogol y en la "Dama de Negro" de *El Doctor Knock*, la recuerdan como una de las actrices de carácter más completas con que cuenta el teatro en México.

Ahora reaparece en escena, desempeñando uno de los papeles más importantes de *Liliom*.

Por su parte en *El Universal Gráfico* Mario Mariscal,[89] recalca la personalidad de Josefina Escobedo y de Carlos López Moctezuma:

Josefina Escobedo es uno de los raros tipos de actriz temperamental pero su temperamento está contenido por una inteligencia vigilante y un gusto riguroso. Su gesto vigoroso y su voz poética y cálida, que tan bien convienen a la tragedia, se amoldan con facilidad al drama psicológico, en el que logra una expresión matizada y sutil, y aún a la farsa donde su buen gusto le impide caer en la comicidad vulgar. A todo ello hay que agregar el encanto de su belleza, nada común, llena de carácter.

De la joven casadera de la farsa de Gogol a Lady Macbeth, Antígona e Ifigenia, pasando por la ingenua de *Liliom* donde la ternura más conmovedora se repliega dentro de la máscara de severidad que impone el dolor a las víctimas del destino, recorre toda una gama, en la que difícilmente podría ser seguida por cualquiera otra actriz.

...

Carlos López Moctezuma interpretará el papel del protagonista, del que hace una creación tan perfecta y acabada como la que dejara admirado y complacidísimo al público la semana próxima pasada en la obra de Lenormand. A su lado trabaja Josefina Escobedo, la más completa de las nuevas actrices mexicanas, la que sin duda obtendrá un nuevo triunfo en el hermoso papel que se le ha confiado.

Mario Mariscal aparte de comentar lo más sobresaliente de la "Leyenda" de Molnar, afirma:

Al felicísimo acierto del adaptador se une el no menos elogiable del compositor –Eduardo Hernández Moncada–, quien apoderándose del espíritu de la obra, logró realizar varios deliciosos trozos musicales que completan exactamente el pensamiento de Molnar, contribuyendo grandemente a crear el ambiente necesario para que se desenvuelva esta admirable fantasía poética que es la leyenda de Franz Molnar. Especialmente acertada y de una extraordinaria musicalidad, es la parte que instrumenta el sonido del organillo, fragmento musical de verdadero mérito.

Este amable cronista, relata los progresos que han hecho en su totalidad los actores "aficionados" que conforman el Teatro de Orientación, al:

grado de excelencia tal, que se haría casi imposible creer que se trata de amateurs exclusivamente, que dedican una cuantas semanas cada año, a preparar las obras representadas en la breve temporada, a no ser por el cada vez más firme convencimiento que he llegado a adquirir –y conmigo el público que estimula este esfuerzo sin regateos, con absoluta entrega de su emotividad–, de los mayores méritos del aficionado sobre el profesional, y su mínima carga de defectos en el mismo plano de comparación.

Del notable equipo se destacaron en los papeles estelares:[90]

Es preciso distinguir a Josefina Escobedo en su excelente interpretación del primer papel femenino, la cual con su bellísima voz, de graves y dulces inflexiones, con su actitud mesurada y su gesto melancólico, encarnó una Julia ideal; a Carlos López Moctezuma, quien nos dió una interpretación justa y desenfadada del pillo –en el fondo, estrictamente honesto, conforme a su propio código– de una obstinación enternecedora y una rudeza que se vuelve contra sí mismo; a Aurora Villaseñor, que supo dar matices de ternura a su papel de enamorada otoñal, manteniéndose en un plano de encomiable discreción; a Juan Manuel Saucedo, quien sin abuso de su gran vis cómica, encarnó justamente al judío, realizando con acierto la transformación de su personaje, y, finalmente, a Clementina Otero, en su breve aparición, realizada con acierto digno de aplauso.

La escenografía es "inmejorable", sobre todo aquella que exorna el "parque en las cercanías del *carrousell*". Igualmente refiere ese rigor ya señalado del trabajo de grupo, "sobre el que se hace sentir una dirección experta, en el caso, la de Celestino Gorostiza".

Rafael Sánchez de Ocaña,[91] en "Vida Teatral", considera exagerada la forma de que se ha rodeado al húngaro Molnar, sin embargo, *Liliom* sí es la "mejor de sus comedias" y:

...el valor teatral de los cuatro primeros cuadros, justifica que un espíritu tan culto y alerta como el de Celestino Gorostiza haya ofrecido la obra del celebrado autor húngaro a nuestro público; por la originalidad de la intriga, pintura de personajes, ambiente y primores de diálogo, son dignos de admiración. Esa misma incoherencia de los muñecos de la farsa y la extraña atomósfera que respiran, mezcla de realismo y maravilloso, le añade un singular encanto.

Con entusiasmo mayor al expresado en otras reseñas Rafael Sánchez de Ocaña establece firmemente que:

La representación de *Liliom* marca una etapa en la historia del Teatro de Orientación. Antes de ella un grupo de aficionados entusiastas se esforzaban en aparecer actores. Después bajo la dirección de Gorostiza, inteligente y llena de perseverancia, los aficionados se transformaron en artistas dignos de nuestra estimación y aplauso. Las bellas decoraciones de Agustín Lazo, la sugestiva música del maestro Hernández Moncada, el trabajo de los intérpretes, incluyendo sus magníficas caracterizaciones, dieron por resultado una espléndida realización.

Armando de Maria[92] reporta también el rotundo éxito de Orientación en *Liliom*,

…para todos y cada uno de los intérpretes, para el traductor y el decorador de la desconcertante obra.

Glosa algunos destellos, "la figura de Liliom [es] simpática" y abunda acerca de actuaciones y escenografía:

…alrededor se muevan personajes profundamente humanos junto a otros simpáticamente absurdos, todos inquietantes, y que Josefina Escobedo, María Teresa Contreras, Clementina Otero, Aurora Villaseñor, José Neri y Arturo Ureña logran crear con talento y acierto indiscutible. Los tres decorados de Agustín Lazo, modernos, infantiles dos de ellos, admirable marco de la acción, sabiamente dirigida por Gorostiza.

A esta quinta temporada de Orientación, se la determina y se la define, como la más sobresaliente por la inclusión de obras mexicanas sobre las extranjeras, lo que evidencia que la inquietud y el propósito nacido primero en Teatro de Ulises, reafirmado en Escolares del Teatro y culminado en Teatro de Orientación, en cuanto a incitar a escritores nacionales con producciones de criterio contemporáneo y universal, comenzaba a dar frutos.

El tercer programa estuvo constituido por *El Barco*, de Carlos Díaz Dufoo hijo –publicado en la revista *Contemporáneos* en los números 38-39 de julio a agosto de 1931; *¿En qué piensas?* de Xavier Villaurrutia e *Ifigenia Cruel* de Alfonso Reyes que se representan el 29 y 30 de agosto y el 1º. y 2 de septiembre.

En la farsa en un acto de Díaz Dufoo con escenografía de Rufino Tamayo y dirección de Celestino Gorostiza integran el reparto:

El hombre de negocios	Arturo Ureña
El hombre cansado	Ramón Solano
El filósofo	José Neri
El viejo esposo	Juan Manuel Salcedo
La vieja esposa	Aurora Villaseñor
El hombre de Estado	Jorge Sanromán
El poeta	Ramón Vallarino
La cortesana	Carmen Doria
La mujer del poeta	Carmen Paniagua
La mujer joven	Ofelia Arroyo
El adolescente	José Merino
El empleado	Salvador Matute y S.
El oficial	Ricardo Reynold

La presentación de la obra en el programa de mano es de Julio Torri, quien fuera amigo del desaparecido escritor:

En los tiempos modernos aparece en nuestras letras una serie de escritores malogrados –Couto, Gómez Robelo, Jesús T. Acevedo y ahora Carlos Díaz Dufoo, hijo –que nos dejaron breve producción, pero de sorprendente calidad y un noble ejemplo de amor exclusivo por la Belleza, y de altivo desdén por todo lo que es ajeno a la vida intelectual.

Julio Torri[93] es también uno de los primeros en felicitar públicamente al Teatro de Orientación y a su director, especialmente por el buen criterio selectivo:

...más importante todavía es su labor de dar a conocer selecciona-dos ejemplos de la literatura dramática nacional. Bajo este aspecto su programa de esta noche es verdaderamente excepcional. Lo inte-gran tres obras mexicanas en un acto cuyos autores figuran entre los más destacados exponentes de la literatura e intelectualidad me-xicana, a saber: Alfonso Reyes, Xavier Villaurrutia y Carlos Díaz Dufoo Jr.

Además se sirve para introducir ante el público a Carlos Díaz Du-foo, según él advierte, del comentario que sobre aquel dramaturgo "ha escrito otro de nuestros más distinguidos literatos".

Algunos seres escogidos –the happy tew, que dijo Beyle– se mues-tran tenazmente reacios a adaptarse a las condiciones de nuestra vi-da; desdeñan la baja comodidad, los honores, la posición social en-cumbrada, y demás desiderata que es dable alcanzar en la tierra. Se refugian en todo lo que puede despicar su sed de infinitud: la músi-ca, la filosofía, la existencia desasida y errátil. Nunca pierden su ex-tranjería en nuestro planeta, y sus vidas fugaces y luminosas siguen –al decir de Stefan Zweig– parabólica trayectoria.

Díaz Dufoo Jr. era de esta selectísima familia de espíritu a quie-nes toda baja realidad hiere de modo punzante, y que terminan por aniquilarse en su ansia vehementísima de infinito.

Más explícito que en el programa de mano, y en relación con la obra a presentarse, sigue amparándose en el ignoto escritor que cita y utiliza esta descripción:

En *El Barco* reacciona con violencia incontenible contra la falsa actitud que sirve a tantos para prosperar y flotar. Basta la inminencia de un peligro mortal para que abandonen sus disfraces convencionales y nos muestren sus deformadas almas y su pensar bajo. La infalibilidad de los modernos técnicos y científicos y diversos valores –hueros y respetados– de nuestro exiguo mundo presente atraen, más que los tinos de la ironía, los rayos de la cólera del autor de tan original ensayo dramático.

El Barco gustó a público y crítica. Uno de sus panegiristas[94] después de aclarar que el propio Díaz Dufoo hijo indicaba que había escrito esa obra para leerse, expresa:

Si la forma dialogada es susceptible de adquirir relieve plástico, animada en boca de los actores, constituye teatralidad. Así, en el caso de *El Barco* no importa que principalmente se haya construido como pieza para leerse y no para representarse.

En el confusionismo del momento teatral que vive México, se pretende separar la calidad literaria del teatro en sí, confiando la novedad al procedimiento, y no a la ideología, como conviene a un arte hecho de palabras. El teatro es, ante todo, espectáculo, y cuanto más refinado más espectáculo.

Insiste este redactor en lo importante de la calidad "literaria e ideológica" para las obras teatrales e indica:

La farsa *El Barco* carece de relieves teatrales. En su pintoresca y simbólica anécdota se enraciman los personajes de un mundo convencial, hablando con la sinceridad del que va a morir, estrellando sobre la cubierta de un barco a punto de naufragar todos los valores morales y todas las conveniencias sociales. Se escucha con deleite a todos porque, manojo de pequeños filósofos, su verba chisporrotea entretenidas sentencias. Nada más. *El Barco* se salva y sigue navegando, y el pasaje olvida y... sigue su ruta.

La decoración de Rufino Tamayo, del mejor gusto. Los intérpretes, moviéndose con estudiada naturalidad. El conjunto, estimable.

Mariscal,[95] retomando su periodicidad en la sección "Teatrales" de *El Universal Gráfico*, piensa que *El Barco* fue un verdadero *tour de force*, tanto por la dirección como por la interpretación:

...por sus numerosísimos personajes, lo animado de las réplicas y la dificultad de lenguaje, escollos que fueron todos vencidos en forma elogiosa por Gorostiza en cuidadosos ensayos y por sus intérpretes, de los cuales merecen especial mención, Ofelia Arroyo, por su bella y bien timbrada voz y la mesura y elegancia de su gesto; Carmen Paniagua, muy discreta y atinada; Juan Manuel Salcedo y Aurora Villaseñor, que realizaron admirablemente sus tipos:

Más meticuloso Rafael Sánchez de Ocaña[96] analiza *El Barco* desde el punto de vista literario y se regocija de que haya encontrado un lugar para su representación:

El Barco de Díaz Dufoo, es una farsa henchida de amargura, donde el autor maneja con irreverente familiaridad los muñecos, voceros de sus inquietudes y sombrías paradojas. En una nave en trance de naufragio un puñado de pasajeros distinguidos –nos referimos a la clase de camarote– arrojan las máscaras que llevaron puestas durante la vida, para expresarse con espontánea sinceridad. La perspectiva de una muerte segura, autoriza semejante gesto, el de mayor lujo que pueda imaginarse. El hombre de Estado, el financiero, el filósofo, el poeta, la esposa vieja, la cortesana, la mujer del joven adolescente y otras comparsas más, se confiesan, discuten y avivan los instintos de goce, o se entregan a meditaciones; la resignación alterna con la desesperanza.

Mientras estas gentes de calidad y bien avenidas con la existencia se disponen a morir con elegancia, de las entrañas del barco brota un grito brutal de rebeldía contra la muerte; son los parias, los desheredados de la fortuna, que hacinados como bestias en las profundidades de la caja, se resisten a desaparecer. Contraste irónico que el dramaturgo subraya con marcada complacencia, pues su alma sensible y generosa, se hallaba más dispuesta a percibir las disonancias que las armonías que encierra la vida. Mas la Ciencia, que anunció con matemática certidumbre el hundimiento del navío, también se equivoca. Ya no tenemos a donde aferrar nuestros anhelos, ni anclar nuestras ansias de verdad. Y así como fantasmas errantes por tierra y por mar, paseamos la ignorancia de nuestro destino.

Si el enterrar a los muertos es deber de piedad, resucitar sus obras es de justicia y *El Barco* de Díaz Dufoo, lo merecía.

La segunda pieza *Misterio en un acto* de Xavier Villaurrutia, lleva la "Nota" de Celestino Gorostiza:

Los muñecos de Villaurrutia, estatuas de cristal animadas por un sistema nervioso a flor de piel, respiran el aire que crea su propia respiración, viven unas vidas precisas, calculadas rítmicas, que, en el laberinto del destino, se entrecruzan, se sortean, se interponen y llegan a su fin determinado, exacto. Estas vidas matemáticas no tienen nada que ver, naturalmente, con la realidad, en cuanto, lejos de buscar en ella un modelo, se convierten en su modelo, la elevan a un plano ideal para someterla a su lección de disciplina y rigor. Es en obras como éstas donde el teatro de la época vuelve a recuperar su carácter, a ser la "escuela de costumbres" que ha sido en sus mejores tiempos.

El título de la nueva obra de Villaurrutia –*¿En qué piensas?*– lugar común que en la fatiga y la indiferencia con que se repite a cada paso oculta el deseo malsano de descubrir alevosamente el mundo de la abstracción ajena, ha servido de clave a su autor para penetrar en el misterio de tres vidas, cuyos amores convergen a distintos tiempos en el de una sola mujer; pero para esta mujer, fémina desnuda de convenciones, no es el tiempo, sino su amor, que no conoce pasado, presente, ni futuro, el que da la medida de todas las cosas. Podrá cambiar su objeto, no su esencia, la única que importa y en la que fatalmente habrán de venir a cobijarse, a pesar suyo, los amantes de todos los tiempos.

Dirigida por el propio Gorostiza con escenografía de Agustín Lazo el elenco es el siguiente:

Carlos	Carlos López Moctezuma
Víctor	Felipe del Hoyo
María Luisa	Clementina Otero

Ramón	Ramón Vallarino
Un desconocido	Juan Manuel Salcedo

En *El Ilustrado*[97] el redactor insiste en la "traviesa inspiración de Villaurrutia" que:

…nos entretuvo, a seguidas con una amable pieza en un acto, titulada *¿En qué piensas?* y escrita con un envidiable ritmo irónico lleno de clara espiritualidad. Tres simples enamorados –no tres enamorados simples– que constituyen el presente, el pasado y el mañana en la inquietud amorosa de una mujercita que, cuando piensa, no piensa en nada; que cree amar y no ama ni al de ayer, ni al actual, ni al de mañana, sino simplemente al que está "en tiempo"… La ágil y graciosa nadería escénica de Xavier Villaurrutia fue comentada muy favorablemente por el culto a saludar desde el proscenio, en unión de Clementina Otero, López Moctezuma, Del Hoyo y Vallarino, los afortunados intérpretes de *¿En qué piensas?*

Mario Mariscal[98] engloba el contundente éxito de las obras mexicanas en su "Teatrales". Se ocupa primero de la de Villaurrutia:

…a través de la lectura este "Misterio" de título tan sugerente viene a firmar, en unión de *Parece Mentira*, la manera teatral de Villaurrutia; una manera muy personal, originalísima, y que abre una nueva puerta al teatro moderno por la cual se puede asomar a campos vastísimos y muy fértiles, donde cosechar nuevos y bien madurados frutos.

Teatro o poesía, ensayo o crítica, la literatura de Villaurrutia captadora de sutilezas, envuelta continuamente en paradojas, más sensible a la inteligencia que al sentimiento, sin que por ello destierre la emoción, es asimilada por Mariscal quien detecta:

> *¿En qué piensas?* es una pieza que, no obstante carecer casi totalmente de acción –obra puramente intelectual, fríamente calculada, concebida con rigorismo lógico absoluto– tiene notables dotes teatrales, prueba de lo cual es el hecho de apoderarse totalmente, desde un principio, del espíritu y la inteligencia del público, conduciéndolo a capricho del autor, en juego prodigiosamente bien equilibrado de sutilezas dialécticas y malabarismos ideativos. Este juego, que por la gracia que ilumina todas sus fases y el radiante humorismo de todas las frases, no sólo no es fatigoso, sino, al contrario, agiliza al auditor, permitiéndole realizar una amable gimnasia intelectual, se interrumpe a momentos, permitiendo el acceso a otro de los elementos más personales e interesantes del teatro de Villaurrutia: el misterio.

La obra movió la emotividad de los espectadores que al finalizar le tributaron un estruendoso aplauso,

> …una serie de ovaciones, tan nutridas, espontáneas y calurosas, como no hemos oído en teatro alguno de México en muchos años –es animador para Xavier Villaurrutia, como autor teatral, ya que en otros planos intelectuales ha triunfado plenamente antes, y para Celestino Gorostiza, como animador del grupo teatral que tan encomiablemente supo encarnar ese delicioso juguete, grupo del que

destacaron sobremanera Carlos López Moctezuma, Clementina Otero y Juan Manuel Salcedo.

A Sánchez de Ocaña[99] le interesó más "El Misterio" de Villaurrutia, a través del personaje femenino, de lo paradójico de éste y de la personalidad del autor, no carente de sutilezas humorísticas:

Xavier Villaurrutia con su ingenio ágil, alerta y optimista, nos ahuyenta la sombría impresión en que zozobrábamos. Sólo un humorista en trance de escepticismo se atreve a preguntar: ¿En qué piensas? Pues la respuesta ha de ser insincera, encubridora de aquello que nos preocupa, y cortés manera de ausentarnos en el seno del amor o de la amistad. Mas si por ingenuos nos atrevemos a interrogar de la suerte a una mujer, su contestación ha de producir infalibles efectos cómicos. Así acontece en el Misterio de Villaurrutia. ¿Puede imaginarse algo más deliciosamente arbitrario que tres personajes a la busca y captura de lo que piensa una mujer?

María Luisa, la protagonista de la farsa, al decir pienso en tí, piensa en Carlos, en Víctor y en Ramón; pero no a la vez, pues ello sería el clásico "menage à trois", de cuatro, que en castellano tiene nombre rotundo y expresivo, sino en el pasado, en el presente y en el futuro. Total, discreteos "bergsonianos", alrededor del centro de gravitación femenino, desarrollados con maestría por Xavier Villaurrutia, quien se complace, con aplauso del público, en el deporte escénico de piruetas humorísticas, finas, graciosas y un tanto irreverentes.

Por otra parte el poema dramático *Ifigenia Cruel* también en un acto, de Alfonso Reyes, escrito en 1923 y cuya primera edición fue publicada en España al año siguiente, por la editorial Callejas, fue dirigida por Gorostiza con decorados de Agustín Lazo. El texto explicativo es de Reyes y es el mismo que aparece en todas las ediciones que de *Ifigenia Cruel* se hicieron. Intervinieron en la representación:

Coro	Felipe del Hoyo
	Ofelia Arroyo
Ifigenia	Josefina Escobedo
Pastor	José Neri
Orestes	Carlos López Moctezuma
Pilades	Jorge Sanromán
Toas	Román Solano
Pastores, Guardias	

En *El Ilustrado*,[100] el redactor comentaba:

En aquella ocasión, Reyes explicó cómo había construido en castellano la *Ifigenia* que el ingenio del Salamina había creado cuatro siglos antes de Jesucristo: "Opté por estrangular dentro de mí propio, al discípulo del Modernismo. Suprimí todo lo cantarino y lo melodioso; resequé mis frases y despulí la piedra. Nadie podrá decir que engaño". Y acertó dándonos una equilibrada, fuerte y emocionante versión del encuentro de Ifigenia y su hermano Orestes en Táuride.

El reportero se regocijaba de que, "autores, actores y animadores mexicanos", hubieran podido dar una "respetuosa visión del Teatro de Eurípides". Para él se trata de una "traducción directa, fidedigna del texto latino", hecha por ese "regiomontano ilustre" Alfonso Reyes, obra que:

> …con singular acierto dirigió Celestino Gorostiza, teniendo la fortuna de hallar, para tal empresa, la fácil y valiosa arcilla artística de Josefina Escobedo, que dijo su parte de Ifigenia con un calor y una seguridad precursora de grandes éxitos en la escena, si su excepcional temperamento dramático se encauza definitivamente en la carrera teatral, que con tanta velocidad inicia. Muy seguro López Moctezuma en Orestes, y sin desentonar del conjunto Neri, en el Pastor, Sanromán en el Pilades, y en el Coro –la voz del pueblo, la multitud, la opinión– la señorita Arroyo y Felipe del Hoyo. Propio el vestuario y sobria y expresiva la decoración de Agustín Lazo.

Mario Mariscal[101] en correspondencia con lo dicho anteriormente y a pesar de estar seguro de que la puesta en escena era un *tour de force* agrega:

> …en cuanto a la *Ifigenia Cruel*, no tiene menos dificultades de lenguaje, y, además hay que luchar contra la impresión que hace ese género de teatro entre nuestro poco acostumbrado público; sin embargo de esto, Josefina Escobedo mantuvo constantemente el tono épico de su declamación, asombrándonos, no sólo con los bellos matices de su voz, sino con la potencia y la claridad cristalina de ella.
> En suma, una función teatral por todos conceptos extraordinarios.

Rafael Sánchez de Ocaña[102] revisa el tema de *Ifigenia* desde el clásico Eurípides pasando por el romántico Goethe, hasta este poema contemporáneo de Reyes, en esas transformaciones donde el personaje va sufriendo los embates de las culturas. Una Ifigenia contaminada viviendo al azar de la historia, nacida pagana y trasmutada a la bendición cristiana:

Arrastrados por brisas helénicas, llegan hasta nosotros los lamentos que Ifigenia lanzara desde las inhospitalarias playas de Táuride. La virgen dulce, resignada, ejemplo imperecedero de abnegación ante los crueles egoísmos paternos, se halla al pie del santuario de Artemisa, la diosa compasiva que por inesperado prodigio la arrebató a la muerte, poniendo en su lugar una grácil y tierna corza. Sacerdotisa de un rito cruel, ha de sacrificar a los viajeros que profanen con sus plantas el lugar sagrado bajo la mirada sanguinaria del tirano Toas.

Han pasado veinticinco centurias desde que Eurípides, el más rebelde y también el más humano de los trágicos griegos talló con sus versos la estatua de Ifigenia en la cantera de la tradición. El tiempo, por justiciero la rozó sin marcar sus huellas de hija de Agamenón, no había de envejecer. Pero su alma bien pudo transformarse, luego de la larga meditación de su propia existencia. El adivino de este cambio interior bajo la serena impasibilidad de su cuerpo, fue un compatriota, aunque nacido en tierras bárbaras: Goethe. El gran Pagano, por semidios que era familiarizado con los secretos olímpicos, nos hizo la confidencia de que el tirano Toas se enamoró de ella. E Ifigenia al humanizarse se esfuerza en amansar los seres feroces que la rodean, ofreciéndoles un culto sublime elevación moral a sus conciencias… Por ello no encierra en el templo al déspota, ni huye con Orestes y Pilades, llevándose la estatua de la diosa como nos refirió Eurípides; vence con las armas del amor y del bien y abandona Táuride, dejando un recuerdo de redentora humanidad entre los moradores de aquellas inclementes tierras.

¿Y la Ifigenia de hoy? ¿No sentirá angustias e inquietudes por el sino criminal que acosa a los de su sangre? El gran poeta que es Alfonso Reyes, infundió un aliento cristiano a la estatua griega. No seguirá a su hermano en peregrinación hacia remotos reinos. Allí al pie del altar de Artemisa hablará de permanecer expiando culpas ajenas, guardando su pureza carnal, para que su raza, no perpetúe el misterio de su trágico destino. A través de los árboles del bosquecillo consagrado a Diana, se filtran resplandores suaves de una hoguera encendida en Galilea.

Escrito en cincelados versos libres, el poema de Alfonso Reyes, sin acción visible, pero henchido de vida interior, conserva esa euritmia infinita que palpita en las creaciones de Eurípides y Goethe.

Obras tan diversas obtuvieron una discreta interpretación. Recordemos a Josefina Escobedo, y hagamos resaltar a Ofelia Arroyo por la impecable dicción y seguro talento que dio pruebas. Nos hallamos en presencia de una verdadera actriz.

José F. Elizondo[103] compendia su parecer no sólo acerca de las tres piezas mexicanas, sino también sobre los frutos de todo el año y laudatorio asienta:

Alabamos con sincero entusiasmo el esfuerzo que realiza el Teatro de Orientación dando a conocer al público de la metrópoli obras que, por su índole, no veríamos jamás en otros teatros.

Así, por ejemplo, *El Barco* de Carlos Díaz Dufoo Jr. filosófica, rara tal vez, ni siquiera escrita para ser representada, fue conocida.

Ifigenia Cruel de Alfonso Reyes, mejor para leída que para ser animada, llegó al público.

Y *¿En qué piensas?*, breve, sutil y con alma teatral, por su laconismo no hubiese hallado acomodo en otros escenarios.

Por eso aplaudimos el noble esfuerzo y lo agradecemos espiritualmente.

Como en el año anterior en este 1934, el cuarto programa de la temporada quinta se cierra con una obra del propio Celestino Gorostiza *Ser o no ser*, que se representa el 5, 6, 8 y el domingo 9 de septiembre en doble horario a las 16:30 y a las 19:30. La escenografía fue de Agustín Lazo y la dirección por cuenta del autor.

La "Nota" de Xavier Villaurrutia confirma asimismo un acto amistoso, nacido en la fraternidad intelectual y afirmada en el interés por el teatro desde los albores de Ulises.

Hay en *Ser o no ser* tan variados elementos que admira la destreza con que han sido utilizados de manera que ningún choque inarmónico se produzca. Construida con un cálculo que no enfría la pasión, la fábula de Celestino Gorostiza cuenta no sólo con un diálogo denso lleno de ideas que revelan un fino sentido moral, sino también con nuevos elementos más difícilmente definibles, pero no menos luminosos y, desde luego, más teatrales. Si el primer y tercer actos se desarrollan, en un clima moral, el segundo acto es la prueba de que el autor sabe también respirar y hacer respirar a sus personajes en una atmósfera poética: la del sueño tanto o más real en este caso que la de la vigilia.

El personaje principal es un Doctor Fausto a la inversa, que pacta con el diablo para obtener el poder aún a costa de la juventud. Sabe que si obtiene aquél, perderá irremisiblemente, ésta. Pero la ambición es la más fuerte en sus pasiones y a ella sacrifica su juventud, su amistad, su amor. Pero también este nuevo Fausto es un Barba Azul que aprisiona y tortura y despedaza moralmente a las mujeres que le ofrecen su amor... En el principio era... la fábula. En el principio, en el medio y en el fin. La nueva pieza de Celestino Gorostiza nos instala en un mundo en que la fábula se realiza: toma las apariencias más corpóreas y las proporciones más humanas.

X.V.

El reparto por orden de aparición lo formaron:

Enrique	Carlos López Moctezuma
Aurora	Clementina Otero
Eduardo	Felipe del Hoyo
Rosa	Ofelia Arroyo
Toña	Josefina Escobedo
Elva	Carmen Paniagua
Fernando	Juan Manuel Salcedo
Romero	Ramón Vallarino
Fuentes	Salvador Matute y S.
Esperanza	Ma. Teresa Contreras
Mensajero	José Neri
Una voz	

Abundantes fueron las recensiones de la crítica sobre *Ser o no ser*. Era natural porque unían al joven autor dramático, con una amplia trayectoria como director y organizador del más ambicioso teatro experimental del país. Mario Mariscal,[104] hace hincapié en ambas actividades:

Tales antecedentes unidos a los del animador del Teatro de Orientación, han hecho conocido y estimado del público el nombre de Celestino Gorostiza, el que, junto con el de aquel grupo teatral, significan en nuestro medio una labor tenaz e inteligente a favor del teatro, labor que por sus frutos más recientes ha de motivar proximamente un artículo dedicado a realizar el balance de la temporada que está por concluir. No es extraño, pues, que el anuncio de *Ser o no ser* reuniera en la espaciosa sala del teatro "Hidalgo" de la Secretaría de Educación Pública, a un nutrido concurso, cosa que desmiente el desinterés por el teatro mexicano que dizque existe entre nosotros mismos. Poniendo de manifiesto que el nombre de un buen autor de teatro mexicano es capaz de atraer al público, igual que el de cualquier reputado escritor extranjero.

La calidad y el contenido de la obra, que se inscribe en una inquietud psicológica, son acuciosamente examinados por el crítico:

Ser o no ser es un avanzado ensayo de dramatización que explora regiones no penetradas todavía por quienes han escrito para el teatro: esa nebulosa región de los sueños, que ayuda a quienes saben descifrar su misterio a esclarecer muchos puntos oscuros de la conciencia. La atrevida concepción de Gorostiza plantea el dramaturgo actual –que no puede ignorar, ni dejar de servirse de las investigaciones de Freud y Jung y cuantos los siguen, que tan amplias puertas han abierto a la psicología y al arte– el problema de *Ser o no ser*, al mismo tiempo que expone el de su primer agonista, pues al saltar la valla de la realidad e introducirse en las sombras del sueño, al dejar atrás el límite de la conciencia para introducirse en el subconsciente de su personaje, abre al teatro actual horizontes limitados, inaugurando una serie de experiencias que han de rendir frutos magníficos para el arte dramático, al que ha dotado del más vasto escenario, y le ha dado, también un nuevo elemento poético.

La técnica novedosa, el lenguaje refinado, las reformas creadoras, así como el buen entendimiento de ser o no ser por los actores y la excelencia de la escenografía, son traídos a colación por Mariscal.

Aunque con indudable sorpresa el que asistió al estreno de *Ser o no ser* no dejó de recibir la innovación que ofrece el segundo acto –el del sueño– con visible interés y aun con agrado, celebrando con aplauso esta idea innovadora del teatro, así como muchas escenas en que fluyen el elegante lenguaje de Gorostiza y sus ideas de gran originalidad.

De los intérpretes se distinguen Clementina Otero, que realizó una verdadera creación de su personaje, y Carlos López Moctezuma, en una extraordinaria interpretación de su difícil papel.

Agustín Lazo pintó tres decoraciones de los que el tercero es, sin duda, el mejor teniendo como mérito singularísimo en un medio como el nuestro en el que se descuidan siempre tales detalles de prima importancia el de armonizar de manera perfecta la decoración y la iluminación, produciendo un efecto notablemente agradable.

Para Fernando Mota[105] con *Ser o no ser*, Gorostiza ha llegado ya a una madurez como autor teatral.

De su penúltima obra a la estrenada el miércoles en el teatro de la Secretaría de Educación, Celestino Gorostiza ha dado ese paso decisivo que equivale, en la evolución de un autor, a salir de la adolescencia para entrar en la juventud.

…

porque es esta obra la mejor del joven dramaturgo que dirige el grupo del "Teatro de Orientación" y una de las mejores de los autores jóvenes de la promoción a que él pertenece.

Sin soslayar las novedades apuntadas por Mariscal, detecta algunas fallas menores "de la estrategia teatral", mismas que involucran al director y a los actores, pero subraya que pese a ello el éxito alcanzado fue satisfactorio:

La obra que dirigió el mismo autor, fue interpretada por elementos del grupo antes mencionado, ya conocidos en otras obras. En la representación hizo falta dar al acto del sueño un ambiente irreal, por medio de cualquiera de esos recursos, fáciles de tener en el teatro –con ayuda de reflectores, de un velo corrido ante la escena– y lograr que los actores hablaran en un tono menor que el empleado en los actos restantes.

Los intérpretes ocuparon, en esos actos, el sitio que les correspondía, y el autor salió, al final de los dos últimos, requerido por los aplausos del público.

Anónimo reportero de la sección "Vida Teatral" de *El Nacional*[106] coincide con algunas de las ideas vertidas por sus colegas: se duele de la brevedad de la temporada del Teatro de Orientación, de cuyos integrantes asevera que:

...del éxito de sus esfuerzos. Ya no se trata de una compañía de aficionados entusiastas, sino de un cuadro de actores y actrices, capaces de dar vida a obras que por su complejidad y fineza de matices, requieren inteligente comprensión.

Pero su atención va hacia la esencia en esa función, la amalgama de bondades que hacen de *Ser o no ser* una pieza diferente, relevante y ensalza tales aspectos:

Gorostiza es además un dramaturgo de preocupaciones impregnadas de atrevimiento y filosófica curiosidad. Su teatro es psicológico, en cuanto explora con mano certera y delicada a la vez lo más íntimo y subterráneo de nuestro ser. La acción externa con sus voces y gestos, no son más que signos que traducen el mundo invisible de la conciencia: después de Freud, el concepto que teníamos del hombre, hubo de cambiar.

Ser o no ser es un elevado ejemplo de su visión de los problemas misteriosos planteados por la lucha del yo con el no yo, dentro del escenario de la conciencia individual. Pero ese mundo interior donde palpitan y fermentan inconfesables deseos e instintos sin justificación racional, puede sernos revelado gracias a los sueños, poblados de imágenes incoherentes e icomprensibles, si no acudimos al método de interpretación onírica que descubrió el insigne psiquiatra vienés.

Revisa paso a paso la fábula de Gorostiza y revela con profusión sus aciertos:

En el protagonista de *Ser o no ser* sus sueños se proyectan en bellos símbolos dignos de un poeta, sin que su realización escénica quebrante la unidad de la fábula. El hombre ambicioso ha de sacrificar sus más nobles cualidades y anhelos de pureza, para triunfar en la vida; deberá pues crearse dentro de sí mismo un hombre artificioso, que estrangule al que reflejaba su verdadero natural. Llegado el momento de la crisis y cuando intenta reconquistar su auténtica personalidad, el personaje de ficción se resiste a desaparecer y vence al final, pero por breve tiempo, pues la muerte hunde en la nada a las dos conciencias que animaban un sólo cuerpo.

Como fábula insinúa una tendencia moral; como obra dramática nos produce honda impresión por su fuerza psíquica, capaz de sacudir ánimo y obligarle a la meditación de nuestra propia intimidad. Únase a ésto el modo original de su desarrollo, la belleza del diálogo, lo firme del dibujo de los personajes y quedarán justificados los calurosos aplausos con que la acogió él público.

Para finalizar engloba otros componentes en el exitoso resultado de la representación de *Ser o no ser:*

La interpretación fue excelente y en ella se destacaron de manera brillantísima Josefina Escobedo, a quien ya hemos tenido ocasión de alabar, y López Moctezuma, cuyos evidentes progresos permiten tener en él plena confianza para el futuro. Las decoraciones de Lazo, inteligentemente concebidas y ricas de expresión, crearon una atmósfera propicia, para que la bellísima fábula de Celestino Gorostiza, pudiese ser comprendida y admirada como se merece.

Todavía en octubre, resuenan los ecos de la triunfal temporada, en

Ases y Estrellas[107] el reseñista después de repasar a vuelo de pájaro los positivos resultados conseguidos en todas las funciones de esa última temporada, es más explícito con los de *Ser o no ser*:

El cuarto y último programa lo cubrió una fábula, audaz, novedosa y muy gallardamente expuesta, desarrollada y resuelta de Celestino Gorostiza, *Ser o no ser*; la vida egoísta , amarga y cruel de un anti-Fausto, cuyos tres actos, y en particular el segundo, son una novedad, no sólo en la escena nacional, sino en el teatro en general.

Las jóvenes actrices Josefina Escobedo, Clementina Otero, Ofelia Arroyo y el galán actor Carlos López Moctezuma lograron los mejores aciertos de interpretación en las obras mencionadas que pintaron con el mejor gusto, con sobrios y severos conceptos de escenografía moderna, Agustín Lazo y Rufino Tamayo.

Un periodista de *México al Día*,[108] más crítico indica fallas y aciertos:

Después de un primer acto tembloroso y débil, Gorostiza nos instala en el segundo en un mundo de verdadera fábula, símbolo del que se vale el autor para mostrarnos el mundo interior y las reacciones, en abreviatura, del personaje principal de su obra. Este segundo acto, el mejor trazado de toda la obra, si bien es cierto que se aparta de la realidad (de aquí precisamente la fábula) no es el sueño o pesadilla que dice Díez Barroso en su crónica. Es sencillamente el centro de la fábula, a mi modo de ver, convencionalismo teatral admirablemente desarrollado de que se vale el autor para mostrar mejor la textura psicológica de su personaje; como dice Villaurrutia, "la fábula se realiza: toma las apariencias más corpóreas y las proporciones más humanas". "No es el sueño que Croisset y Flers nos presentan en *El Doctor Milagro*", es cierto simbolismo especial que explica el panorama y las realizaciones de la vida del personaje, completando así el análisis de sus intentos, de sus titubeos y facilitando la exposición intituitiva del tema.

En el diálogo sí encontramos algunos defectos, no por lo que respecta a los parlamentos en sí que están expuestos en forma brillante, sino en la trabazón y continuidad del diálogo, un poco falto de agilidad y de espontaneidad. Por lo demás, *Ser o no ser* es toda una promesa que nos hace esperar de Celestino Gorostiza grandes realizaciones como dramaturgo.

Justo es confesar que la obra, hecha para un primer actor, resultó demasiado holgada para López Moctezuma, que muestra en ella, más que nunca sus deficiencias de aficionado.

Todavía el 9 de octubre, *El Universal Ilustrado*[109] incluye una breve nota en la que el juicio arremete contra los actores, opinión que es más indulgente e inclusive exacta y elogiosa en cuanto a la dirección:

Terminó ya el programa del Teatro Orientación para este año. Fueron pocas las obras que se llevaron a escena. Fueron pocos asimismo, los éxitos de interpretación.

Josefina Escobedo habla demasiado duramente, López Moctezuma logró en *Liliom* más de lo que obtuvo en las demás. Del Hoyo demostró que con estudio y dedicación, el maquillaje no es un secreto de los señores de Hollywood. Y así se destacaron algunos. Pero lo innegable es que la dirección artística se hizo notar. ¡Cuántas temporadas de comedia seria estrenan 20, 30 o más comedias y no dejan el recuerdo que ésta, tan pequeña! Porque en ésta vimos: *Liliom, El Barco* y otras varias en que intervienen los nombres de Gorostiza, Villaurrutia y Reyes. Qué bien nos irá el día en que las gentes de teatro se convenzan de que no es lo mismo ser primer actor que director artístico, o primera actriz que seleccionadora de obras, o representante que dictador de repertorios.

Simultáneamente a las reseñas que se hacen sobre *Ser o no ser*, se suscita un intercambio de cartas públicas, entre un grupo de intelectuales, Ermilo Abreu Gómez, Rafael F. Muñoz, Gregorio López y Fuentes y Renato Leduc, sobre el Teatro de Orientación en contra de la labor desempeñada por Gorostiza. El resumen de la carta firmada por los cuatro escritores se publica el 14 de septiembre en la páginas de *Excélsior* y su tenor es:

Dicen los exponentes que es sorprendente que cuando se creía depurado el Teatro de Orientación en México encuentran una "evidente contradicción entre los propósitos del programa que es anunciado repetidas veces, y la reincidencia del pequeño espectáculo con que un grupo de personas se divierte y se hace propaganda".

Manifiestan que el solo nombre de Teatro de Orientación es ya un abuso de lenguaje porque este espectáculo, con un director absolutamente nominal, carente de preparación, con programas de preferencia para él y sus amigos, sin atender a un espíritu de selección, sino al deseo de satisfacer sus aficiones de autor, no corresponde ni remotamente a la idea que se quiere sugerir con el nombre. Aseguran que la desorientación del teatro se advierte, tanto en la incoherencia de sus aspiraciones artísticas, como por la forma de realizarlas.

Opinan que el empeño en sostener un teatro oficial contra público imaginario "ocasiona una erogación que no se justifica, puesto que sólo sirve para satisfacer el ocio recreativo de sus encargados" y agregan: "Los espectáculos en que se invierte dinero de la Nación deben servir para formar una atmósfera de cultura y tener realmente influencia social". Luego hacen crítica de las obras llevadas ahí a la escena para justificar su aseveración.

Dicen, por último, que las representaciones del teatro "Orientación" ni siquiera tienen por objeto estimular la producción teatral, porque no se incluye en los programas otras obras que las del mismo grupo que figura en todas las temporadas.

Entre los papeles de Celestino Gorostiza se halla la respuesta a la apreciación anterior, dirigida al director de *Excélsior*; misma que parece no se publicó pues a pesar de la minuciosa búsqueda en torno a la fecha, no se localizó. Se reproduce la copia que conservó Gorostiza:

México, D.F., 15 de septiembre de 1943.
Sr. Director de "EXCÉLSIOR"
Ciudad.

Apreciable señor:

En el número de *Excélsior* correspondiente al día de ayer aparece un extracto de una carta que dirigen al C. Secretario de Educación Pública los señores Ermilo Abreu Gómez , Rafael Muñoz, Gregorio López y Fuentes y Renato Leduc, en la que se hacen al Teatro de Orientación ciertos cargos cuya notoria falsedad me interesa rectificar por cuanto pueda contribuir, cumpliendo el objeto que se propusieron sus autores, a desorientar el criterio de las personas, que viven por completo alejadas de las actividades artísticas y teatrales; pues por lo que toca al público que en una u otra forma tiene contacto con ellas, está ampliamente enterado del éxito que ha alcanzado el Teatro de Orientación, unánimemente confirmado por la crítica de la prensa de la capital.

Si resulta absurdo pretender que el espectáculo del Teatro de Orientación tiene por único objeto satisfacer a un grupo de amigos de su director, no deja de ser una demostración de cómica ignorancia afirmar que el repertorio constituye un "pequeño espectáculo" formado con obras de otro grupo de amigos. Los programas, estudiados y aprobados en cada caso por las autoridades competentes de la Secretaría de Educación, comprenden hasta hoy veintidós obras entre clásicas y modernas del teatro español, francés, inglés, ruso, húngaro, americano y mexicano, y en ellos han tenido lugar prominente los nombres de Cervantes, Molière, Shakespeare, Bernard Shaw, Jules Romains, Lenormand, Chéjov, Gogol, O'Neill, Achard, etc.

La introducción del teatro mexicano en el repertorio se ha ido haciendo paulatinamente, de acuerdo con un plan cuidadosamente premeditado para no incurrir en los anteriores fracasos. No obstante, de las veintidós obras que componen el repertorio, seis son de autores mexicanos, entre los que figuran Alfonso Reyes, Carlos Díaz Dufoo, hijo, Xavier Villaurrutia y el que esto escribe; y para temporadas futuras, ya se ha empezado a solicitar la colaboración de autores de quienes puede esperarse producción más decorosa, sin tomar en cuenta tendencias de grupo ni partidos. Si entre éstos no se cuentan los quejosos, es porque sus actividades, sus conocimientos, o siquiera sus aficiones teatrales, son totalmente ignorados.

Finalmente, por lo que respecta a la capacidad del director, es al público a quien toca apreciarla, a la crítica autorizada juzgarla y al Departamento de Bellas Artes de la Secretaría de Educación Pública aquilatarla.

Agradeceré a usted, señor director, que en justa aclaración de falsedades tan flagrantes como las que han hecho circular los señores arriba mencionados, se sirva dar publicidad a esta carta, por lo que le anticipo las más cumplidas gracias.

Soy , como siempre, su afmo. atto. y S.S.

El célebre escritor Carlos González Peña[110] en la sección editorial de *El Universal*, en destacado espacio y pretextando un acercamiento a estas obras mexicanas lleva a cabo un balance sobre "El Teatro de Orientación". Repaso elogioso y significativo de un intelectual que además de ser un crítico fundamental, era un hombre involucrado en la creación teatral.

En el escenario del viejo y remozado Hidalgo cerró su cuarta temporada, la noche del domingo pasado, el Teatro de Orientación, constituido, como bien se sabe, por un grupo de jóvenes devotos del arte dramático, al frente de los cuales se halla Celestino Gorostiza.

La persistencia del intento mueve, sin duda, a que se le mire con atención y simpatía. Y, no menos, los fines que se propone. Cífranse éstos en "desplazar el teatro del estancamiento en que se le mantiene entre nosotros"; y, consiguientemente, el modo que lo indica el nombre de la institución, en orientar al público por los senderos del buen gusto.

...

Breve fue la temporada a que me refiero. Abarcó veinte funciones, en las que se estrenaron seis obras: dos extranjeras, y cuatro mexicanas; todas ellas original, y, las más veces, preciosamente decoradas por Agustín Lazo y Rufino Tamayo.

Tocante a las dos primeras, no cabría poner en tela de juicio que el Teatro de Orientación cumplió con su promesa de ir dando a conocer en México las obras genuinamente nuevas, y, aun si se quiere, más destacadas del teatro extranjero. Gozan, en efecto, hoy, de fama peregrina los nombres de Lenormand y de Molnar. Las dos producciones que de ellos se nos ofrecieron, cuentan entre lo más lúcido del que ya, por cierto, ha dejando de llamarse teatro de vanguardia: a saber, *A la sombra del mal* y *Liliom*.

La crítica ha cantado, para ambas, entusiastas loas. Entra Lenormand en el número de los renovadores del teatro. Y aunque título semejante no se otorgue a Molnar, dado que sus comedias, en lo general, no salen de los moldes habituales y conocidos; acaso a obtenerlos tendió el húngaro escribiendo la aludida pieza. Pero veamos que hay en todo esto.

Considérase que ha atinado el primero de dichos autores con un concepto novísimo no ya del teatro, sino de la vida.

Para Lenormand –explica Adrián Tilgher– "aparece el hombre como algo que no tiene en sí, sino fuera de sí, el principio de su ser y de su devenir; para hablar en lenguaje bergsoniano, no ya vive y obra, sino es vivido y señoreado por las fuerzas físicas, por la naturaleza que lo rodea". "Circundado –añade Tilgher– por esa potencia misteriosa y hostil, que le atrae a sí con la fuerza de una fascinación a la cual, tarde, o temprano, no puede resistir, el hombre vive una vida de desvarío y de pesadilla, de angustias y de terrores: y, por mucho que se debata, acaba siempre por capitular".

No se necesita reflexionar con ahínco para convencer de lo absurdo de la teoría. Mirámosla como una reversión –empequeñecida– del naturalismo, a estas fechas mandado a archivar.

¡Mas, si por milagro, tal teoría, siendo falsa, sirviese de punto de partida para lograr creaciones estéticamente bellas!

Dista de ser así. Subordinados a la fuerza ciega, invisible, de la naturaleza, los personajes de Lenormand son flácidos muñecos, sin personalidad, sin relieve, sin atributos que los caractericen. La trama dramática es brutal y simplista. Desprovisto de emoción y sometido a mero efectismo. "A la sombra del mal" –el drama de ambiente africano que acabamos de ver– resulta una amplificación del Guignol.

Parece que entre las novedades del teatro en sus nuevos derroteros encuéntrase la de eliminar la emoción, o cuando menos paliarla y atenuarla a tal extremo que propiamente no exista. ¡Y si, paralelamente, la acción se suprime, mejor que mejor!

Tal se propone Molnar en *Liliom*. El poeta visiblemente se esfuerza por esfumarse en este idilio arrabalero, tan desentonado como el organillo que en el primer acto lo ilustra. Ternura, íntima simpatía humana, entráñala, ciértamente, el asunto: aquella alma de rufián que súbito se ilumina al anuncio de la paternidad. Pero, ¡qué desarrollo dramático tan grisáceo, y, en fuerza de aspirar a la rareza, tan estrafalario! ¡Qué diálogos lentos, vacíos, tediosos! ¡Qué insulsez! Molnar quiso dar escénica traza a una leyenda popularesca, con el mismo espíritu –dícese– con que podría haberla visto y fantaseado la plebe de criadas, soldados y hampones que frecuenta algún barrio bajo de Budapest. Tal vez lo haya conseguido por lo que se refiere al sabor de la lengua empleada, y al color local de los tipos triviales y corrientes que allí alientan... –Pero esto confesémoslo– desaparece irremediablemente al ser vertido *Liliom* a idioma diverso y representarse fuera de Hungría. Si los húngaros se conmueven, nosotros nos quedamos tan frescos. Por lo visto para sentir esta obra maestra, hay que tomar boleto de excursión a Budapest... ¡Qué digo! Ser de allá.

En México, preferimos infinitamente quedarnos con *El Cisne*.

Grande, y por demás natural explicable interés tenían para nosotros las obras mexicanas estrenadas en el Teatro de Orientación durante la última, fugaz temporada.

No hablaré de *El Barco*, farsa anti-escénica en que aparece el alma desolada de nuestro afable, de nuestro no olvidado Carlos Díaz Dufoo hijo, la *Ifigenia Cruel* admirable visión helénica en la que Alfonso Reyes asocia, con nitidez de mármol pentélico, su sabiduría de humanista a su inspiración de poeta, más que para representada es para leída. Quiero referirme, tan sólo, a las obras de Villaurrutia y de Gorostiza.

¿En qué piensas?, de Xavier Villaurrutia, es una linda comedia. Toda ella ingenio sutil, originalísima por el asunto y por la técnica. Flexible, irisado, el diálogo. Interna la trama. Allí no ocurre nada y sucede mucho. Tres almas codiciosas de adivinarse. Otra más femenina– en torno a la cual aquéllas giran. Humorismo fino, leves contrastes; luz que emergiendo súbitamente, ilumina, paso a paso, caprichosa, misteriosa, recovecos del espíritu, insospechados para quienes son su corporal cárcel. ¡Y un sentido de la gradación y de la medida!

Celestino Gorostiza –interesantísima personalidad de comediógrafo– renueva en su fábula dramática *Ser o no ser* un tema palpitante y actual: el del hombre que por llegar a la conquista del poder se aniquila a sí mismo. La esencia del drama radica en el conflicto entre lo que el héroe fue y lo que es; entre el desencantado arribo al plano soñado y la nostálgica remembranza del que fue inicial punto de partida: entre fuerza centrípeta del ensueño y la centrífuga de la ambición tornada escéptica. Desenvuélvese la obra en tono de vaguedad. La vaguedad está buscada aquí adrede. Vaguedad en los personajes, de tal modo que se esfumen sus contornos. Vaguedad en el diálogo. Es éste titubeante. Quienes hablan no saben qué creen, qué piensan, ni qué quieren. Lo cual, por muy graciosamente caprichoso, sutil, inteligente y original que sea, resta nervio y fuerza a la fábula, y la coloca fuera no digamos ya de todo peculiar y determinado ambiente, sino de la vida, en una atmósfera de extravagante irrealidad.

Ni por qué desconocer que, tanto en lo ajeno como en lo propio, todo esto refleja una tendencia modernísima del teatro. El titubeo dialogístico: la famosa "máscara" –dizque descubierta por italianos con pujos de genios– la "máscara" que nos oculta lo que somos, y, mucho más, lo que son los demás: el afán de rehuir el contacto con la realidad, en insaciada ansia de vuelo: la rareza, en fin, obstinadamente perseguida, son fruta de la estación.

Pero las frutas de estación –ya lo sabemos– se suceden unas a otras; sólo queda el árbol, con las raíces fuertemente adheridas a la tierra.

"Cuando languidece la potencia creadora de una generación artística –observaba, con honda penetración Eduardo Gómez de Baquero–; cuando una escuela o un estilo han dado de sí cuanto podían dar, se busca la novedad como remedio soberano". Y estamos en época de novedad. Gustamos demasiadamente de la máscara, tal vez porque el rostro, de tan exangüe, no es para ser mirado. Nos place el retorcimiento, la extravagancia. Este teatro asexual, endeble por poco afirmativo, en que falta pasión, y, por lo común y de propósito, la acción se evade y se emboza en rareza tal vez porque no existan manos vigorosas que la asgan y domeñen; este teatro, digo, representa una etapa de decadencia, y, por serlo, de tanteo y desorientación.

De ahí que, aún proponiéndoselo como se lo propone el Teatro de Orientación, resulte ahora tan difícil orientar.

Con todo muy lejos de considerarla estéril, estimamos generosa y fecunda la obra emprendida. En cuanto a lo nuevo, ya que no orientar, informar. E insistir, al mismo tiempo, en la revisión de lo antiguo: pues que del cotejo de lo antiguo con lo nuevo, así como de aprovechar lo aprovechable en los escarceos de la hora, acaso nazca la orientación definitiva.

Después de tres intensos años de trabajo que involucraron no sólo representaciones, sino preparación y ensayos, el Teatro de Orientación dirigido siempre por Celestino Gorostiza enmudece. Mutis que se avizoraba breve, por lo menos así debió pensarlo su director ya que el 14 de septiembre —y todavía en los finales de esta quinta temporada— dirige un memorandum al Jefe de la Sección de Teatro del Departamento de Bellas Artes, enterándolo del programa del Teatro de Orientación para 1935, así como del detallado presupuesto que su mantenimiento y la puesta en escena del repertorio, requerirían:[111]

Depto. de Bellas Artes.
de Teatro

PALACIO DE BELLAS ARTES

"MEMORANDUM"

México, D.F., a 14 de septiembre de 1934.

AL. C.

Jefe de la Sec. de Teatro,

Presente:

Tengo el honor de enviar a usted, anexo al presente memorandum, el presupuesto del Laboratorio Teatral "Orientación" para el próximo ejercicio fiscal de 1935.

En la parte correspondiente a sueldos, donde hasta el presente año solamente han figurado un director y un profesor de plástica escénica, se ha incluido toda la planta del laboratorio, comprendiendo actores, administrador, un profesor de dicción, apuntador y segundo apunte, –personal que hasta la fecha había sido remunerado con cargo a las partidas de espectáculos–, en vista de que la experiencia ha demostrado que, no obstante el adelanto obtenido en el funcionamiento de esta dependencia, para lograr de ella el verdadero objeto con que ha sido creada, precisa un trabajo constante y organizado que de otro modo no es posible llevar a cabo sino en forma parcial y defectuosa.

Independientemente de lo anterior, al pasar la planta del laboratorio teatral a formar parte del personal de la Secretaría, será posible ampliar las actividades, no sólo en lo que a la extensión de las temporadas teatrales se refiere, sino en cuanto a las labores suplementarias que es deseo del C. Jefe del Departamento que los actores de "Orientación" verifiquen, tales como la organización de los Clubs Dramáticos de las Escuelas Secundarias que forman parte del programa de actividades teatrales en las escuelas, y el establecimiento de un circuito de representaciones dedicadas a las Escuelas Populares de Arte.

La parte del presupuesto que trata de los gastos de temporada, han sido descargados, en cambio, de la partida que antes se destinaba al pago de personal, y sólo se hace figurar una corta cantidad con que habrían de cubrirse los honorarios de los actores extras, figurantes y comparsas que se requieran en las representaciones. Las demás partidas han sido aumentadas en reducida proporción del incremento de actividades que se proyectan para el año de 1935, pues en lugar de 20 representaciones de cuatro programas que se hicieron en el corriente año, con un costo de diez mil pesos, se darán cincuenta y seis representaciones, de ocho programas con un costo de dieciseis mil pesos, de los que, en vista de los promedios crecientes de entradas en las temporadas anteriores, será posible al fisco recuperar poco más de la mitad, calculando un ingreso mínimo de $150,00 por representación.

Protesto a usted las seguridades de mi atenta y distinguida consideración.

EL DIRECTOR DEL LABORATORIO TEATRAL

"ORIENTACIÓN PARA EL AÑO DE 1935"

Denominación	SUELDOS CUOTA MENSUAL	ASIGNACIÓN ANUAL	
		Parcial	Total
Un director 18 horas semanarias	$424.30		$5,091.60

Un profesor de dicción			
3 horas semanarias	97.34		1,168.08
Un escenógrafo			
6 horas semanarias	170.32		2,243.84
Dos actores de 1a.			
15 horas semanarias	170.32	$2,043.84	4,087.68
Cuatro actores de 2a.			
15 horas semanarias	97.34	1,168.08	4,627.32
Seis actores de 3a.			
15 horas semanarias	60.00	720.00	4,320.00
Ocho aspirantes de actor			
15 horas semanarias	30.00	360.00	2,880.00
Un administrador			
15 horas semanarias	146.00		1,752.00
Un apuntador			
15 horas semanarias	60.00		720.00
Un segundo apuntador	45.00		540.00
			$27,430.52

–GASTOS–

(Para una temporada de dos meses, con 8 programas y 56 representaciones)

Decorado y vestuario	3,000.00
Actores extras, figurantes y comparsas	1,500.00
Muebles y utilería	1,000.00
Prensa	5,000.00
Música	2,000.00
Impresos	1,500.00
Gastos Generales e Imprevistos	1,000.00

Empleados de puertas, taquilla y acomodadores	1,900.00
Importe de gastos	$16,960.00
Presupuesto total para el año de 1935	$44,390.52

México, D.F., septiembre 14 de 1934.

EL DIRECTOR DEL LABORATORIO TEATRAL.

Vale recordar que para estas fechas y más o menos desde mediados de año, al ocupar Antonio Castro Leal la Jefatura del Departamento de Bellas Artes, Celestino Gorostiza sólo detentaba el cargo de Director del Laboratorio del Teatro de Orientación, y que los vientos de cambio en el gobierno no le auguraban apoyos para su experimento. Siempre la política de por medio.

Al llegar el general Lázaro Cárdenas a la Presidencia de la República el 1º de diciembre de 1934, designa a Ignacio García Téllez para suplir a Eduardo Vasconcelos al frente del Ministerio de la Secretaría de Educación Pública. Es entonces cuando de una plumada, se borra, se da por terminado, uno de los ejercicios más trascendentales para la renovación y fortalecimiento del teatro en México.

1938

Sigue la historia. El licenciado Gonzalo Vázquez Vela es nombrado Secretario de Educación Pública. Hombre de cultura, propicia la designación de Celestino Gorostiza como Jefe del Departamento de Bellas Artes en 1938, quien de inmediato recupera el Teatro de Orientación, que con pertinentes alteraciones, rehecho, y aún más firme, iniciaría sus tareas ahora, teniendo al frente a tres directores con sendos grupos: Xavier Villaurrutia, Julio Bracho y Rodolfo Usigli.

El mismo Usigli quien fue nombrado por Gorostiza, Jefe del Departamento de Teatro se encargó de firmar el texto del catálogo[112] que da cuenta de la reapertura de Orientación en julio de 1938.

Después de cuatro años de silencio, el Teatro de Orientación vuelve a presentarse ante el público sin apartarse de sus caminos originales. Estos caminos bajo la dirección de Celestino Gorostiza durante los años de 1932 a 1934, fueron los mismos por los cuales se han dirigido al buen éxito y a la altura de instituciones todos los teatros experimentales de Europa y los Estados Unidos. El teatro experimental sigue siendo el único gran teatro en que, a la conservación en plena vida y en pleno movimiento de las grandes obras dramáticas se añade el cultivo de las cualidades no sólo artísticas, sino también morales, del actor, y que sólo en la experimentación puede desenvolverse libremente el desinterés, fuente de toda obra importante.

Para esta reaparición del Teatro de Orientación, el Departamento de Bellas Artes ha puesto la dirección en manos de Xavier Villaurrutia, que fue uno de lo testigos más lúcidos y activos de la primera etapa de este grupo. El público reconocerá entre los intérpretes a todos aquellos que hicieron sus primeros vuelos hace cinco años, y que vuelven a aparecer en este movimiento acompañados por nuevos actores dueños de nuevas aspiraciones; algunos de ellos han desdeñado las posibilidades que les ofrecían el teatro comercial y el cinematógrafo, estimulados por la conciencia de que sólo en un teatro experimental pueden alcanzar una actividad artística coordinada y pura y ponerse en contacto con el aspecto más perdurable y más real del arte dramático.

La ambición que anima al Departamento de Bellas Artes en el propósito de hacer madurar una conciencia teatral en el público mexicano, lo ha decidido a formular un programa cuyos límites sólo podrán ser fijados por barreras de orden económico; pero cuyo espíritu tratará de mantenerse activo en todas las formas, en todos los lugares.

Considera el Departamento que la importancia y el esplendor del teatro no residen en las proporciones ni en el lujo de las salas de espectáculos, sino en el alma de obras e intérpretes, y está satisfecho de que existe en el público mexicano una curiosidad ya madura que lo hará seguir con ojos interesados todos los esfuerzos que se emprendan por la liberación del teatro mexicano. A la presentación del Grupo de Orientación sucederá la de otros grupos, pues el Departamento de Bellas Artes se ha esforzado por reunir a todas aquellas personas capaces de dirigir y de actuar en teatros experimentales, siguiendo las normas de la investigación, de la honradez artística y del desinterés. Se ha juzgado que para iniciar ante el público este nuevo contacto que se espera sea prolongado y fecundo, el Teatro de Orientación era el señalado para levantar el telón, porque su antigüedad dentro de los cauces señalados le confiere una categoría indiscutible. La iniciación de un esfuerzo de orden artístico en México está siempre erizada de problemas naturales, que sólo la colaboración del público puede resolver satisfactoriamente. Con la confianza de encontrar esa colaboración en un público deseoso de novedad, hastiado de películas baratas y escéptico del teatro inerte, llamado profesional, el Departamento de Bellas Artes ofrece su primer programa, y encontrará que sus esfuerzos se hallan justificados si ese público los completa y los define en su presencia.

Rodolfo Usigli
Jefe de la Sección de Teatro.

Inicia este resurgir *Minnie la Cándida*, el drama en tres actos de Máximo Bontempelli, en traducción de Agustín Lazo y Xavier Villaurrutia, con escenografía del primero y la dirección del segundo. Como novedad se especifica el nombre de la modista –Sofía Salazar Pacheco y Josefina Piñeyro-, la revisión técnica de Dorothy Bell; la iluminación escénica de Ricardo Zedillo; la tramoya de Miguel López y la utilería de Francisco Pérez. El mismo folleto ilustrado con fotografías de los actores, instantáneas de ensayos y algunos ejemplos del vestuario de Agustín Lazo, incluía un repertorio en eso tres grupos del Departamento de Bellas Artes 1938.

Minnie la Cándida, de Máximo Bontempelli.

Anfitrión 38, de Jean Giraudoux.

Tartufo o el Impostor, de Molière.

¡Fuego! (The Roof), de John Galsworthy.

La máquina de sumar, de Elmer Rice.

Dardamelle o el Cornudo, de Émile Mazaud.

La Gaviota, de Anton Chéjov.

Escombros de un Sueño, de Celestino Gorostiza.

La Invitación a la Muerte, de Xavier Villaurrutia.

Los cuatro años de silencio del Teatro de Orientación implicaron también una revisión económica que se manifiesta en el alza de las taquillas:

PRECIOS

Plateas con seis asientos	$9.00
Palcos primeros con seis asientos	9.00
Palcos segundos con seis asientos	6.00
Palcos terceros con seis asientos	3.00
Luneta primer piso	1.50
Luneta segundo piso	1.00
Luneta tercer piso	0.50

El reparto sufre metamorfósis, las figuras ya conocidas vuelven a la actuación y a ellas se unen nuevos nombres:

Minnie	Clementina OTERO
Skagerrak	César GARZA

282

Tirreno	Rodolfo LANDA
Adelaida	Eugenia ROCABRUNA
Tío de Skagerrak	Felipe DEL HOYO
Astolfo	Neri ORNELAS
Arabella	Ofelia ARROYO
Inquilino	Juan Manuel SALCEDO
Médico	José LAZO
Mensajero	Carlos GONZÁLEZ
La madre	Josefina MORENO
El padre	Ramón SOLANO
El niño	Alberto ISLAS
El repartidor	Ernesto PALMA
El hombre de los peces	Reynaldo RIVERA
El amante culpable	REYNOLDS

El programa de mano no abandonó ese criterio de incluir en "Notas" una síntesis informativa. En este caso lo firma Benjamín Cremieux.

Después de una carrera literaria muy diversa, Máximo Bontempelli parece ahora haber encontrado un género o, mejor dicho, haber encontrado el modo de utilizar sus raros dones de estilista y de visionario geómetra y anti-sentimental. Los relatos reunidos en *La mujer de mis sueños* cuentan aventuras imaginarias, y las más de las veces imposibles, situadas en un universo ultramoderno, con una preocupación minuciosa de realismo en el detalle y en la psicología. Pero Bontempelli no hace pensar ni en Marcel Schwob ni en Mac Orlan; se halla más cerca de David Garnett el autor de *La mujer que se convirtió en "orro"* y *El hombre del Zoológico*. En realidad, Bontempelli moderniza una tradición puramente italiana: la de Ariosto. Al compás del Jazz band, precipita a sus héroes en aventuras extravagantes, en las que se mueven con la misma soltura que en la vida cotidiana. De estas historias extraordinarias, Bontempelli no extrae emoción, pero sí extrae chispas de lirismo eléctrico, un poco seco siempre, pero a veces turbador. El arte de Bontempelli, como el de Malaparte, tiene un valor de excepción.

Aún antes del estreno de *Minnie la cándida*, la prensa auguraba un éxito a esa obra de Bontempelli ya que en el denuedo del Teatro de Orientación se conjuntaban varias excelencias, y para hacer su aviso aún más atractivo *El Universal Gráfico*[113] lo ilustra con una fotografía de Clementina Otero.

Mañana sábado a las 20:30 horas se inaugura en el Palacio de Bellas Artes la breve temporada teatral que ofrecerá el Grupo de Orientación, bajo la dirección del poeta Xavier Villaurrutia.

Desde 1932 este grupo teatral, integrado por competentes elementos artísticos, ha venido realizando una meritoria labor que se halla al margen de todo propósito comercial o utilitario. El Grupo de Orientación y el Teatro de Ulises han sido en realidad los únicos que han encaminado sus actividades hacia el teatro experimental, cuya conveniencia es evidente desde cualquier punto de vista.

Para su presentación en el Palacio de Bellas Artes, el Grupo de Orientación ha escogido una obra admirable del autor italiano Máximo Bontempelli intitulada *Minnie la Cándida*.

Encarna el personaje central de esta comedia dramática en tres actos la joven actriz Clementica Otero, cuya fotografía precede a estas líneas. Bajo la hábil y experientada dirección de Villaurrutia, Clementina Otero se ha identificado plenamente con el atractivo personaje de Bontempelli, una chica ingenua, enamorada de Skagerrak y a la que Tirreno hace creer que vive en un mundo de autómatas sin corazón.

El Nacional[114] se suma a esos presagios y para su reportero será clave de los buenos resultados el actor Rodolfo Landa:

El Teatro de Orientación reaparece en tablado nacional. Como en sus temporadas anteriores ésta, que ahora se inicia, señalará una etapa de dignidad, maestría y ejemplar decoro artístico. El sábado pues, tendremos ocasión de contemplar y oír, en el Teatro de Bellas Artes, a estos jóvenes actores que pretenden, dirigidos ahora por Villaurrutia y bajo la vigilante atención de Celestino Gorostiza, devolver al teatro su antiguo decoro, su verdadera categoría artística. Rodolfo Landa es entre ellos, seguramente uno de los más hechos, de los que han alcanzado una más rápida madurez, nunca a costa de la calidad, sino, precisamente a favor de ella. Una singular y atrayente presencia, una hermosa voz, una sobria escuela, que huye de todo academismo, de todo "cliché", son los dones de este joven actor que hará el papel de Tirreno en *Minnie la Cándida* de Bontempelli, que ha sido la obra elegida para iniciar esta breve temporada de teatro que nos ofrece ahora el Grupo de Orientación.

En esas mismas fechas precedentes al estreno de *Minnie la Cándida* Mario Mariscal[115] considera oportuno el hacer un "Elogio del Teatro Experimental" y el 3 de junio, a seguidas de ofrecer para más adelante

285

una breve reseña, una historia del Teatro Experimental en el mundo indica que a su entender el Teatro no está en decadencia como se quiere hacer creer, por el contrario:

El teatro, el viejo teatro –siempre acusado de sufrir una decadencia que desmiente constantemente su renovada vitalidad y continuo resurgimiento-, ha encontrado una nueva forma de perpetuarse y rejuvenecerse, de renovarse y revitalizarse, en el tan actual, tan moderno y juvenil ensayo de un nuevo teatro, que por su propio carácter de tanteo, de ensayo y análisis de nuevas posibilidades ha recibido el nombre de teatro experimental. Nuevo y todo, el teatro experimental es no sólo una de las formas escénicas más propagadas actualmente, sino –con toda certeza– la que tiene mayor número de modalidades, la más flexible y apta para sufrir todo género de cambios y adaptaciones. Bajo el signo del teatro experimental se pueden agrupar formas aparentemente tan diversas como son los teatros al aire libre, los teatros universitarios, los teatros de vanguardia y aun muchos pequeños teatros comerciales de las grandes capitales, que, o sostenidos por una tendencia artística o una escuela, o bien siguiendo una modalidad diversa a la de los grandes escenarios, agrupan en una selección indeliberada a los nuevos autores de talento, de entre los que surgen las más veces las mejores firmas del gran teatro.

Además de ser "crisol ardiente" y "laboratorio de ensayo", bueno para poner a prueba "tanteos y nuevas teorías", el teatro tiene muchas cualidades que el reseñista detalla:

Su infatigable capacidad para la búsqueda de nuevas formas artísticas, su imponderable versatilidad, su franca adhesión hacia todo lo que siendo nuevo es bueno y su incontrastable aptitud como instrumento de lucha en contra de anticuados procedimientos, de vicios antañones de modalidades caducas, han sido no sólo los medios por los que el teatro experimental se ha ganado la abierta simpatía del público internacional, sino eficacísimos procedimientos de saneamiento de la escena, que ha contribuido a limpiar de múltiples impurezas, en mayor grado que lo hayan logrado nunca sus reformadores.

Ese preámbulo viene de perlas para hablar del teatro experimental en México o mejor dicho del Teatro de Orientación:

Por lo que a México respecta a reserva de ocuparnos en detalle de reseñar las actividades del teatro experimental en el pasado y en los momentos actuales, es preciso abonarle un mérito extraordinario en ese sentido. Con la enseña de "Teatro de Orientación" se hizo presente entre nosotros el teatro experimental, habiendo tenido fortuna no sólo en la denominación, tan justa y precisa, sino –lo que es más importante– en las manos a las que le fue confiada su suerte, y de las que dependió en su mayor parte, la estupenda labor artística desarrollada con un minimum de elementos, tanto económicos como de material humano, y sobre todo la ingente obra de renovación que vino a implantar en un medio empantanado como pocos, falto de ambiente, carente de todo impulso vital.

En seguida cuestiona la calidad y persistencia del ejercicio teatral en México, pues encuentra que no hay una verdadera tradición del Teatro en México, y el teatro que existe ha adoptado, se ha "contaminado con los elementos de desintegración...que han llevado al teatro a una nueva crisis". Por ello un alto en esa cadena de "vicios" fue la experiencia de Orientación:

Al limpiarlo de tales lacras y permitirle superar las simas enfangadas por que lo arrastraban, vino el "Teatro de Orientación", bandera tremolada entre nosotros por el teatro experimental, en las manos expertas de Celestino Gorostiza. Bastará con señalar tres factores concurrentes en su actividad, para situar al "Teatro de Orientación" en el alto lugar que le corresponde legítimamente: como forma nacional de un teatro naciente el teatro experimental dirigido por Celestino Gorostiza comenzó por desterrar el vicioso, impuro y extraño acento extranjerizante, que por una corruptela injustificable, por una torpe actitud de macaquismo mental, por una huella de colonialismo de las menos explicables, era mantenido en México, país con prosodia propia y característica, sobrado diferente de la española. Luego, ahí están la media docena de buenos actores, masculinos y femeninos, surgidos de ese felicísimo intento, para gloria y renovación de nuestra escena. Y, por último, no menor número de obras teatrales de autores mexicanos que fueron estrenadas, dignamente, artísticamente, con todo el métier de un teatro de primer orden, en una actividad limitada –por razones puramente económicas– a varias semanas de temporada anualmente. Pero lo más importante –tanto, por lo menos, como todo ese conjunto de triunfales resultados– es la actitud suscitada en el público por esa nueva modalidad teatral; actitud que merece un examen más detenido del que podría consagrarle en este brevísimo elogio del teatro experimental y que, por lo tanto, ha de ser motivo de un artículo separado.

En el mismo sentido de prever un gran éxito al regreso del Teatro de Orientación, *Excélsior*,[116] acompaña su nota informativa del estreno de *Minnie la Cándida*, con una fotografía del grupo de actores, es de interés el que el anónimo reportero señale que la pieza se inscribe dentro del género conocido como "realismo mágico":

Mucha es la expectación que está causando entre el público mexicano amante del buen teatro, el estreno anunciado para hoy en el Palacio de Bellas Artes. Se trata, nada menos, que de una obra del italiano Máximo Bontempelli, creador de un nuevo género en la literatura al que se ha denominado "realismo mágico". A este nuevo género pertenece el drama con que el grupo de Orientación hace su reaparición en las tablas mexicanas. MINNIE LA CÁNDIDA, es el título de esta obra y su desarrollo es de lo más interesante e inesperado. Muchos intelectuales de valía, que han visto ls ensayos de esta drama han tenido los mejores elogios, tanto para Xavier Villaurrutia, el director, para Clementina Otero, la joven actriz mexicana y para los principales actores que, con la señorita Otero, comparten los principales de la obra, César Garza y Rodolfo Landa.

Como el entusiasmo por este drama de Bontempelli es notorio en el culto público de México, es de esperar que el Teatro de Bellas Artes se vea completamente lleno esta noche. La función dará comienzo a las 20:30 horas (ocho y media) estando de venta las localidades en el propio Palacio de Bellas Artes. El precio de entrada es accesible para todo el mundo, pues cuesta solamente $1.50 la butaca de primer piso; $1.00 la de segundo piso, y $0.50, la butaca de tercer piso.

En tan abundosa crítica no podía faltar la voz conocedora de Mario Mariscal[117] quien no estaba tan seguro de ese anunciado triunfo, pues para él, un posible escollo lo sería sin duda el que el elenco del Teatro de Orientación había perdido su homogeneidad en ese lapso de 4 años que duró inactivo. El historiador aporvecha la oportunidad para censurar aquella dirección que detuvo el brillante discurrir del conjunto inicial del Teatro de Orientación:

La presentación de este grupo de teatro –cualesquiera que sean los resultados de su trabajo, que no dejaremos de juzgar con la posible objetividad– es por sí misma interesante, favorable a los intereses del teatro en México, y aun nos atreveremos a asegurar que hasta trascendente para su futuro. A diferencia de lo ocurrido con el grupo del "Teatro de Orientación", éste se halla integrado por elementos que no son homogéneos, por lo que necesariamente, no han de serlo los resultados de su actuación. Desde que principió su trabajo hasta que –por la más torpe determinación del titular del Departamento de Bellas Artes, en la más torpe actuación que haya tenido nunca este organismo oficial– lo interrumpió durante un largo periodo, el grupo del "Teatro de Orientación" estuvo integrado por los mismos homogéneos elementos: principalmente todos y todos simples aficionados, sin haber laborado en el teatro comercial ni uno solo de ellos. En cambio, el grupo de ahora se halla compuesto por elementos heterogéneos, principiantes unos, que apenas se inician en el teatro, con el carácter de estudiantes de representación teatral, y otros –entre los que cuentan Clementina Otero, Juan Manuel Salcedo y Felipe del Hoyo– semiprofesionales, egresados de un grupo experimental a las filas del teatro comercial, en el que han trabajado por espacio más o menos largo, pero que de cualquier modo tienen un carácter marcadamente diferente de aquéllos.

Es por lo que se refiere a los componentes del grupo de actores aficionados a cuyo cargo estuvo la representación de la obra de Máximo Bontempelli, estrenada el sábado.

Para Mariscal, otro posible riesgo era principiar la temporada con una obra tan novedosa, y aclara que él hubiera seleccionado otra, de las pensadas, para integrar una larga serie de estrenos:

…nuestro juicio respecto de ella ha de verse modificado por el hecho de haber sido presentada en la función inaugural de las actividades de los grupos de teatro del Departamento de Bellas Artes, en vez de serlo de ocasión posterior. Desde luego *Minnie la Cándida* es una obra de selección, escrita –indudablemente– para un teatro precisamente de la índole de éste que se caracteriza por su amplia libertad de juicio en la selección de su repertorio, por el deseo de promover inquietudes espirituales, por el interés de experimentar nuevos géneros y de ofrecer obras absolutamente distintas de lo corriente. Pero teniendo a su alcance otras piezas –aun del mismo Máximo Bontempelli– o del propio repertorio anunciado como *Anfitrión 38*, de Jean Giraudoux; *La Máquina de Sumar*, de Elmer Rice; *¡Fuego!* de John Galsworthy, etc., que habrían de encontrar una mejor acogida general, debió preferirse una de éstas a la que seguramente habría de promover mayor discusión, aun en el supuesto de que ésta resulte favorable a los propósitos de los directores de este encomiable intento, pues debióse tener en cuenta que es preciso ambientar estas nuevas actividades procurando atraer el mayor número posible de espectadores y tratando de dejarlos satisfechos de su asistencia al teatro; no combatiendo de primera intención sus muy arraigados prejuicios, y chocando desde el primer momento con el gusto tradicional y profundamente sedimentado del común de nuestro público asistente al teatro.

Conocedor del talento de los dirigentes del Teatro de Orientación, ahuyenta esos temores y considera que otros beneficios de esa totalidad de entusiasmos, entre los que se cuenta la excelente escenografía, acercarán al público a un tema que requiere mayor predisposición y gusto:

De manera que si *Minnie la Cándida* –así como otras muchas obras del felicísimo comediógrafo italiano, que con Rosso di San Secondo forman la pareja de grandes autores teatrales de esa nacionalidad– debió formar parte del repertorio de los grupos de teatro del Departamento de Bellas Artes, soy de parecer que se debería haber esperado otra oportunidad posterior para presentarla, no eligiéndola para la presentación de los grupos experimentales de teatro.

No defraudando nuestras esperanzas –previamente depositadas en este empeño– todos los factores de la representación fueron cuidados minuciosamente y realizados con amor y conocimiento. La traducción debida a Agustín Lazo y a Xavier Villaurrutia, es absolutamente impecable, no afeándola algunos italianismos deliberadamente dejados traslucir en la versión castellana; la dirección de la obra, a cargo de tan experto régisseur como lo es Xavier Villaurrutia, rindió estupendos frutos, habiendo cuenta del hecho de tratarse de un grupo integrado por elementos tan heterogéneos como se ha dicho al principio de esta croniquilla, y de que el mayor número de ellos se haya compuesto por principiantes que hacen su primera presentación en la escena, la escenografía de Agustín Lazo, así como el diseño de los figurines, obra del mismo estupendo pintor escenógrafo que se ha revelado el ya admirable artista, ha sido una de las mejores y más depuradas realizaciones suyas; la interpretación, en fin, excelente en cuanto a las primeras figuras y sumamente elogiable en lo que respecta a la actuación de los primerizos actores, que hicieron el sábado su primera aparición en el tablado escénico.

Esperamos que las actividades de los grupos teatrales del Departamento de Bellas Artes continúen siendo presentadas periódicamente en el Palacio de Bellas Artes, con lo que la temperatura artística de México sufrirá un ascenso marcadísimo.

Fernando Mota[118] se congratula de que el teatro experimental en manos de un grupo del Departamento de Bellas Artes de la Secretaría de Educación Pública, se presente en "el escenario del más importante de los teatros, que de aquél dependen, el Palacio de Bellas Artes", y que fuera el Teatro de Orientación el que iniciara la temporada, dada su experiencia en el quehacer teatral, 1932-1934:

Correspondió el honor de iniciar este desfile, el grupo del Teatro de Orientación que de 1932 a 1934 dirigió Celestino Gorostiza, quien ahora tiene a su cargo el Departamento de Bellas Artes. Al reaparecer tal grupo fuera de su sede, se halla bajo la dirección de Xavier Villaurrutia, quien en compañía de Usigli hizo estudios sobre el teatro en los Estados Unidos.

Del repertorio especialmente formado para los grupos del Departamento de Bellas Artes –nueve obras, *Escombros de un Sueño*, de Celestino Gorostiza, y *La Invitación a la Muerte*, de Xavier Villaurrutia– se eligió, para esta presentación, *Minnie la Cándida* de Máximo Bontempelli, traducida por Agustín Lazo y Xavier Villaurrutia, que fue montada de acuerdo con los bocetos, para escenografía y vestuario de Agustín Lazo.

Mota repasa minuciosamente la actuación:

En el papel de la protagonista de esta obra –delicada, por todos conceptos– Clementina Otero probó que no se ha equivocado al elegir el camino de su vocación y que llegará sin prisa, por sus pasos contados. Supo ser la mujer sencilla, crédula, asustadiza, que se expresa con dificultad poco a poco superada, y su labor culminó en las escenas que preceden al salto final.

De los otros intérpretes se destacó, por la seguridad y el acento propio, Felipe del Hoyo, en su breve intervención; Eugenia Rocabruna, que hereda el porte señorial; Ofelia Arroyo, sobria, y Josefina Moreno en su modesto papel, realizaron bien su misión, dentro del conjunto; César Garza, Rodolfo Landa y Neri Ornelas –que por la forma en que se expresan parecen hermanos– ocuparon decorosamente los tres sitios más propicios para el lucimiento de los actores; Juan Manuel Salcedo, como en anteriores actuaciones, supo sacar partido al "Inquilino". Los demás cumplieron satisfactoriamente, y todos con el director, escucharon aplausos comprensivos.

El escritor no olvida los apoyos imprescindibles para optimizar el buen desarrollo de una función:

Gracias a la bella escenografía y a los diseños para el vestuario –seguidos con fidelidad por Sofía Salazar Pacheco y Josefina Piñeyro– la presentación de la obra fue irreprochable, en cuanto al ambiente.

Dorothy Bell, que vigiló la parte técnica, y Ricardo Zedillo, que acertó en la iluminación eléctrica, con recursos pocas veces empleados en nuestros escenarios, contribuyeron a dar realce al drama de Bontempelli.

Si el ritmo se acelera convenientemente y se abrevian los entreactos en la subsecuentes representaciones, *Minnie la Cándida* seguirá siendo aplaudida y se sostendrá como lo merece, en el cartel del Palacio de Bellas Artes.

El triunfo de *Minnie* fue total, algunos de los espectadores que asistieron al teatro, quedaron tan complacidos que emitieron sus opiniones por escrito enviándolas a los periódicos de mayor circulación. Así el doctor Federico Marín,[119] "uno de los médicos jóvenes más distinguidos con que cuenta la ciudad de México", interesado en el problema psicológico que plantea Bontempelli, expresó:

"El drama de Minnie –dice el doctor Marín– es el drama actual de la humanidad; exceso de civilización que conduce a la locura".

"El alma blanca de la muchacha que llega a la metrópoli, donde encuentra multitud de cosas demasiado complicadas para entenderlas, se desquebraja fácilmente ante la monstruosidad de los seres artificiales imaginariamente hechos por los hombres a su perfecta semejanza".

"Si aquí fue una mentira lo que lucubró la demencia, mil hechos reales son capaces de desquiciar almas menos cándidas que la de

Minnie, en esta hora en que de verdad se trata de crear seres vivos en el Laboratorio".

"El drama de Bontempelli es una bella obra de teatro moderno".

Un día después de publicado el juicio del Doctor Marín, el mismo periódico *El Nacional*[120] inserta el comentario de cirujano y poeta Elías Nandino, por otra parte, gran amigo y médico particular de muchos miembros de la farándula. El diario indica que la obra sigue "conmoviendo el ambiente de la ciudad de México", sobre todo en el ámbito intelectual, debido a que se trata de:

...una excepcional obra que plantea una serie de seductores y turbadores problemas morales y psicológicos, resulta explicable la creciente curiosidad del público y la diversidad de las opiniones que se externan". El poeta Elías Nandino, uno de los valores jóvenes de la literatura mexicana, es también como no ignora nadie, uno de los más reputados médicos; su opinión, por lo tanto, es de las que podríamos llamar, sin temor a incurrir en énfasis, definitivas. A ese título la publicamos aquí: dice el doctor Nandino:

"El autor elabora la obra partiendo de una trama en una mujer débil mental, MINNIE LA CÁNDIDA, cuya credulidad llega a transformar su mundo interior en una continua y lacerada duda hacia la verdadera realidad humana. Es una pieza delicada, hecha con bellas frases y observaciones de un escritor casi psiquiatra. El amor del marido resignado y la culpabilidad del amigo fiel llevan en toda la obra la carga creciente de un amor que inocentemente se desequilibra y llegan, por contagio mental, a padecer por momentos el mismo estado que MINNIE LA CÁNDIDA. La obra completa ha sido llevada a escena con decoro, con actores sencillos, con una decoración de buen gusto, llegando realmente a impresionarnos y hasta a hacernos sentir en la vida real, una tremenda duda hacia la humanidad artificial que camina entre nosotros".

Resonancias de la espléndida puesta de *Minnie la Cándida*, llegaron a la provincia y atrajeron visitantes, sobre todo a aquellos cuyo interés estaba ligado a la psiquiatría. *El Nacional*[121] informa de ello:

El doctor don Vicente Ortiz Lagunes, uno de los médicos jóvenes más distinguidos con que cuenta el puerto de Veracruz, estuvo hace pocos días en esta metrópoli, especialmente para ver el drama de Máximo Bontempelli que el Grupo de Orientación ha estado representando con gran éxito en el teatro del Palacio de Bellas Artes.

"*Minnie la Cándida*, nos dijo el doctor Ortiz Lagunes, es una obra llena de sugerencias y realidades vivientes".

"El caso de locura progresiva que sufre la protagonista durante el trayecto de la obra, se atiene a realidades perfectas, convincentes".

"El drama parece estar escrito no por el gran poeta que es Bontempelli, sino por un hombre de ciencia que conociera todos los secretos de la tan complicada mente humana".

"Científicamente el caso es perfecto y confieso que, en mi opinión, el drama de Bontempelli es acaso uno de los mejores que haya producido el teatro contemporáneo".

El Nacional sigue notificando día a día a sus lectores, acerca de las victorias conseguidas por el Teatro de Orientación y en la columna "Notas"[122] de la sección editorial ofrece comentar "con más detenimiento en alguna otra ocasión", tales aciertos. Por lo pronto recomienda el drama, pues espera que sea disfrutado por un público numeroso:

La nueva temporada del Teatro de Orientación, del Departamento de Bellas Artes, se ha iniciado con la comedia de Máximo Bontempelli: *Minnie la Cándida*. Es una de las obras representativas del fino escritor italiano. La representación que esperamos y deseamos que sea vista por todo el público de México, tiene el decoro acostumbrado, la ponderación necesaria, hasta integrar un espectáculo lleno de discreción que nos hace pensar en las posibilidades, siempre latentes, de nuestro teatro por nacer.

Clementina Otero logra en esta obra, uno de sus triunfos más perfectos.

Los decorados de Agustín Lazo. La dirección de X. Villaurrutia.

El periodista enumera los títulos que el Teatro de Orientación incluiría en esa temporada; repertorio que desafortunadamente no se cumplió:

El Teatro de Orientación ofrece para la presente temporada *Anfitrión 38*, una de las obras más inteligentes de Jean Giraudoux. Esta deliciosa comedia será dirigida, según nos informan, por Julio Bracho.

Tartufo, la gran obra de Molière. *¡Fuego!*, de John Galsworthy, *La Máquina de Sumar* de Elmer L. Rice, *El Cornudo* de Emile Mazaud, *La Gaviota* de Chéjov, y dos estrenos de autores nacionales: *Escombros de un Sueño* de Celestino Gorostiza y *La Invitación a la muerte* de Xavier Villaurrutia.

En el recién fundado periódico *El Popular*, dirigido por Vicente Lombardo Toledano, Octavio Novaro[123] titula "Notas sobre Teatro. El Teatro de Orientación" a un amplio artículo donde repasa la mediocridad del ambiente teatral mexicano, salvo algunos acontecimientos esporádicos como la presencia de Margarita Xirgu en el país, y el aporte sincero de ciertos grupos como el Teatro de la Universidad pese a su efímero paso. A continuación y con drástico calificativo denuncia que:

"el teatro en México, parece estar condenado a una oscura trayectoria vegetativa. Es decir, parecía estar condenado a ello, pero ahora un repentino clamor de optimismo como que ha venido a inyectar energías, ojalá perdurablemente. Optimismo que, justo es decirlo, coincide con el arribo de Celestino Gorostiza al puesto directivo de Bellas Artes en México".

Después de elogiar la anterior labor del Teatro de Orientación que ahora resurge, y que "obedece a un plan, no sólo a un cariño", manifiesta que su divulgación educativa debe emprenderla a la conquista de un amplio público sin negar por ello la posibilidad de llevar obras para grupos escogidos:

Lo ideal sería un justo equilibrio: tenemos dos corrientes, dos grados de espectadores; pues bien: trabajar para ambos, aisladamente, si fuere necesario, o, mejor todavía, abrigarlos en un común impulso. Y, para ello, nada mejor que los Clásicos; los nuestros, en primer término. Sobre esta base, edificar una verdadera escuela para espectadores del teatro; conforme a un plan coordinado, hasta poder llevar a la escena los mejores valores del teatro contemporáneo –que resulta todavía para algunos, diríamos, "difícil– y, como coronación de la obra, la creación maciza del teatro de tendencia social, enraizado en cuanto de vital hay en la realidad mexicana contemporánea. Y el "Teatro de Orientación" puede darnos eso: autores, directores, actores y PÚBLICO para un teatro mexicano de primerísima calidad.

Finalmente, no sin admiración, comenta con brevedad la escenificación de *Minnie la Cándida* de Bontempelli, pero no deja de insistir:

Adueñarse del público, del gran público, no del literario o del artista que ya está ganado de antemano. El espectador, quiérase o no, es la piedra de toque, el principio y el fin de la actividad teatral. Su concurso es tan necesario como el del autor mismo. En los papeles está el polvo de la creación artística; en las butacas, el aire de la vida. Y el teatro no es otra cosa que el arte caminando entre los hombres. Entre muchos hombres.

El 13 de junio y con el sugerente encabezado "*Minnie la Cándida* sigue intrigando al público mexicano", *El Nacional* insiste:

Cada día crece el interés del público por asistir al drama de Bontempelli MINNIE LA CÁNDIDA, que con gran éxito ha estado llevando a la escena el Grupo de Orientación en el Teatro del Palacio de Bellas Artes.

El estado de locura por el que atraviesa la protagonista durante los tres actos de la obra, han sido motivo de las más acaloradas discusiones acerca de si Minnie tiene o no la razón, pues ella cree que los hombres del siglo XX son hechos con máquina, que responden a una mentalidad "standard" y que en lugar de corazón tienen una máquina de relojería que los hace pensar y moverse como verdaderos autómatas.

Este es el problema que plantea el drama bontempelliano que, dirigido por el poeta mexicano Xavier Villaurrutia, descubre una serie de incógnitas a las personas que día a día asisten a su representación.

Hoy lunes usted también podrá ver este hermoso drama y descubrir si MINNIE LA CÁNDIDA tiene o no la razón.

Pese a estar ya en escena *Anfitrión 38*, los ecos que dejara *Minnie la Cándida*, resuenan. Así Luis G. Basurto,[124] en *El Universal Gráfico*, emite "Otro juicio" acerca de la exitosa pieza. Analiza el personaje y un laberinto psicológico, para luego estremezclar informaciones de la *mise en scène* con los atributos de la comedia de Bontempelli.

Cándida, estupenda y secamente cándida es Minnie, la protagonista del drama de Máximo Bontempelli estrenado en el teatro de Bellas Artes por el Grupo de Orientación que dirige hábilmente Xavier Villaurrutia. Con una candidez ausente por entero de ingenuidad y llena en cambio de un implacable razonar.

...

Por un sistema de eliminación perfecto y siempre dirigida fatalmente por el factor intransigente de su ser. Minnie grandiosamente Cándida, deja de serlo al descubrir que es todavía más falsa y fabricada que los otros y al alcanzar los límites de la locura obtiene la lucidez intrínseca suprema que la lleva a la muerte.

El desarrollo todo de la obra es una línea perfectamente equilibrada y ascendente, sin un descanso de interés o de técnica artística, armonizados con suprema maestría los valores teatrales y los psicológicos hasta llegar a la cúspide del clímax, surgido desde el comienzo y coronado con un desenlace magistralmente lógico.

Para el escritor contribuyeron a la multitud de "momentos felices" actuaciones de:

Rodolfo Landa en Tirreno y César Garza en Skagerrak saben salir avantes de tan difícil trance y tan complicada dualidad psicológica. El primero con una gran riqueza de interpretación con sobrios matices dramáticos: y en veces con brillante actuación de gran actor en ciernes. El segundo discretamente en un sostenido medio tono que por instantes parece borrarse y esfumarse frente a la gran vitalidad de Clementina Otero, que define y matiza todos sus gestos, todas sus palabras, comprendiendo de manera admirable la purísima y bella psicología del personaje, alcanzando una altura envidiable al brindar con inteligencia generosa lo más profundo de su personalidad y dando a Minnie un rasgo propio de creación artística.

En cuanto a los demás intérpretes, un poco exagerada y demasiado rápida Eugenia Rocabruna en Adelaida. Bien el mesero "metafísico": pero limando un poco su comicidad. Y discretas las segundas figuras, haciendo digno marco a la uniformidad altamente encomiable del conjunto.

Basurto elogia entusiasta la dirección de Villaurrutia dando pormenores de la meticulosidad de este director en el manejo de autores y tiempo de actuación, asimismo felicita a Agustín Lazo por su acertada escenografía:

La dirección artística a cargo de Xavier Villaurrutia es intachable en esta obra. En todos los intérpretes, que se adivina han aprendido hasta el modo de tomar una silla y de sentarse en ella, se refleja la labor inteligente concienzuda y perseverante de un verdadero director, lleno de orientaciones nuevas y teniendo por mira hacer arte purísimo primero y dirigir la conciencia del público hacia la comprensión de los más nobles valores dramáticos después.

Y para terminar, un elogio cálido y sincero para los decorados de Agustín Lazo, llenos de luz y sobrio colorido: sugerentes y bellos en lo elegante y significativo de su sencillez.

El Nacional continúa atento al rumbo y las tareas del Teatro de Orientación. Es de los primeros en anunciar la puesta en escena de *Anfitrión 38*, comedia de Jean Giraudoux que al igual que *Minnie la Cándida* se representaría en el Palacio de Bellas Artes. El reportero para esa información, según afirma, solicitó el parecer del poeta Elías Nandino:[125]

En mi opinión es Giraudoux uno de los autores contemporáneos de mayor valía.

Su comedia *Anfitrión 38* me parece una de las más deliciosas que haya producido el teatro moderno.

La forma en que está planeado el primer acto es un verdadero acierto, y el desenlace de la obra culmina en frases verdaderamente extraordinarias.

Pero, seguramente, el mayor acierto de Giraudoux, está en los diálogos perfectos, y en la emotiva figura de Alomena, en cuyo trazo se nota la mano de un verdadero maestro.

Al igual que con *Minnie la Cándida*, para *Anfitrión38* se edita un folleto ilustrado[126] con fotos de Lola Álvarez Bravo y Antonio Carrillo que captan vestuario, escenografía, director y actores y por supuesto se destaca a Isabela Corona figura principal y actriz incondicional en todas las piezas dirigidas por Bracho. Por si no fuera poco un texto de Ermilo Abreu Gómez abunda sobre las cualidades de la actriz:

ISABELA Corona sabe descubrir en sí misma el rostro de su máscara: la vital. La máscara que usa no es disfraz, sino relieve de su rostro. Para actuar en escena no necesita adiestrar el ademán, ni disciplinar el gesto, ni modular su voz, ni acrecer la figura. Con dejar en libertad la teoría de su personalidad, es bastante para que fragüe, en el barro del personaje que interpreta, el aliento de su talento.

Cuaderno que en definitiva reemplaza al programa de mano y que se abre con un texto sin firma sobre:

EL ANFITRIÓN DE GIRAUDOUX

Los tiempos heróicos de Grecia han sido fecundos para el teatro. Difícil sería señalar mito o leyenda que no haya encontrado forma escénica. Toda la Tragedia griega se asienta en ellos. Y buena parte de la Comedia.

Todo el mundo lo sabe. Para engendrar sus hijos semidioses, el padre de los dioses, Júpiter, se ve obligado –obligación maravillosa– a amar a una mujer, llámese Dánae, Leda, Alcmena. De su unión con Alcmena nacerá Hércules, para realizar los doce históricos trabajos.

Es esta última amorosa aventura de Júpiter la que Giraudoux revive ahora con excepcional maestría. De Plauto a Molière y de Molière a Giraudoux.

Si el tratar a los dioses como simples hombres, y hasta como hombres simples, no es, en verdad, una posición original de Giraudoux, sí lo son muchas otras de esas excelencias que le son tan propias y que, por serlo, han hecho de su teatro un teatro inconfundible, cuyo parentesco más feliz, si alguno queremos hallarle, es el de Racine.

Diplomático, no puede substraerse nunca a problemas de la política.

Entre el vuelo poético hay a cada paso el filo de su sátira, de la que es modelo acabado esa diatriba contra la guerra, que intercala en el primer acto.

Erudito, político, poético, satírico, se dijera que el teatro de Giraudoux no podría ser sino un teatro en tono mayor. Y, he aquí que AN-FITRIÓN, es todo lo contrario: teatro cómico de la más pura esencia, teatro grotesco...¡vodevilesco! ¿Es esto posible?.

En suma, cuando se es espectador de una obra como ANFITRIÓN 38, he aquí lo que se piensa: si en nuestros días se escriben obras como ésta... ¿puede hablarse de la decadencia del teatro?.

Es indudable que la organización del folleto fue controlada por Julio Bracho, pues distinto criterio y actitud asumió Xavier Villaurrutia en el de *Minnie la Cándida*. Bracho inserta "Tres juicios críticos", de especialistas que son definitivamente elogios personales; reiterando además su terquedad en la insistencia de autodesignarse creador del Teatro de Orientación y no el primer ocupante de una sala del mismo nombre:

Entre aquella al parecer lejana época en que Julio Bracho ensayaba JINETES HACIA EL MAR, de John M. Synge, entre andamios, polvo, botes de pintura, haces de duela y herramienta de la construcción de un Teatro de la Secretaría de Educación Pública: el TEATRO ORIENTACIÓN, y ésta en que el ensayo del ANFITRIÓN 38 de Jean Giraudoux se desenvuelve desahogadamente en el más amplio y mejor acondicionado escenario de México, hay ya, unos años (1931-1938).

He aquí tres juicios de distinguidos críticos:

Julio Bracho continuó entonces (1931) la obra iniciada en 1928 por el Teatro Ulises: un nuevo teatro experimental que busca, huyendo de toda fórmula profesionalista, una interpretación más pura, el equilibrio escénico, y una especial función de la pintura en el teatro, entre otras inmediatas finalidades.

ANTONIO MAGAÑA ESQUIVEL

Bracho construye su teatro subrayando la importancia de cada uno de los elementos, sin abandonar ninguno, antes enriqueciéndolos y cultivándolos amorosamente. No sólo en escoger obras excelentes ha puesto su talento, sino en crear actores, en traspasarlos hasta lo más íntimo de emoción teatral, en motivar decoradores excelentes, en preparar músicos.

RAFAEL SOLANA

Espíritu de elevada jerarquía artística, dueño y señor de las disciplinas teatrales. Eso es el director Julio Bracho. No es exagerado afirmar que desde ayer (1933). LÁZARO RIO. TEATRO HIDALGO Bracho pertenece a la familia de los grandes animadores escénicos, la de Max Reinhardt, Piscator, Gordon Craig, Tairoff y Gaston Baty.

RAFAEL SÁNCHEZ DE OCAÑA

Como incentivo que conjuga atracción de público y confirmación de la calidad de la obra se dan a conocer sólidos criterios extraídos de la prensa francesa:

La obra es de una substancia tal, de una abundancia de pensamiento, de una deslumbradora fantasía mezclada a un vuelo poético, que la lectura de la obra podría parecer todavía más atractiva que la representación. Pero, a pesar de su alejamiento de ciertas costumbres y convenciones teatrales, la obra pudo subyugar a los críticos teatrales, que la vieron representar antes de leerla, y raramente se encuentra en la crítica autorizada un conjunto semejante de los elogios.

La Petite Illustration.

El gran éxito de ANFITRIÓN 38 no es sólo una merecida recompensa a uno de los más grandes y encantadores talentos literarios de esta época, sino también un síntoma y un interesantísimo estímulo para el teatro.

EDOUARD BOURDET (BRAVO)

Para las personas que aprecian el buen teatro hay en ANFITRIÓN 38 la destreza, la profesión, la malicia teatral del autor. Para aquellos que son sensibles a la armonía de las palabras, a la emoción de una cadencia del idioma, allí está el incomparable estilo de Jean Giraudoux, que es en el teatro contemporáneo un fenómeno nuevo.

GERARD BAUER (*Los Anales*)

Al llevar a la escena el viejo argumento de ANFITRIÓN, Giraudoux aceptaba una lidia difícil, de la que ha salido brillantemente. La obra revela nuevas fases de ese su talento, que sin duda ha sorprendido. Giraudoux ha fabricado para el teatro un idioma nervioso, lleno de fuerza y originalidad; el idioma de un maestro.

HENRI GEROULE (Soir)

Dudo que entre los treinta y siete Anfitriones que se han escrito, haya uno solo –y no olvido el de Molière– que supere el ANFITRIÓN 38 de Giraudoux.

PAUL REBOUX (Paris Soir)

El reclamo para el público va más allá, otra singularidad, en una breve antología se resaltan los diálogos más intensos:

JÚPITER

(Cuando Anfitrión no quiere entregarle a Alcmena.)
Escucha, Anfitrión. Hablemos como hombres. Conoces mi poder. No ignoras que, invisible, puedo entrar en tu lecho, y aun en tu misma presencia poblar el sueño de Alcmena como súcubo, como íncubo, o como simple fantasma. Conozco el secreto de los filtros.

MERCURIO

(Con Júpiter)
–¿Cómo quieres fecundar a Alcmena? ¿Con qué astucias? La principal dificultad con las mujeres honradas no es seducirlas sino llevarlas a sitios de puertas cerradas. Su virtud está hecha de puertas entreabiertas.

ANFITRIÓN

(Con Alcmena)

ALCMENA –¿Cómo ganas las batallas? Dí a tu mujer tu secreto.

ANFITRIÓN –Las gano por un movimiento envolvente del ala izquierda con mi ala derecha; después, cortando su ala derecha con mis tres cuartos de ala izquierda; luego, por deslizamientos repetidos de este último cuarto de ala, que me da la victoria.

ALCMENA-¡Cuántas alas! ¡Qué bello combate de pájaros!

(Con un desconocido)

No quiero amante porque el amante está más cerca del amor que de la amada. Porque yo sólo soporto mi alegría sin límites, mi placer sin reticencias, mi abandono sin moderaciones. Porque no quiero esclavo pero tampoco tirano. Porque es poco elegante engañar a su marido así fuese con él mismo. Porque adoro las ventanas abiertas y la ropa limpia.

(Con Júpiter disfrazado de Anfitrión)

No le debo especial reconocimiento a Júpiter, porque haya creado cuatro elementos en vez de veinte que nos harían falta, sino que desde toda la eternidad ése ha sido su papel; mientras que mi corazón puede rebosar de gratitud hacia Anftrión, mi maridito, porque entre dos batallas se dió tiempo para descubrir un sistema de poleas para ventanas y de inventar un nuevo injerto para las huertas. Tú enviaste para mí el sabor de una cereza y la intensidad de un rayo de luz: eres mi creador.

(Con Júpiter)

–Evidentemente no sería yo la que insistiera, pero dormir una vez junto a Júpiter hubiera sido un "souvenir" para una burguesita como yo ¡Tanto peor!;

Como resultado de antiguas rencillas y en afirmación autoglorificadora, solapadamente y tomando como pretexto la obra, Julio Bracho minimiza la actividad de Celestino Gorostiza y pretende estar dando una originalidad al teatro en el texto explicativo: "La escenificación":

Nunca, como hoy, al escenificar una obra me he visto tan impulsado por ese afán siempre perseguido de reteatralizar el teatro. Para ello la obra de Giraudoux es una invitación inevitable.

Nace la invitación de dos circunstancias felices: ese buscado anacronismo en el que el poeta se goza y la simplicidad del trazo escénico.

El anacronismo es en Giraudoux un hallazgo. De la reminiscencia clásica salta el poeta a la más actual actualidad, política o social. En la obra de Giraudoux, pasado y futuro son dos palabras ignoradas. Todo es un presente en que la humanidad está en bloque, sólo con sus eternas esencias.

Por ello, al llevar la obra a las dimensiones de la escena, si se pretende traducir el espíritu del texto, es imprescindible acentuar ese anacronismo. Y acentuarlo, ante todo, en aquello que va a herir de un modo más directo al espectador: actitudes, vestuario, decorado, ritmo del idioma. Sin abandonar el apoyo en la referencia clásica buscar el color de actualidad y, por el choque, crear la atmósfera del anacronismo conservando, a pesar de ello, una bien definida unidad de interpretación.

De modo magnífico, a mi juicio, el pintor Antonio Ruiz ha sabido asimilar el espíritu de la obra y el de mi idea de su escenificación, traduciendo plásticamente los elementos justos de ese, una última vez mencionado, anacronismo.

La simplicidad del trazo escénico no hace sino afirmar el clasicismo de Giraudoux. Toda la obra va siendo expuesta al través de dos personajes sucesivamente distintos, desde luego, que dialogan. Fiel a este trazo he pretendido resolver todo el movimiento escénico alrededor de sólo dos elementos: una banca de piedra para los exteriores y un diván para el interior. Apenas, para darles vida, hago uso de los otros elementos: una escalera, unas columnas, la vidriera, una cortina.

Y, para lograr ese acuerdo entre espectador y espectáculo, tan esencial para el teatro, en rigor nada más hace falta decir.

La comedia en tres actos *Anfitrión 38* de Jean Giraudoux en traducción de Bracho y Salvador Echeverría, bajo la dirección del primero y con escenografía de Antonio Ruiz "El Corcito", tuvo como actores:

Júpiter	Felipe del Hoyo
Mercurio	Carlos Riquelme
Trompeta	Juan Manuel Salcedo
Sosias	Miguel Montemayor
Guerrero	Agustín Saavedra Moncada
Alcmena	Isabela Corona
Anfitrión	Rodolfo Landa
Eclissé	Josefina Moreno
Leda	Mimi Becheloni

En el folleto también se especifican los apoyos auxiliares y técnicos:

Modistas: Sofía Salazar Pachecho y Josefina Piñeyro
Revisión Técnica: Dorothy Bell
Iluminación Escénica: Ricardo Zedillo
Tramoya: Miguel López
Utilería: Francisco Pérez
Trajes de Isabela Corona: confeccionados por César
Vestuario de Julio Bracho

A manera de corolario se detalla un "Repertorio para la temporada de 1938", del Teatro de Orientación separando los tres grupos y las obras seleccionadas por cada director:

GRUPO DE JULIO BRACHO

Anfitrión 38, de JEAN GIRAUDOUX.
Seis personajes en busca de Autor, de LUIGI PIRANDELLO.
La Hija de Iorio, de GABRIELE D'ANNUNZIO.
Antígona, de SÓFOCLES – COCTEAU.
Una obra de autor americano.

GRUPO DE XAVIER VILLAURRUTIA

Minnie la Cándida, de MÁXIMO BONTEMPELLI.
Tartufo o el Impostor, de MOLIÈRE.
Dardamelle o El Cornudo, de EMILE MAZAUD.
Escombros de un Sueño, de CELESTINO GOROSTIZA.

GRUPO DE RODOLFO USIGLI

¡Fuego! (The Roof), de JOHN GALSWORTHY.

La Máquina de Sumar, de ELMER RICE.

La Gaviota, de ANTON CHÉJOV.

La Invitación a la Muerte, de XAVIER VILLAURRUTIA.

Enlistado que refleja nuevamente esa actitud egotista de Bracho. ¿Por qué encabeza su grupo el ordenamiento de la temporada, cuando ya se había representado *Minnie la Cándida*, dirigida por Villaurrutia? ¿Por qué se asigna la dirección de cinco obras cuando los otros sólo programan cuatro? ¿Por qué esa actitud demagoga de sólo colocar "Una obra de autor mexicano" sin especificarla? Obvias las respuestas.

Las funciones de *Anfitrión 38* se iniciaron el 16 de junio para permanecer en cartelera hasta el 25 de ese mismo mes.

Aún antes del debut de *Anfitrión 38*, la prensa se interesó por la obra. Un reportero de *El Universal*[127] después de comentar que asistió al ensayo de *Anfitrión 38* "atraído por la expectación que ha despertado su próximo estreno en el Palacio de Bellas Artes", destaca la actuación de Isabela Corona, sintetiza el argumento y da como dato curioso, el nombre del modista encargado del vestuario de la Corona:

Viendo ensayar a Isabela Corona con verdadero sentido de la actriz consciente que es; el personaje de Alcmena, la deliciosa mujer que traza Giraudoux en su obra, símbolo de la perfecta casada, del amor conyugal, de la coquetería deliciosa de una mujer enamorada de su marido que trata por todos los medios de evitar ser la amante de Júpiter, entre las numerosas revelaciones que la obra iba siendo para nosotros pensamos que de tal modo Isabela Corona, la actriz moderna de México, como se le llama, vive en la escena la deliciosa Alcmena y de tal modo mujer es el personaje de Giraudoux, que todas y cada una de las mujeres no podrán menos que reconocerse en Alcmena coincidiendo con ella en más de uno de sus aspectos, así puedan ser éstos los más atrevidos del personaje trazado con tanta maestría por Giraudoux.

Al terminar el ensayo nos acercamos al director, pero en estos momentos Bracho e Isabela entraban en un camerino para dar el visto bueno a los trajes de la primera actriz que el conocido modista César llevaba, con su ayudante, en sendas cajas. Se dice que los modelos que lucirá Isabela Corona son sensacionales.

El Universal Gráfico[128] corrobora la excelente actuación de Isabela Corona, después de decir que el estreno de *Anfitrión 38*, tuvo lugar ocho años atrás en París. Igualmente menciona lacónico otras participaciones, se refiere a la escenografía y hace hincapié en el entusiasmo del público ante tan hilarante comedia:

El estreno en México fue el jueves en el Teatro del Palacio de Bellas Artes y el personaje central que correponde a la figura de la femenina Alcmena, fue interpretado con gran acierto por la moderna actriz mexicana Isabela Corona. Junto a ella figuraron en el reparto el joven actor Rodolfo Landa, que hace el papel de Anfitrión, Felipe del Hoyo que hace el papel de Júpiter y Carlos Riquelme que interpreta al dios Mercurio.

Los decorados son de Antonio Ruiz, el distinguido pintor mexicano, que ha trabajado con verdadero empeño por la perfecta realización de la escenografía.

Como el entusiasmo del público sigue siendo patente por ver esta comedia llena de gracia y de picardía, las taquillas del Teatro del Palacio de Bellas Artes estarán hoy sábado abiertas al público, desde temprano, siendo el precio de las localidades de $1.50 el primer piso, $1.00 el segundo piso y $0.50 el tercer piso.

Esclarecedora, erudita y de singular valor para una mejor aproximación a la pieza del francés, es la crónica de Armando de Maria y Campos que la revista *Hoy* publicó el 18 de junio. En su ya célebre sección "El ritmo del Teatro", el escritor rememora cómo "Reconciliar en un sólo género al 'Teatro literario', y al 'Teatro de distracción',... parece ser la suprema ambición de Jean Giraudoux". Esta aseveración le da pie para traer a cuento algo de la crítica que surgió en torno a alguna de las puestas en escena en París de *Anfitrión 38* y sobre todo para incluir una suscinta biografía de Giraudoux en la que va entretejiendo comentarios, exégesis y denostaciones sobre su creación y éxitos obtenidos con su dramatrugia.. Acerca de *Anfitrión 38* y sobre la representación en México comenta:

Como segunda obra de la temporada que viene desarrollando en el Teatro del Palacio de Bellas Artes el Teatro de Orientación, acabamos de conocer *Anfitrión 38* ¿Anfitrión 38? Es decir, 37 antes del de Giraudoux. "Dudo que entre los 37 Anfitriones que se han escrito, haya uno solo, y no olvido el de Molière, que supere al *Anfitrión 38* de Giraudoux", dice Paul Reboux. Bella y gallarda lección literaria que nos hace recordar esta gran verdad, bien conocida de los clásicos; que la materia es nada y que todo el mérito y originalidad radican en la manera y la forma en que se trata esa materia.

A lo dicho por Reboux, De Maria añade: "*38 Anfitrión*, griego y actual, simbólico y humanísimo, severo y humorístico, 'teatro literario' y 'teatro de distracción' a un mismo tiempo encantador término medio entre Sófocles y Polichinela".

Con admiración para Julio Bracho por su buen juicio en la elección de *Anfitrión 38*, pero aún más por su magisterio como director, señala:

La reconocida maestría de Julio Bracho, cuyos aciertos como ya eminente director en *Lázaro Río* (1933) y *Las Troyanas* (1936), son jalones definitivos en la historia del gran teatro de México, dirigió la interpretación y la postura escénica de la primera obra de Giraudoux que se conoce en este país; con seguridad y dominio, con indiscutible buen gusto, supo imprimirle a la simbólica y humana pieza de Giraudoux un ágil y frívolo sentido de humanidad demostrando que en el ambiente antiguo clásico en que se desarrolla *Anfitrión 38*, sus anacronismos, lejos de ser una concesión poco hábil al realismo de hogaño, no son sino un refinamiento de ficción, especie de superfantasía, divertida mixtura de tiempos, lugares y costumbres, que sitúan la acción fuera de siglo, en un país imaginario. Tan fácil como es caer en el abismo de la bufonada –*La Bella Helena*, por ejemplo-; pero el talento de Bracho y su buen gusto lo pusieron al margen de tan comprometido peligro.

Armando de Maria y Campos no pasa por alto la excelente actuación de Isabela Corona y la significativa revelación de otros integrantes del reparto:

Una nueva Isabela Corona, frívola y apasionada, inquietante y voluptuosa, encontramos en Alcmena, esposa de Anfitrión. No sólo dijo su parte con justa y encendida emoción, rica en acentos y matices, sino que se movió segura y ágil, corazón palpitante de la encantadora comedia, gran actriz en todo momento. La señorita Bechelani, debutante, reveló un exquisito temperamento y poseer una bella voz, de extensa e insospechada flexibilidad. Felipe del Hoyo supo darle a su Júpiter un seguro acento picaresco, de hombre que lo sabe y lo puede todo, mostrándose siempre actor que sabe pisar la escena. Carlos Riquelme en su Mercurio, Rodolfo Landa en su Anfitrión y Miguel Montemayor en su Socias, completaron muy armónicamente el bien entonado y sobriamente movido conjunto de actores, que manejó, con matemática precisión, el talento del director Julio Bracho.

El cronista tampoco olvida referirse a la magnífica escenografía:

Antonio Ruiz construyó dos bellísimos decorados —un exterior y un interior— del palacio de Anfitrión, en Tebas, de acuerdo en todo con lo que exige la acción de la obra.

Para concluir lamenta que con *Anfitrión 38* termine la temporada del Teatro de Orientación, aunque se muestre esperanzado de que tenga "una continuación en octubre de este mismo año" y además de recordar las obras prometidas para esa casi hipotética reanudación, finaliza con el paralelismo inicial y su esperanza de homologar drama y buen humor en su acepción trascendente:

…presentándose entonces, entre otras obras, *Fuego* de John Galsworthy, por el cuadro que dirige Rodolfo Usigli y las comedias mexicanas *Escombros de un Sueño*, de Celestino Gorostiza, y la *Invitación a la Muerte*, de Xavier Villaurrutia.

Ojalá y que el "teatro de distracción", enemigo número uno del "teatro literario", no insista en su empeño de malograr el noble propósito que alienta a los directores del Teatro de Orientación de reconciliar, en un solo género, como lo han logrado en *Minnie la Cándida* y con *Anfitrión 38*, el "teatro literario" y el "teatro de dirección"; es decir, colgar del brazo de Sófocles el de Polichinela.

El Nacional[129] observó la misma solicitud que para las representaciones de *Minnie la Cándida* y el 19 junto a la necesaria información de apertura de taquillas y precio de las entradas habla de la buena acogida de la crítica para esta comedia:

Después del triunfo que alcanzara el día de su estreno, vuelve hoy domingo a las 21:45 horas, la obra de Giraudoux ANFITRIÓN 38, que dirigida por Julio Bracho, interpretó Isabela Corona como primera actriz, haciendo el papel de Alcmena, una figura trazada por Giraudoux llena de femenidad e ingenua picardía.

Los críticos que asistieron a la première, estuvieron hablando elogiosamente de la obra y los comentarios fueron de lo más favorables para los actores que al lado de Isabela Corona, se distinguieron: Rodolfo Landa, el general Anfitrión, amante celosísimo de su mujer; el señor Del Hoyo, que hizo Júpiter y Carlos Riquelme, que interpretó con acierto el papel de Mercurio.

Como le fue imposible a una buena parte del público poder asistir a esta première ya que los boletos pronto estuvieron agotados, hoy domingo las taquillas del Palacio de Bellas Artes estarán abiertas desde bien temprano para poder atender mejor a la venta de localidades.

El dictamen de Mario Mariscal[130] bien meditado, empieza como sus colegas, rememorando las veces que el tema de *Anfitrión 38* ha sido utilizado en la literatura teatral y recalca que Giraudoux es quien mejor ha entendido el asunto:

> De Plauto a Giraudoux, treinta y ocho veces se ha llevado al teatro un mismo argumento, incluyendo a Molière entre los autores que han precedido al de *Anfitrión 38* en su empeño de utilizar los amores de Alcmena y de Júpiter con una finalidad teatral. Nadie que no se sintiera lo bastante capaz, abordaría un argumento así de manoseado: porque a menos de sentirse en aptitud de mejorarlo, difícilmente se decidiría a tomarlo nuevamente entre manos. Pero Jean Giraudoux tiene esa superior capacidad y su *Anfitrión 38* es el mejor de las múltiples versiones de una anécdota mitológica tan favorecida por el teatro.
>
> *Anfitrión 38* es una farsa exquisita, llena de ingenio y de sutileza verbal, poseedora de todos los elementos que hacen atractivo el teatro. En consecuencia, la elección de ella para integrar el repertorio de los grupos teatrales del Departamento de Bellas Artes, se encuentra suficientemente justificada. Ahora, veamos si su interpretación, su juego escénico y *mise en scène* corresponden a la indiscutible calidad de la obra.

Mariscal, el sostén crítico de la aportación teatral de Gorostiza, hace serias objeciones a la traducción de Julio Bracho. Le reclama que en un innecesario afán de destacar la ironía, haya caído en lo chocarrero; también encuentra defectos en la actuación debido a ese deseo de mover a la risa fácil:

Choca desde el primer momento de la representación una divergencia patente entre el espíritu de la obra y la interpretación deliberada buscada por la dirección artística –en el caso de Julio Bracho– a nuestro modo de ver equivocada. Creo que no puede calificársele de modo más justo que afirmando que se trata de una interpretación que, apartándose de lo cómico, cae en los chocarreros. Chocarrera resulta la actitud del Júpiter encarnado por Felipe del Hoyo, tanto como la de Eclissé que interpreta Josefina Moreno, y hay que ver que existe una gran distancia entre el padre de los dioses y una comadre parlanchina, no sólo por tratarse de Júpiter y de una comadre, sino por las diferencias del texto y del espíritu de ambos personajes.

Luego, se halla uno con una alocución un tanto cerril, que aparte de establecer un constante –y por esto monótono– cambio de tonos, de lo que resulta que la mitad de cada frase se haga inaudible, escapándoseles su sentido del espectador; no cuida suficientemente la corrección simplemente gramatical, yéndoseles a los actores algunos cénit agudizados y otros disparates de esa laya

Pese a esas objeciones encuentra que las cualidades de la obra le salvan:

Es justamente la bondad de la obra y lo ingente del esfuerzo de llevarla al tablado, lo que nos hace precisar los defectos en que se ha incurrido en su realización escénica. No obstante esto, pasaremos por alto los vicios claramente visibles de la traducción para ocuparnos de los múltiples motivos por los que *Anfitrión 38* se conserva, así y todo, una obra excelente y dignísima de ser vista por el público.

Siempre justo y objetivo Mariscal también advierte el excelente desempeño de Isabela Corona y la difícil adecuación que el tema y la deficiente traducción pedían al escenógrafo, por lo que felicita a "El Corcito":

Desde luego, y en primer término, la muy ágil versión interpretativa de la Alcmena que nos ofrece Isabela Corona. Acaso –pero siempre excepcionalmente– existan momentos en que la agilice demasiado, hasta constituir por exceso una verdadera deficiencia. Pero, generalmente, su actitud es, como siempre, mesurada y correcta, elevada y artística. Es lástima que por las causas apuntadas no pueda decirse lo mismo de los restantes intérpretes, singularmente de Felipe del Hoyo, quien de no haber forzado su labor interpretativa, indudablemente ocuparía un lugar más destacado. A Juan Manuel Salcedo, Carlos Riquelme y Rodolfo Landa, pudo salvarlos de algunas caídas su intuitiva aptitud de actores y cada vez más refinada calidad artística.

El elemento quizás más armónico de la representación, en exacto acuerdo con el espíritu de la obra y los propósitos del autor, fue puesto por Antonio Ruiz, autor de la escenografía y de los bocetos del vestuario. Estos últimos son, por deliberado anacronismo del autor –que no es más que un recurso para patentizar objetivamente otros anacronismos cometidos con igual deliberación, y a cada paso, en el texto de la comedia– mitad griegos y mitad actuales. Antonio Ruiz –pintor esenógrafo de probada capacidad y encumbrada calidad artística– logró percibir claramente el designio del autor, e interpretarlo con justeza. Vaya para él nuestro aplauso.

Fernando Mota[131] coincide en algunos de sus conceptos con Mario Mariscal y después de quejarse del reducido espacio de una columna de periódico, ofrece ser sintético y detenerse en el interés y asunto de *Anfitrión 38* que "ha tardado casi 9 años en llegar a México".

Casi nueve años ha tardado en llegar a un escenario de México la comedia de Giraudoux estrenada en París por Louis Jouvet, con éxito que abrió camino al autor para nuevos triunfos: desde *Intermezzo* y *Judit*, hasta *No habrá guerra de Troya*, y el reciente *Impromptu de París*. El mejor público de teatro debe agradecer a los organizadores de esta temporada la oportunidad que le brinda de conocer *Anfitrión 38*, comedia en la cual se rejuvenece un tema tratado antes treinta y siete veces, si el cómputo es exacto. Con agilidad y seguro conocimiento del teatro, Giraudoux se complace en llevar al mundo antiguo el pensamiento y el espíritu modernos. Los personajes clásicos se mueven con la libertad que el autor les presta al afrontar los riesgos del anacronismo, para obtener todas las ventajas de la actitud que adopta. Ennoblece con la poesía un tema propicio para el vodevil: el triángulo amoroso impuesto por el deseo de Júpiter, enamorado de Alcmena. Si los autores antiguos trataban de justificar al dios, Giraudoux toma el partido de Anfitrión y de su esposa, más inteligente que Júpiter. El mayor encanto de la comedia está, pues, en los detalles y matices de una acción cuyo desenlace no puede variar: acción que interesa de nuevo porque el autor sabe suscitar la incertidumbre, aún dentro de lo ya conocido.

Además de congratularse con el regreso de Isabela Corona a las tablas, elogia su actuación y la destreza de otros actores y el buen manejo del director:

Isabela Corona –acreedora a calurosos parabienes, por haber optado, tras una breve indecisión, por volver al buen camino dentro del teatro– superó esta vez, como actriz, interpretaciones anteriores, por su gracia expresiva y sobria. La secundó, con tino que es también superación y afirmación Rodolfo Landa: el mejor o uno de los mejores elementos de este grupo de jóvenes actores, y lo siguió de cerca Riquelme, que mejorará cuando su voz recuerde menos la de otro de los intérpretes. De los restantes se destacaron Mimi Bechelani –un tanto nerviosa– en su breve intervención; Felipe del Hoyo, cuando no acentuó demasiado el sentido grotesco, Juan Manuel Salcedo, Josefina Moreno, Miguel Montemayor y Agustín Saavedra, cumplieron satisfactoriamente. En conjunto bien sabida la obra, se representó con ritmo apropiado y movimiento escénico bien conducido por el director que salió al final a agradecer con todos los intérpretes.

A Mota tampoco le complace la traducción y respecto a la escenografía, ésta no sólo es adecuada sino que gustó mucho al público:

Como traductor –se prescindió de la traducción de Díez-Canedo, publicada en la *Revista de Occidente*– Julio Bracho fue asesorado por Salvador Echavarría. Ambos comparten lo mismo el aplauso por los aciertos, que la responsabilidad por haber suprimido entre otras cosas, parte del último diálogo –uno de los más sutiles de la obra– entre Alcmena y Júpiter, y por incurrir en galicismos y errores como los de hacer decir a los intérpretes: allá abajo, por allá lejos: proclamación por proclama; errores que distraen al espectador y perjudican la belleza literaria de la obra.

La justificadamente apaludida escenografía de Antonio Ruiz supo conciliar acertadamente lo antiguo con los toques modernos. Lástima que un cambio de estatuas haya puesto una censura en la armonía del interior. El vestuario, bien concebido y ejecutado.

Anfitrión 38 merece ser visto y aplaudido.

Luis G. Basurto[132] en *El Universal Gráfico*, al igual que hiciera en su reseña de *Minnie* dedica casi todo el espacio de la columna "Teatrales" a un minucioso análisis de la pieza de Giraudoux.

Filósofo, mordaz y lleno de malicia, nos brinda finamente aderezada con profundo humorismo la historia de Alcmena la Tebana, elegida de Júpiter para dar a su patria el hijo semidiós. Y alrededor de ella sabe desenvolver, con percepción excepcional del conjunto de valores artísticos en juego, una malla anacrónica de Dioses y mortales. Paganizados éstos y conscientes aquellos de su inferioridad espiritual y material al descender a un mundo que a pesar de haberlo hecho, y por ello, precisamente, desconocen.

La esposa de Anfitrión, hace triunfar por encima de los proyectos voluptuosos y políticos de un Dios, su inmarcesible fidelidad conyugal, usando de su propia feminidad perfectamente equilibrada.

Su verdadera personalidad se manifiesta en el guerrero y para él es una mezcla deliciosa de francesa y de griega, valiente y amorosa, refinada en el amor, frívola, espiritual y siempre pudorosa. Llena de mil preocupaciones femeninas y albergando otras veces aliento de epopeya

...

El segundo no necesita resolverlo de una manera técnica. Es bastante con delinear en la forma maestra que lo hace la psicología de Alcmena. En la feminidad de ayer y la de hoy, llena de antagonismos y reacciones desconcertantes. Multiforme y variada, pero con la unidad interna sabiamente trazada y relevada por su animador.

Jean Giraudoux, es el artífice supremo de la sátira. Pero en su obra no es sólo un incidente ni tampoco un adorno. Es un venero extraordinario y asombroso, producto de un espíritu profundamente crítico, que sabe dominar los valores teatrales usando de una técnica segura y novedosa. Y de un bello lenguaje que a pesar de su atrevimiento tiene una gran corriente de armonía.

La guerra, los inventos, la política y el amor son otros tantos temas sabiamente tratados, salvando los escollos que son para un autor situaciones que de no ser tan finas y graciosas, podrían llegar al prosaismo o a la vulgaridad del vodevil. Y Giraudoux ha sabido permitir el vuelo de su sátira admirable y su humorismo, alcanzando momentos audaces y atrevidos, sin olvidar al público que es elemento principal en el conjunto mismo del espectáculo teatral.

El dramaturgo, no aprueba aunque la disculpa, la idea de recortar el último acto de *Anfitrión 38*:

El interés en esta obra sigue un contínuo ascenso, hasta llegar al fino y delicioso desenlace, que no pudo ser apreciado en la forma debida, y sin duda por motivos de duración del espectáculo, por el corte sufrido al ser llevada a escena.

Aclama entusiasta la labor del Teatro de Orientación, pero sobre todo el trabajo llevado a cabo por Bracho:

El Teatro de Orientación, bajo la dirección artística de Julio Bracho, interpretó en el Teatro de Bellas Artes esta bellísima comedia, esforzándose de una manera digna de todo elogio por obtener un éxito, brindando una unidad de representación y de técnica escénica.

En su labor de dirección, Julio Bracho nos ha proporcionado un campo de observación interesante. Estilizados por sistema, eternamente inquieto, tiene el ansia del movimiento. A diferencia de otros directores, mueve sobre el tablado continuamente a los intérpretes, olvidándose a veces de los valores estrictamente técnicos, para innovar con singular frecuencia las normas del desplazamiento al orientarse en el sentido de dar a las figuras relieve coreográfico. Es, en el arte, un luchador infatigable, inteligente y estudioso.

Basurto refiere debidamente el cabal desempeño de Isabela Corona y Rodolfo Landa en primer lugar, sin olvidar los logros de otros actores así como el mérito del escenógrafo:

Isabela Corona, que ha prestado a su voz matices diferentes y más propios deja que su temperamento se interprete a sí mismo, permitiendo que por momentos sus cualidades de mujer modifiquen los rasgos de la artista. Superando notablemente actuaciones pasadas, y captando la gracia de la protagonista, y la finura delicada de su personalidad. Por lo demás, el propio conocimiento de su valor artístico hace que sea merecedora de un caluroso elogio al cultivar sinceramente sus propias cualidades en el teatro.

Rodolfo Landa en *Anfitrión* da un paso más en el camino de su actuación inteligente y sobria, obteniendo matices artísticos de altura en la interpretación acertadísima del marido guerrero, y demostrando conocer al público al prescindir del tino que lo caracteriza, exagerando un poco la personalidad humana del Dios enamorado, para provocar en los espectadores la distinción espiritual que tal vez de otra manera no se realizaría.

En cuanto a los intérpretes restantes, percatado de su papel y con clarísisma dicción Carlos Riquelme y Felipe del Hoyo, demostrando sus dotes de comediante, en el tercer acto, al satirizar graciosamente a Júpiter, en sus diálogos con Anfitrión y con Alcmena.

El decorado, en fin, prescindiendo de algún detalle incoherente y molesto a la vista, fue realizado por Antonio Ruiz con sobriedad y pureza en las líneas, armonizando sabiamente con un mobiliario estrictamente propio.

Coincidiendo con Luis G. Basurto en la admiración por la obra de Giraudoux y la buena actuación del elenco, José Díaz Morales[133] en la sección editorial de *Excélsior*, en la columna "Retratos" y con el sugestivo título de "Dioses en el Palacio de Bellas Artes", después de ahondar en la reiteración y vigencia de las pasiones, tanto en el Olimpo o en los antiguos tiempos como en la actualidad, atiende a la obra y a su espléndido desarrollo:

He aquí que *Anfitrión 38*, la estupenda comedia de Jean Giraudoux, que ahora el afán estético de Julio Bracho ha hecho representar en el teatro de Bellas Artes, nos habla con acentos nuevos de la eterna comedia del hombre. Todo se dice ahí con la gracia pulcra del que heredó, renovándola, la mejor sátira contra la guerra, esa peste que sufren los pueblos, que se escucha en el primer acto, no se puede borrar fácilmente de la memoria. Obra de poeta y de filósofo de una poesía moldeada con las más agudas y espirituales frases y de una filosofía en la cual el triste espectáculo del mundo actual es velado por una sonrisa, hecha de desprecio y de reproche, el *Anfitrión 38* recobra en su estreno del Bellas Artes, todo el prestigio que le corresponde como una de las piezas de que más puede ufanarse el teatro contemporáneo.

La labor de Bracho y de su grupo prometedor de jóvenes artistas merece el aplauso y el apoyo de todos. La interpretación de Alcmena, que hace Isabela Corona, no es cosa frecuente en nuestros escenarios. La de Mimi Bechelini discreta y oportuna. La de Carlos Riquelme, finísima y admirable, así como la de Del Hoyo, Montemayor y los otros.

Además Díaz Morales hace votos porque el camino emprendido por el Teatro de Orientación y por aquellos "que desde las altas esferas patrocinan estas veladas de arte, sigan el camino emprendido en bien del espíritu y la cultura".

De igual manera se deja sentir el comentario aparecido en "Notas" de *El Nacional*[134] aunque el reportero más exigente, apunta defectos en la puesta en escena.

Anfitrión 38, la preciosa comedia de Giraudoux, profunda y ligera, con lo más fino de la tradicional gracia francesa, hecha de espuma del ingenio, ha tenido un gran éxito dirigida por Julio Bracho, en el Teatro de Bellas Artes.

Isabela Corona, en su papel de Alcmena, vuelve a manifestar su talento de actriz.

Los decorados de Antonio Ruiz, discretos. No gusta, preferentemente, el del segundo acto. Los trajes de Julio Bracho, hay algunos que nos parecen de muy mal gusto. ¿Acaso sea una intencional nota desacorde para subrayar el tono caricaturesco que el director dio a la obra en el tercer acto?

La fineza de los diálogos, se pierde a veces o no se advierte plenamente, no sólo por la frecuencia de los momentos de "sprit" original y delicado, sino porque los actores no saben decir con más perfección sus parlamentos.

Es el primer éxito de la temporada del Teatro de Orientación.

La comedia es tan amable, tan picaresca, tan seria a la vez con su juego delicioso con lo divino y con lo humano, que nuestra felicitación a Julio Bracho debe comenzar, precisamente, por haber escogido esta obra para la temporada.

Pese al éxito de crítica, audiencia numerosa y buenos augurios, *El Nacional* del 25 de junio de 1938, anunciaba:

ÚLTIMOS DIAS DE ANFITRIÓN 38

El notable triunfo de nuestra primera actriz joven: Isabela Corona, en la obra maestra de Jean Giraudoux es rotundo. Su papel, en extremo difícil, puesto que interpreta a Alcmena, la mujer femenina

–la mujer por excelencia– es desempeñado noche a noche con exactísima fidelidad y acierto: una vez más la talentosa actriz se ha revelado, no como simple aficionada, sino como una verdadera actriz consagrada.

La obra es picante, movida, graciosa; es una de la mejores dentro del teatro moderno. Su autor, el francés Giraudoux, ha puesto en ella todo el encanto y la sutilísima gracia gala. El joven director Bracho, la ha recogido íntegramente presentándola al público de México como ejemplo de buen teatro y buena dirección.

La obra toda gira en torno de Alcmena, pero, la gracia sutil de los demás personajes ha dado motivo a que un magnífico cuadro de actores jóvenes se destaquen en ella. Así, tenemos a Anfitrión, encarnado por el arrogante Rodolfo Landa, que da a su papel la prestancia que exige, a Carlos Riquelme, que interpreta maravillosamente al Dios Mercurio; a Felipe del Hoyo, Júpiter, que logra entusiasmar al público. La obra es magnífica y la interpretación lo mismo.

La escenografía luminosa y llena de "sprit" se la debemos a Antonio Ruiz. Le recomendamos, pues, a usted no pierda esta estupenda alta comedia.

Si Ud. no ha visto esta hermosa obra de Giraudoux no debe dejar de asistir al Teatro del Palacio de Bellas Artes, pues solamente hoy sábado y mañana domingo estará en escena *Anfitrión 38*.

Octavio Novaro[135] acorde con los reseñistas anteriores en cuanto a las excelencias de dirección, selección y actuación igualmente se extraña, se cuestiona el por qué debe concluir el quehacer que tan extraordinariamente llevó a cabo Orientación en su final temporada:

De donde quiera que provenga la absurda disposición, debe ser duramente criticada: el Teatro de Orientación, que tan hermosos primeros pasos nos ofreciera en esta temporada, abandona el Teatro de Bellas Artes y clausura aquélla, con sólo dos realizaciones. Nuestro escenario máximo va a ser ocupado por las huestes –que no otra cosa– de Roberto Soto. Y así esta estupenda germinación queda tronchada, como tantas otras, nacida apenas. Verdaderamente exaspera esta incuria de sentido de las proporciones, que agota los mejores y más nobles esfuerzos. Ojalá y llegare a rectificarse la medida, dando a cada esfuerzo particular el lugar que le corresponde, coordinando actividades y evitando interferencias absurdas. De otro modo, cuanto hagan los contados apóstoles laicos del Teatro en México, resultará inútil.

Antonio Magaña Esquivel[136] quien de los críticos mexicanos asumió desde el primer momento la afirmación y la defensa del teatro experimental en el país, quien tuvo siempre una sensibilidad en armonía con los postulados renovadores de esos originales proyectos, al cerrarse la definitivamente última temporada del Teatro de Orientación realiza un balance en *El Nacional*:

Cuatro años de ausencia parecían señalar la crisis profunda del Teatro de "Orientación". El modelo inicial del experimento se afinó, se fortaleció mientras fue posible darle continuidad ascensional a sus trabajos, detenidos de pronto por cuestiones económicas internas de la pequeña política burocrática. De aquí ante todo, el interés despertado por su nueva salida en la que todos esperaban constatar las condiciones de sobrevivencia del aquel impulso relevante de dignidad, de buen gusto y de talento que le dio origen.

Podemos afirmar que "Orientación" conservaba su vida virtual a través de un grupo de escritores sujetos al hilo de una idea teatral fija, mancomunada. Ello explica la confianza de Celestino Gorostiza, tan pronto alcanzó la Jefatura de Bellas Artes, en la posibilidad de recrear la cifra propia de selección y estilo de su teatro experimental. De cualquiera manera cuatro años privados de nexo lógico son ya paréntesis natural que es necesario tomar en cuenta en la historia de "Orientación".

Por consiguiente, con la última temporada se inicia una segunda época de nueva responsabilidad moral e intelectual que encuentra reunidos bajo la misma denominación a tres directores: Xavier Villaurrutia, Julio Bracho y Rodolfo Usigli, dispersos antes y aún encontrados en sus actividades, cada uno responsable de un repertorio y de un grupo de comediantes no profesionales. De este modo Celestino Gorostiza, como Jefe principal de "Orientación", ha querido respetar las personales y obligadas relaciones entre directores, obras e intérpretes y establecer al mismo tiempo un coeficiente de cordialidad, de ritmo, de compostura estilística en las actividades de los tres grupos experimentales.

Con posterioridad y en armonía con los cronistas que le antecedieron, Magaña Esquivel se explaya en elogios, en el reconocimiento positivo de las piezas, actuaciones, direcciones, escenografías, en definitiva todo lo que posibilitó la rotunda gloria de Orientación:

El Teatro de "Orientación", por consiguiente, tiene en sus manos ya, y ha comenzado a poner en juego cordial y equilibrado a los elementos esenciales para lograr la particularidad física e intelectual del teatro.

El proyecto primario de los tres directores –Villaurrutia, Bracho y Usigli– sólo se cumple a medias. El 23 de enero de 1939 Ignacio Beteta asume el Ministerio de la Secretaría de Educación Pública, y la nueva administración corta de cuajo al Teatro de Orientación. Así *Biografía* de John Berhman, uno de los integrantes del Playrights Producing Company, que estaba programada para el Teatro de Orientación ya no se representa bajo su patrocinio, sino con el grupo Repertorio creado por el propio Usigli –organización efímera– en el Teatro Hidalgo, en el mes de abril de 1939.

Incluida *Biografía* de Berhman en el proyecto del Teatro de Orientación para 1938, algunos cronistas –véase *Ultimas Noticias de Excélsior* del 22 de abril de 1939– confundieron al grupo Repertorio con el de Orientación.

Es necesario reiterar que la sala llamada Orientación en el edificio de la Secretaría de Educación Pública, cobijó largas temporadas del Teatro de Orientación, sala y organización homologados únicamente por el nombre. Como espacio siguió funcionando algún tiempo después a través de representaciones de otros grupos teatrales –sede de El Club Dramático– ocupada para conferencias como por ejemplo la célebre sustentada por el escritor español Benjamín Jarnés en septiembre de 1939.

Aquí termina la historia del Teatro de Orientación, sin duda el más valioso aporte del teatro experimental en México, el que dio realmente el ejemplo más contundente en tiempo, en repertorio, en disciplina de actores, en asimilar escritores, músicos y creadores plásticos a su labor técnica e intelectual, e indirectamente en propiciar una conciencia crítica de público y cronistas. Una escolaridad y un profesionalismo. A su iniciador, a su director, a su organizador, por qué no al alma misma del

Teatro de Orientación, Celestino Gorostiza, se debe que si hoy aceptamos naturalmente disfrutar del buen teatro experimental en México, se reitera, es gracias a él, a su labor, a su esfuerzo titánico que muchas veces contra viento y marea impuso a plena conciencia, con análisis e investigación, la necesidad siempre de la renovación, esencia universal de la cultura.

En la década de 1940-1950 surgirán en México avanzadas teatrales que en cierta forma continúan ese sendero experimental, cuya semilla sembrada por Ulises, intentada por Escolares del Teatro y espléndida realidad en Orientación, sin olvidar el Teatro de la Universidad en 1936, se desplegarán a manera de un fructífero abanico de enseñanzas: El Teatro Repertorio; El Teatro de Medianoche; *Pan American Theatre*; Proa; La Linterna Mágica; Teatro del Caracol; Teatro de la Reforma; Teatro en Círculo y Teatro de Arte Moderno, por sólo citar algunos.

En 1950 Celestino Gorostiza en un intenso ensayo, "Apuntes para una historia del Teatro Experimental", publicado en *México en el Arte*, recopiló su quehacer en el Teatro Ulises y en el Teatro de Orientación, sin olvidar la presencia de otros grupos, entidades o compañías que aportaron realizaciones, propósitos e inquietudes para elevar el arte teatral en la Nación. Gorostiza, para entonces hombre maduro, observa con calma y pericia la problemática de la dramaturgia. Ya no eran esos años primeros desafiantes y arrebatados para imponer y luchar con un medio hostil. Ya no era ese tiempo afiebrado e impetuoso, dominado e impulsado por la juventud ávida y de firme propósito, quizá sólo abanderado por una conciencia de claro derrotero.

Como homenaje a la titánica tarea del Teatro de Orientación y a la vez justo reconocimiento, el Instituto Nacional de Bellas Artes, el 30 de noviembre de 1958, impuso el nombre de Teatro de Orientación a través de la Unidad Artística y Cultural del Bosque, a un local dirigido por un patronato, sala que se estrenó con *El canto de los grillos* de Juan García Ponce. Voluntaria o involuntariamente, quizás por esa realidad de vasos comunicantes, a Salvador Novo, quien fuera esencial pilastra del teatro experimental en México, se le ofreció la dirección de ese *Canto*.

MÍNIMA CONCLUSIÓN PARA UNA EPOPEYA

Existe la reconocida épica de batallas y ejércitos. Pero hay otra, quizás silenciosa que se libra en la cultura, epopeya permanente.

En el teatro experimental en México, una mujer fue la heroina: Antonieta Rivas Mercado. Ella inició la aventura, la exploración como el Ulises clásico.

Dos héroes, Julio Bracho y Celestino Gorostiza, retomaron el estandarte. El primero patente en la brevedad, el segundo, el vencedor, el definitivo.

En una década transformaron la historia de la dramaturgia nacional, la sacudieron desde el corazón y desde fuera, la hicieron contemporánea.

Teatro mexicano y universal porque entendieron que la esencial tradición del hombre no sólo es su paisaje natal sino el territorio del mundo.

Tres batalladores que pelearon un espacio y vencieron al tiempo.

Malinalco
Agosto-octubre de 1991

NOTAS

PREÁMBULO

1. Enrique Olavarría y Ferrari, *Reseña histórica del teatro en México,* 1a. ed., como folletín de *El Nacional*, 1880-1884, 2a. ed., 4 vols., Imprenta encuadernadora y papelería La Europea, México 1895, 3a. ed., 5 vols. prólogo de Salvador Novo, ils. y puesta al día de 1919 a 1961 por David N. Arce, México, Editorial Porrúa, S.A., 1961.

2. Quizás el mayor crítico del Teatro en México de este siglo que se haya ocupado extensamente sobre el tema. Destaco solamente tres de sus obras que ayudaron para la elaboración de este trabajo: *Imagen del teatro (Experimentos en México)*, México, Edición Letras de México, México, 1940; *Breve historia del teatro mexicano,* en colaboración con Ruth S. Lamb, Manuales Studium, núm. 8, México, Ediciones de Andrea, 1958; *Medio siglo de teatro mexicano* (1900-1961), México, Instituto Nacional de Bellas Artes, Departamento de Literatura, 1964.

3. Se ha consultado toda la bibliografía posible, pero también para los fines de esta investigación hago resaltar de Margarita Mendoza López, *Primeros renovadores del teatro en México* (1928-1941), México, Instituto Mexicano del Seguro Social, Subdirección General de Prestaciones Sociales Coordinación de Teatros, 1985 y de John B. Nomland, *Teatro en México contemporáneo (1900-1950),* México, Instituto Nacional de Bellas Artes, Departamento de Literatura, 1967.

4. Mi agradecimiento impagable a Paloma Gorostiza y Clementina Otero por la documentación que me facilitaron.

TEATRO DE ULISES

1. Antonio Magaña Esquivel, *Medio siglo de teatro mexicano, (1900–1961)*, México, Instituto Nacional de Bellas Artes, Departamento de Literatura, 1964, pp. 28-29.

2. John B. Nomland, *Teatro mexicano contemporáneo, (1900-1950)*, México, Instituto Nacional de Bellas Artes, Departamento de Literatura, 1967, pp. 224-225.

3. Luis Mario Schneider, *El Estridentismo o una literatura de la estrategia*, México, Instituto Nacional de Bellas Artes, Departamento de Literatura, 1970, pp.107–108.

4. Recogido en *Antonieta Rivas Mercado. Obras completas,* recopilación y prólogo de Luis Mario Schneider, México, Editorial Oasis, Secretaría de Educación Pública, Lecturas Mexicanas, núm. 93, 1981, p.20.

5. Idem, pp. 20–21.

6. Julio Jiménez Rueda, "Pensamiento y acción. El Teatro Nuevo", *Excélsior*, 8 de enero de 1928, p.1.

7. *El Universal Ilustrado,* 10 de mayo de 1928, pp.21y 62.

8. Fernando Ramírez de Aguilar (Jacobo Dalevuelta), *El Universal Ilustrado,* 13 de enero de 1928, pp. 27 y 67.

9. Fernando Ramírez de Aguilar, "Cosas de Actualidad, el Teatro de Ulises", *El Universal*, 12 de febrero de 1928, p.1.

10. Toda la pormenorización del Teatro de Ulises se extrajo de la prensa capitalina de enero a julio de 1928, principalmente de *El Universal Gráfico, Excélsior, El Universal Ilustrado, Revista de Revistas, El Universal*, amén de otros. Con el objeto de no sobrecargar citas y referencias bibliográficas suprimo el detalle hemerográfico de no ser utilizado.

11. *El Universal Gráfico,* 4 de enero de 1928, p.5.

12. *Excélsior,* 5 de enero de 1928, p. 2.

13. *Excélsior,* 6 de enero de 1928, p.3.

14. El joven Telémaco "Ligados de Eugenio O'Neill en el Teatro de Ulises", *El Universal Ilustrado,* 16 de febrero de 1928, p. 22.

15. Margarita Mendoza López manejó programas que le fueron obsequiados por Efraín Huerta, véase nota 3.

16. *Ulises*, núm, 6. febrero de 1928, pp.15-16.

17. En programas de mano se olvidaron de consignar al director y la prensa tampoco lo cita, pero dado que Xavier Villaurrutia no participó como actor y que la prensa lo nombró en los ensayos, es dable deducir que él fue el director.

18. *Excélsior*, el 23 de marzo de 1927, p. 7, registra la "distinguida concurrencia" de las personas invitadas. La lista que se incluye corrobora y enumera a lo más granado de la sociedad en sus distintos sectores: Dr. José Manuel Puig Casauranc, doctor Alfonso Pruneda, licenciado Genaro Estrada, don Moisés Sáenz, licenciado Manuel Gómez Morín, licenciado Enrique Jiménez Domínguez, licenciado Víctor Velázquez, don Francisco Borja Bolado, don Antonio Ruiz y señora, don Guillermo Castillo, señorita Esperanza Cuéllar, don Jaime Torres Bodet, don Jacobo Dalevuelta, don José Romano Muñoz, don Gabriel Maroto, don Ernesto García Cabral, don Rafael Heliodoro Valle, don Jorge Enciso y señora, don Julio Torri, licenciado Primo Villa Michel, don Ermilo Abreu Gómez, don Efrén Rebolledo y señora, don Ricardo de Alcázar, don Manuel Horta, don José Joaquín Gamboa, don Antonio Adalid, don José Bayata, don Luis Castillo Ledón y señora, señor Jean Charlot, don Carlos Ezquérro y familia, don Roberto Montenegro, señora Guadalupe Marín, don Juan Vereo Guzmán, señora de Villaurrutia e hijas, don Antonio Dodero, don Miguel Rangel, licenciado Julio Jiménez Rueda y señora, don Ignacio Galván, don Enrique Cancino, don Humberto Rivas, don Artemio del Valle Arizpe, don Victor Manuel Diez Barroso, don Abad Baralt y señora, señorita María Luisa Ocampo, señor Durán y Casahonda, don Javier Irazábal, don Bernardo Ortíz de Montellano, don Samuel Ruíz Cabañas, don Carlos Obregón Santacilia y señora, don Francisco Martínez Negrete y señora, don Jenaro Fernández McGregor, don Alejandro Quijano, don Eduardo Villaseñor, doctor Manuel Matínez Báez, señorita Evangelina Morín, don Salvador Elizondo, don Miguel Herrera Lasso, señorita Guadalupe Lazo, señorita Tina Modotti, señor Martínez Ceballos, licenciado Godofredo Beltrán, licenciado Marcos Arrangóiz,don Carelos Tarditti, don Salvador Prieto, don Roberto Pesqueira, don Enrique Torreblanca, señoritas Heredia, don Ignacio Echegaray y señora, don Julio Estrada y señora, don Manuel Méndez Palacios, don Antonio Espinosa de los Monteros, Miss Chase, señorita Concepción Alvarez, señorita Nelly Acosta, don José de la Lama, señorita Elena Landazuri, señorita María de la Paz López, señorita Blanca Rico, señorita Concepción Negrete, don Roberto Ortega, don Rafael Pérez Gavilán, señorita Matilde Urdaneta, don Jorge del Moral, señora Ester Inclán de Schroeder, don Fran-

cisco Zubirán, don José González Ibarra, don Luis Plowes, don Darío Calderón y señorita Calderón, señorita Francisca Toor, don Aquilino Villanueva, don Jesús Silva Herzog, don Anselmo Mena, don Alfonso Acosta y familia, señora Clementina M. de Otero, don Salvador Alatorre, don Joaquín Ramírez Cabañas, señorita Olga Moreno, señorita Margarita Delgado, don Gonzalo Siller, don Roberto Sánchez, don Guillermo Vértiz, señoritas Valdés, señoritas Ester y Consuelo Nieto, señorita Carmen Chávez, don Manuel Pérez Verdía, señoritas María Luisa e Inés Cabrera, don Enrique Vidrio, don Mario Rivas Mercado, señorita Amelia Rivas Mercado, señorita Carmen Mendivil, don Luis Antonio Campero, don Luis Velasco y señora, don Luis Rincón Gallardo y señora, señoritas Carmen y Maria Luisa López Figueroa, señoritas Amelia y Celia Martínez del Río, señoritas Sara y Charo Osio, don Manuel Romero de Terreros y señora, señorita Luz María Rule, don Carlos Rule, don Fernando Olivera Esperón, señorita Carmen Córdova, don Francisco Gerdes y señora, don Gonzálo Jurado y señoritas Jurado, don Manuel García Cuéllar, señoritas Carolina y Mimi Amor, don Manuel González y González, señorita Huerta Jones, señorita Margarita Corcuera, señoritas Torres, don Valentín Vidaurreta, don Salvador Cardona, don Carlos Argüelles, don Joaquín Cortina, don Antonio Cortina, don Roberto Casas Alatriste, don Fernando Pimentel y Fagoaga, señoritas Josefina y María Pimentel, doctor Luis Garduño Soto, señorita Juana Herrán y Almonte, señora Dolores Sanz de Osi, doctor Fernando Ortega Merino.

19. *El Universal,* 11 de mayo de 1928, p. 9

20. *El Universal,* 14 de mayo de 1928, p. 5 y 8

21. *Idem.*

22. *Ibidem.*

23. *El Universal,* 15 de mayo de 1958, p. 3; 17 de mayo de 1928, p.3 y 25 de mayo de 1928, p.3.

24. *Idem.*

25. *Ibidem.*

26. *El Universal,* 20 de mayo de1928, p. 3.

27. *Excélsior,* 20 de mayo de 1928, p. 5.

28. Manuel Horta, "De Telón Afuera", *Revista de Revistas,* 20 de mayo de 1928, p. 27.

29. *El Universal,* 31 de mayo de 1928, pp.3 y 11.

30. *El Universal Gráfico,* 12 de junio de 1928, p. 4.

31. *El Universal Gráfico,* 22 de enero de 1928, p. 3.

32. *Revista de Revistas,* 25 de marzo de 1928, p.13.

33. *El Universal,* 22 de marzo de 1928, p. 9.

34. *El Universal,* 30 de mayo de 1928. p. 5.

35. Véase Margarita Mendoza López, nota 3, p. 145.

36. Andrés Henestrosa me afirmó que fueron Antonieta Rivas Mercado y Celestino Gorostiza los traductores.

37. Manuel Horta, "De Telón Afuera", *Revista de Revistas,* 15 de julio de 1928, p. 33.

38. Correspondencia con Manuel Rodríguez Lozano. Véase nota 8.

39. Doce años más tarde en *Hoy,* 1o. y 8 de junio de 1940, Luis G. Basurto con el título de "El Teatro Experimental en México" realiza un serio balance sobre la historia y los aportes del Teatro de Ulises. Ya concluido este trabajo conocí a Guillermina Fuentes Ibarra, investigadora en el Centro de Investigaciones Teatrales Rodolfo Usigli, quien me obsequió su tesis inédita de licenciatura, "Un momento en la cultura nacional. Historia del Teatro de Ulises", UNAM, Facultad de Filosofía y Letras, Colegio de Historia, 1986. Un excelente análisis con base en la bibliohemerografía que a mí también me fue tan útil.

ESCOLARES DEL TEATRO

1. Anónimo, "Anoche se inauguró el Teatro de Orientación en uno de los patios de la Secretaría de Educación", *Excélsior,* 3 de septiembre de 1931.

2. *El Universal Gráfico,* 2 de septiembre de 1931.

3. Margarita Mendoza López, *Primeros renovadores del teatro en México, 1928-1941,* México, Instituto Mexicano del Seguro Social, Subdirección General de Prestaciones Sociales, Coordinación de Teatros, 1985, p. 31.

4. Anónimo, "Acotaciones del Momento", *El Universal Gráfico,* 3 de septiembre de 1931 y *Excélsior,* 3 de septiembre de 1931.

5. Anónimo, "Inauguración del Teatro de Orientación", *El Universal Gráfico,* 3 de septiembre de 1921.

6. Anónimo, "Acotaciones del momento", *El Universal Gráfico,* 3 de septiembre de 1991.

7. Programa recuperado del archivo de Celestino Gorostiza.

8. La revista *Contemporáneos* publicó *Proteo* en el No. 37 del mes de junio de 1931.

9. Anónimo, "Teatrales", *El Universal Gráfico*, 11 de septiembre de 1991.

10. Anónimo, "Otro triunfo de los Amigos del Teatro Mexicano", *El Universal*, 12 de septiembre de 1931.

11. *Ibid.*

12. *Ibid.*

13. *Ibid.*

14. A. de F. "Visiones del momento", *Revista de Revistas*, 20 de septiembre de 1931.

15. Mario Mariscal, "Teatrales", *El Universal Gráfico*, 16 de septiembre de 1931.

16. Anónimo, "Imposición de obras teatrales", *El Nacional,* 3 de octubre de 1931.

17. Carmen Doria, "Una justa rectificación", *El Nacional,* 11 de octubre de 1931.

18. A.F.B. "Crónicas Teatrales", *El Nacional,* 7 de octubre de 1931.

19. Anónimo, "Casa de los Amigos del Teatro Mexicano", *El Universal Gráfico*, 3 de noviembre de 1931.

TEATRO DE ORIENTACIÓN

1932

1. Se destacan fundamentalmente "Aspectos del Teatro" (Núm. 12, mayo de 1929, p. 146-150) y el "Teatro y la actitud mexicana" (Núm. 20, enero de 1930, pp. 39-52).

2. Muchos son los artículos de Gorostiza en *El Espectador*. Igualmente sus colaboraciones en la revista *Imagen* cuando ya era director del Teatro de Orientación. Todo el material de estas tres publicaciones además de otros muchos ensayos están en proceso de recopilación.

3. Véase el artículo "Los años teatrales de Julio Bracho" de Emilio García Rivera y las entrevistas a Isabela Corona y Diana Bracho en *Escénica*, Vol. I, Núm. 2, junio de 1989, publicación de la Dirección de Teatro y Danza de la

Coordinación de Difusión Cultural, Universidad Nacional Autónoma de México, pp. 10-19, 41-50 y 61-79.

4. Paloma Gorostiza puso en mis manos una copia de la carta siguiente, firmada por su padre y dirigida al licenciado Luis Padilla Nervo en la que se evidencia ese antagonismo:

México, D.F., 26 de diciembre de 1932.
Sr. Lic. Luis Padilla Nervo,
Presidente del Consejo de Bellas Artes
de la Secretaría de Educación Pública.
Presente.

Distinguido señor:

En mi calidad de director del grupo del Teatro de Orientación, deseo protestar ante el Consejo de Bellas Artes por la aprobación dada al proyecto que presentó el señor Julio Bracho para llevar en gira por los Estados de la República a dicho grupo, con el repertorio realizado en 1932.

Mi protesta no se refiere, naturalmente, al deseo, muy loable, del Consejo de Bellas Artes, de hacer extensiva a la República la obra de cultura emprendida en el Teatro de Orientación, sino a la inmoralidad que entraña la presentación del proyecto y al precedente de irregularidad que se sentó al aprobarlo en las condidicones en que fue presentada, o sea en las de proporcionar ayuda pecuniaria y apoyo moral a un individuo extraño al grupo, para que explote comercialmente un trabajo ya plenamente realizado por otras personas.

El solo deseo de hacer salir al grupo del Teatro de Orientación a los Estados de la República, es un indicio de la satisfacción que tiene el Consejo del resultado de la Temporada 1932, y no se justifica que en vista de ese resultado se piense en prescindir de la persona que organizó grupo y repertorio y dirigió gratuitamente todos los trabajos, para poner el fruto, en condiciones de explotación comercial, en manos de una tercera.

El Consejo de Bellas Artes tiene la libertad, claro está, de juzgar accesorio y sin trascendencia el trabajo del director y de atribuir el éxito individualmente a cada uno de los actores reunidos, seleccionados y dirigidos por mí, aunque se podría comprobar, por el sentir general y por las cróni-

347

cas de los periódicos, que tan desgraciadas fueron las tres representaciones de tres obras de un acto que bajo la dirección del señor Bracho se hicieron en el Teatro de Orientación en todo el año de 1931, como felices las treinta de diez obras con un total de diecinueve actos que se dieron en el mismo lugar, bajo mi dirección, en el término de cinco meses; y que los dos únicos actores que conservé para mi grupo de los que habían trabajado al lado del señor Bracho, –la señora Isabela Corona y el señor Víctor Urruchúa– fueron acremente censurados en 1931 y elogiados cálidamente en 1932, no obstante que en este último es el Teatro de Orientación que no contó con las simpatías de la prensa por haber incluído obras mexicanas en su repertorio.

A pesar de todo, insisto, el Consejo de Bellas Artes tiene todo el derecho de prescindir de la personalidad del director, pero ya no de la de los actores ni de la de los traductores, si su deseo es que sean el grupo del Teatro de Orientación y el repertorio de la Temporada 1932 los que se den a conocer en los Estados de la República. Y es el caso que el señor Bracho no contaba al presentar su proyecto, ni cuenta ahora, con la anuencia de los componentes del grupo, –excepción hecha de la señora Corona– para seguirlo en su gira, ni con la de los traductores para poner las obras bajo su cuidado.

El señor Bracho, pues, ha sorprendido al Consejo de Bellas Artes al erigirse en Director del Teatro de Orientación y solicitar la ayuda de aquél para hacer una gira con un grupo que no está dispuesto a seguirlo y con un repertorio con el que no cuenta, y el Consejo de Bellas Artes ha procedido irregularmente al concedérsela sin cerciorarse previamente de que el señor Bracho podrá cumplir con lo que ha ofrecido aprovechando los plausibles deseos de la Secretaría de Educación.

Por todo ello, ruego a usted que se sirva hacer constar mi protesta ante el Consejo de Bellas Artes que dignamente preside.

Muy atentamente.

5. Luis Mario Schneider, "Agustín Lazo o el teatro como devoción" en *Agustin Lazo,* Casa de Bolsa Cremi, México, 1988.

6. *Idem*

7. *El Universal*, 29 de julio de 1932.

8. José Gorostiza, "Teatro de Orientación", *Examen*, núm. 2, septiembre de 1932, p.p. 20-22.

9. Conservo una buena cantidad de programas de mano, de las distintas temporadas de Orientación, cuando no aparece el reparto completo de personajes e intérpretes, es que el dato lo extraje de las reseñas periodísticas. Como en este caso. La prensa más consultada fue: *El Universal*, *El Universal Gráfico*, *El Nacional*, *Revista de Revistas*, *El Universal Ilustrado*, *El Ilustrado*, *Todo*, *Diversiones*, *Excélsior*, *Imagen*, *La Afición*, *Ases y Estrellas*, *México al Día*.

10. Anónimo "*Antígona* de Sófocles según Cocteau en el Teatro de Orientación" *El Universal*, 29 de julio de 1932.

11. Mario Mariscal, "Teatrales", Reapertura del Teatro de Orientación, *El Universal Gráfico*, 30 de julio de 1932, p. 18.

12. Anónimo, "Teatro de Orientación" *Revista de Revistas*, 7 de agosto de 1939.

13. José Córdoba (Rafael López) "O'Neill y Cocteau", *El Nacional*, 31 de julio de 1932.

14. Rafael Bermúdez Z., "Notas de Arte", *El Universal Gráfico*, 31 de julio de 1932.

15. Héctor Pérez Martínez, "Escaparate", *El Nacional*, 1° de agosto de 1932.

16. A.F.B., Adolfo Fernández Bermúdez, *El Nacional*, 3 de agosto de 1932.

17. Anónimo, "Profesores y Orientación", *El Universal Gráfico*, 12 de agosto de 1933.

18. José Córdoba (Rafael López) "Radiogramas. Shakespeare en el Teatro de Orientación", *El Nacional*, 2 de septiembre de 1932.

19. VIXE (Fernando Mota) "Teatro de Orientación", *Revista de Revistas*, 11 de septiembre de 1932.

20. Anónimo, "Plausibles esfuerzos del Teatro Orientación. Los Estrenos Sabatinos", *El Nacional*, 11 de septiembre de 1932.

21. Mario Mariscal, "Teatrales", *El Universal Gráfico*, 10 de octubre de 1932.

22. VIXE, (Fernando Mota) "Teatro de Orientación", *Revista de Revistas*, 6 de octubre de 1932.

23. José Córdoba (Rafael López), "Radiogramas. Chéjov y Molière", *El Nacional*, 11 de octubre de 1932.

24. *Idem*.

25. Anónimo, "Teatrales", *El Nacional*, 25 de noviembre de 1932.

26. Rafael López, *"Macbeth en Orientación"*, *El Nacional*, 8 de abril de 1933, p. 3.

27. Mario Mariscal "Teatrales", *El Universal Gráfico*, 20 de diciembre de 1932.

28. *Teatro de Orientación*. Temporada 1933 en el Teatro Hidalgo. Secretaría de Educación Pública, Departamento de Bellas Artes, s/a, [18] p.p.

29. Antonio Magaña Esquivel, "Acotaciones Teatrales", *México al Día*, 1º de enero de 1933.

30. Mario Mariscal, "Teatrales" *El Universal Gráfico*, 13 de enero de 1933.

1933

31. Celestino Gorostiza "La génesis del Teatro en México", *El Universal Gráfico*, 20 de marzo de 1933.

32. Julio Bracho "El autor, como elemento legítimo de un arte, (Los sofismas de la génesis del Teatro en México)", *El Universal Gráfico*, 20 y 21 de marzo de 1933.

33. Celestino Gorostiza, "Una carta del señor Celestino Gorostiza", *El Universal Gráfico*, 31 de marzo de 1933.

34. Mario Mariscal "Teatrales", *El Universal Gráfico*, 17 de febrero de 1932.

35. Mario Mariscal "Teatrales", *El Universal Gráfico*, 21 de marzo de 1933.

36. Celestino Gorostiza, "El Teatro Nuevo", *El Nacional*, 4 de abril de 1933, p. 3 y 8.

37. Mario Mariscal, *"La tragedia de Macbeth* y la representación de Shakespeare", *El Universal Gráfico*, 11 de abril de 1933, p. 5.

38. Documento que se encuentra en el archivo de Celestino Gorostiza.

39. Anónimo, "Propaganda negativa", *El Nacional*, 29 de octubre de 1933.

40. Anónimo, "Hidalgo", *Diversiones*, 11 de noviembre de 1933.

41. Este texto de Xavier Villaurrutia publicado en *Imagen* el 6 de octubre de 1933, guarda íntimo contacto con la última parte de un artículo "El Teatro es así", aparecido también en *Imagen* el 21 de junio de 1933, e incluido en su libro de ensayos *Textos y Pretextos* (Literatura como drama, pintura), la Casa de España en México, México 1940.

42. Gil Tor (Gilberto Torres Gallardo), "*El doctor Knock*, Bella Comedia de Jules Romains", *La Prensa*, 8 de octubre de 1933.

43. Fernando Mota, *El Universal*, 10 de octubre de 1933.

44. Anónimo "Teatro de Orientación", *Jueves de Excélsior*, 10 de octubre de 1933.

45. Anónimo, *El Universal*, 1º de octubre de 1933.

46. Florian (José L. del Castillo) "*Knock o el triunfo de la Medicina* y Trastos Viejos", *Todo*, 17 de octubre de 1933.

47. Anónimo, "Intimidad de Pellerin", *La Afición*, 2 de noviembre de 1933.

48. Xavier Villaurrutia "Jules Romains en México", *Imagen*, 21 de junio de 1933. Reproducido en *Textos y Pretextos*, (Literatura como drama, pintura) La Casa de España en México, México, 1940.

49. Fernando Mota, "Teatros", *El Universal*, 22 de octubre de 1933.

50. Anónimo, "Josefina Escobedo, volverá a actuar en *Jorge Dandin*", *Excélsior*, 24 de octubre de 1933.

51. Anónimo, "Hidalgo", *Diversiones*, 21 de octubre de 1933.

52. Anónimo, "Hidalgo", *Diversiones*, 21 de octubre de 1933.

53. Anónimo, "Hidalgo", *Diversiones*, 4 de noviembre de 1933.

54. Anónimo, "Hidalgo", *Variedades*, 18 de noviembre de 1933.

55. Anónimo, "Hidalgo", *Variedades*, 25 de noviembre de 1933.

56. Mario Mariscal, "Teatrales", *El Universal Gráfico*, 21 de octubre de 1933.

57. Rafael Sánchez de Ocaña, "Vida Teatral", *El Nacional*, 22 de octubre de 1933.

58. Anónimo "El Teatro de Orientación en México", *Todo*, 24 de octubre de 1933.

59. Catalina Mittolo, "Carta", *El Nacional*, 21 de octubre de 1933.

60. Rafel Sánchez de Ocaña, "Vida Teatral", *El Universal*, 29 de octubre de 1933.

61. Anónimo, "Intimidad de Pellerín", *La Afición*, 2 de noviembre de 1933.

62. Rafael Sánchez de Ocaña, "Vida Teatral", *El Nacional*, 2 de noviembre de 1933.

63. Anónimo, "La Escuela del Amor", *Excélsior*, 16 de noviembre, de 1933.

El Nuevo Perico de Gorostiza se publicó tan sólo tres años antes en ediciones de Contemporáneos.

64. Anónimo "Un atractivo programa enel Teatro Hidalgo", *El Universal*, 15 de noviembre de 1933. Celestino Gorostiza le envío la obra a Jaime Torres Bodet, diplomático entonces en funciones en Madrid, éste a su vez se la pasó al crítico Melchor Fernández de Almagro quien hizo una reseña en *La Voz* española. Cf. carta de Torres Bodet a Celestino Gorostiza fechada en Madrid el 8 de agosto de 1930, incluida en *Cartas a Celestino Gorostiza*, México, Ediciones del Equilibrista, 1985.

65. Anónimo, *El Universal Gráfico*, 25 de noviembre de 1933.

66. Rafael Sánchez de Ocaña "Vida Teatral", *El Nacional*, 19 de octubre de 1933.

67. Anónimo "La Escuela del Amor en el Teatro Hidalgo", *La Afición*, 21 de noviembre de 1933.

68. Anónimo, "El Teatro de Orientación", *Todo*, 12 de diciembre de 1933.

69. Anónimo, "La presentación de los días en el Hidalgo", *El Universal Ilustrado*, 13 de diciembre de 1933.

70. Saxofón Hernández, "Poniendo el dedo en la llaga. Las Subvenciones del Fábregas y del Hidalgo", *La Afición*, 18 de diciembre de 1933.

71. Martín Herrera "No se pueden improvisar actores ni directores de escena". Encontrado en el archivo de Gorostiza; fue imposible localizar el periódico, 19 de diciembre de 1933.

72. Jorge Cuesta, *Poemas y Ensayos*, prólogo de Luis Mario Schneider, recopilación y notas de Miguel Capistrán y Luis Mario Schneider, México, Universidad Nacional Autónoma de México, 1978, t. III, p. 396-397.

73. *Teatro de Orientación. Temporada de 1934*, Teatro Hidalgo, Secretaría de Educación Pública, Departamento de Bellas Artes, Talleres Gráficos de la Nación, México, 1934. s/p.

74. Obras que no llegaron a representarse.

1934

75. Mario Mariscal, "Teatrales", *El Universal Gráfico*, 13 de julio de 1934.

76. Mario Mariscal, "Teatrales", *El Universal Gráfico*, 2 de agosto de 1934.

77. Anónimo "Felipe del Hoyo que debutará en breve en el Teatro Hidalgo", *El Universal*, 15 de septiembre de 1934.

78. Anónimo, "Señorita Ofelia Arroyo que debutará esta noche con la Compañía de Orientación", *El Universal*, 16 de agosto de 1934.

79. Anónimo, "Hoy inaugura su temporada el Teatro de Orientación", *El Nacional*, 16 de agosto de 1934.

80. Mario Mariscal "Teatrales", *El Universal Gráfico*, 18 de agosto de 1934.

81. Anónimo, "Hidalgo" *Diversiones* 18 de agosto de 1934.

82. "Roberto el Diablo" (Roberto Núñez y Domínguez), "La Semana Teatral". En el archivo de Gorostiza, sin descripción hemerográfica.

83. Fernando Mota, "Hidalgo a *La Sombra del Mal*", *El Universal*, 19 de agosto de 1934.

84. Rafael Sánchez de Ocaña, "Vida Teatral", *El Nacional*, 21 de agosto de 1934.

85. Anónimo, "La presentación de la compañía de Orientación en el Hidalgo", *El Universal Ilustrado*, 23 de agosto de 1934.

86. Rafael López, "El Teatro de Orientación, A la Sombra del Mal" *El Nacional*, 19 de agosto de 1934.

87. Armando de Maria, "Teatros", *Todo*, 28 de agosto de 1934.

88. Anónimo,"En el Teatro de Orientación", *El Universal*, 22 de agosto de 1934.

89. Mario Mariscal, "Teatrales" *El Universal Gráfico*, 22 de agosto de 1934.

90. Mario Mariscal, "Teatrales", *El Universal Gráfico*, 23 de agosto de 1934.

91. Rafael Sánchez Ocaña, "Vida Teatral", *El Nacional*, 27 de agosto de 1934.

92. Veáse nota 87.

93. Julio Torri "Teatrales", *El Universal Gráfico*, 29 de agosto de 1934.

94. Anónimo, *El Ilustrado*, 30 de agosto de 1934.

95. Mario Mariscal, "Teatrales", *El Universal Gráfico*, 31 de agosto de 1934.

96. Rafael Sánchez de Ocaña, "Vida Teatral" *El Universal*, 3 de septiembre de 1934.

97. Anónimo, *El Ilustrado*, 30 de agosto de 1934.

98. Véase nota 95.

99. Véase nota 96.

100. Véase nota 97.

101. Véase nota 95.

102. Véase nota 96.

103. José F. Elizondo, en el archivo de Celestino Gorostiza fechado 1934.

104. Mario Mariscal "Teatrales", *El Universal Gráfico*, 7 de septiembre de 1934.

105. Fernando Mota, "Teatrales", *El Universal*, 8 de septiembre de 1934.

106. Anónimo, "Vida Teatral" *El Nacional*, 10 de septiembre de 1934.

107. Anónimo, "Orientación", *Ases y Estrellas*, octubre de 1934.

108. Anónimo, "El Teatro Orientación", *México al Día*, 12 de octubre de 1934.

109. Anónimo, "Temporada en el Orientación" *El Universal Ilustrado*, 9 de octubre de 1934.

110. Carlos González Peña, "El Teatro de Orientación", *El Universal*, 17 de septiembre de 1934.

111. Ambos documentos en el archivo de Celestino Gorostiza.

1938

112. *Teatro de Orientación*, Secretaría de Educación Pública, Departamento de Bellas Artes, 1938, 12 pp.

113. Anónimo, "Clementina Otero en *Minnie la Cándida*", *El Universal Gráfico*, 3 de junio de 1938.

114. Anónimo, "Rodolfo Landa actor del Teatro de Orientación", *El Nacional*, 3 de junio de 1938.

115. Mario Mariscal, "Elogio del Teatro Experimental", *El Universal Gráfico*, 3 de junio de 1938.

116. Anónimo, "Hoy se estrena en el Bellas Artes, *Minnie la Cándida*", *Excélsior*, 4 de junio de 1938.

117. Mario Mariscal, "Teatrales", *El Universal Gráfico*, 7 de junio de 1938.

118. Fernando Mota, "Teatros", *El Universal*, 7 de junio de 1938.

119. Anónimo, "El doctor Federico Marín opina sobre *Minnie la Cándida* de Bontempelli", *El Nacional*, 9 de junio de 1938.

120. Anónimo, "El doctor y poeta Elías Nandino opina sobre *Minnie la Cándida*", *El Nacional*, 10 de junio de 1938.

121. Anónimo, "El doctor Vicente Ortiz Lagunes opina sobre el drama de Bontempelli", *El Nacional*, 11 de junio de 1938.

122. Anónimo, "Notas", *El Nacional*, 12 de junio de 1938.

123. Octavio Novaro, "Notas sobre teatro". El Teatro de Orientación", *El Popular*, 2 de junio de 1938, p. 5 y 7.

124. Luis G. Basurto Jr., "Teatrales", *El Universal Gráfico*, 17 de junio de 1938.

125. Anónimo. "El poeta Elías Nandino opina sobre una comedia de Giraudoux", *El Nacional*, 15 de junio de 1938.

126. *Teatro de Orientación*, Secretaría de Educación Pública, Departamento de Bellas Artes, 1938, 12 pp.

127. Anónimo, "*Anfitrión 38*, en el Bellas Artes mañana", *El Universal*, 15 de junio de 1938.

128. Anónimo, "Isabela Corona aparece nuevamente en el Bellas Artes", *El Universal Gráfico*, 18 de junio de 1938.

129. Anónimo, "*Anfitrión 38*, hoy domingo en el P. de Bellas Artes", *El Nacional*, 19 de junio de 1938.

130. Mario Mariscal, "Teatrales", *El Universal Gráfico*, 20 de junio de 1938.

131. Fernando Mota "Teatros", *El Universal*, 20 de junio de 1938.

132. Luis G. Basurto Jr., "Teatrales", *El Universal Gráfico*, 23 de junio de 1938.

133. José Díaz Morales, "Retratos", *Excélsior*, 25 de junio de 1938.

134. Anónimo, "Notas", *El Nacional*, 26 de junio de 1938.

135. Octavio Novaro, "*Anfitrión 38*", *El Popular*, 26 de junio de 1938, p. 5.

136. Antonio Magaña Esquivel, "Segunda época de Orientación", *El Nacional*, 29 de junio de 1938, p. 3,4.

ILUSTRACIONES

Dos portadas de programas de mano

Una escena de El peregrino *de Charles Vildrac. De pie Clementina Otero*

Anuncio de la cartelera del Teatro de Ulises
en El Nacional

Salvador Novo y
Lupe Medina en
Ligados *de Eugene*
O'Neill

Antonieta Rivas Mercado, Gilberto Owen y Salvador Novo en Ligados *de Eugene O'Neill*

Clementina Otero y Gilberto Owen en El Peregrino *de Charles Vildrac*

Salvador Novo   *Xavier Villaurrutia*

Anuncio de la parodia sobre el Teatro de Ulises en El Universal

362

Julio Bracho en 1931

Isabela Corona en 1931

Isabela Corona y Carmen Doria en Jinetes hacia el mar *de Synge*

Celestino Gorostiza en 1932

Agustín Lazo en 1932

Escenografía de Agustín Lazo para Antígona *de Sófocles, según Cocteau*

Carlos Chávez en 1932

Escena de Una petición de mano *de Anton Chéjov*

Escena de Jorge Dandin *de Molière*

Escena de El viejo celoso *de Cervantes*

Escena de Knock o El Triunfo de la Medicina *de Jules Romains*

Escena de Macbeth *de William Shakespeare*

Clementina Otero y Carlos López Moctezuma en Su esposo *de Bernard Shaw*

Carlos López Moctezuma, Víctor Urruchúa, Josefina Escobedo y Ramón Vallarino en El matrimonio *de Nicolás Gogol*

Ofelia Arroyo, Josefina Escobedo, Carmen Paniagua y Carlos López Moctezuma en La Escuela del Amor *de Celestino Gorostiza*

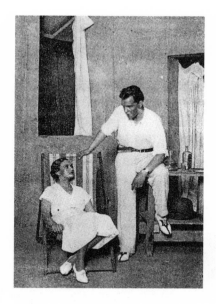

*Clementina Otero y Ramón Vallari-
no en* A la sombra del mal *de H.R.
Lenormand*

*Escenografía de
Agustín Lazo
para* Liliom *de
Franz Molnar*

Contraportada del folleto de 1933. Dibujo de
Agustín Lazo

Xavier Villaurrutia en un en-
sayo de Minnie la Cándida
de Máximo Bontempelli jun-
to a César Garza, Clemen-
tina Otero, Rodolfo Landa y
Neri Ornelas

Clementina Otero, Rodolfo
Landa y Neri Ornelas en un
ensayo de Minnie la Cándida *de Máximo Bontempelli*

BELLAS ARTES

CLEMENTINA OTERO

Y LOS ACTORES DE
ORIENTACION
HOY a las 15.00
en

MINNIE LA CANDIDA

De Bontempelli
Director: VILLAURRUTIA
Escenógrafo: LAZO

DEPARTAMENTO DE
BELLAS ARTES

LUNETA $1.50

Anuncio de Minnie la Cándida *en la cartelera de*
El Universal Gráfico

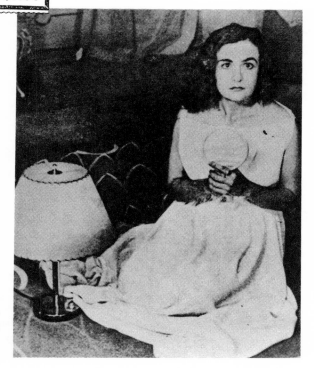

*Clementina
Otero en* Min-
nie la Cándida
*de Máximo
Bontempelli*

371

Boceto de escenografía de Agustín Lazo para Minnie la Cándida *de Máximo Bontempelli*

Vestuario de Agustín Lazo para Minnie la Cándida *de Máximo Bontempelli*

ÍNDICE

De *Fragua y gesta del teatro experimental en
México* de Luis Mario Schneider se tiraron dos
mil ejemplares. Se terminó de imprimir en
los talleres de Edwards Brothers, Ann Harbor,
Michigan, el día doce de mayo de mil novecientos
noventa y cinco. La composición es del Taller del
Equilibrista.